신호등

신호등

1쇄 찍음 / 2007년 3월 10일
1쇄 펴냄 / 2007년 3월 15일

지은이 / 김 홍 선
펴낸이 / 金 泰 奉
편 집 / 황은진, 김주영, 정종우
영업팀 / 박상필, 이준혁, 김미란
등 록 / 제5-213호
펴낸곳 / 한솜미디어
주소 / (우143-200) 서울시 광진구 구의동 243-22
전화 / (02)454-0492(代), 팩시밀리 (02)454-0493
HomePage http://hansom.co.kr

값 9,000원

ISBN 978-89-5959-093-3 03810
*잘못 만들어진 책은 구입하신 서점에서 친절하게 바꿔드립니다.

하루하루 바쁘게 살아가는 현대인들을 위한 삶의 지침서,
인생을 보내며 느끼고 깨달은 삶의 지혜가 그대로 묻어나는

신호등

김홍선 지음

한솜미디어

默想得道

묵상득도 — 매사를 현명하게 생각하고 날카롭게 분석하자.

행복한 삶이란 마음이 서로 맞는 사람끼리 오순도순 살아가는 것이다. 그러다 보면 서로의 의견이나 생각의 차이가 생길 수도 있다. 그럴 때는 항상 사랑으로 이해하고 아낌없이 베풀자.

상대를 이해하여 사랑의 마음이 생김은 내 자신이 너그러운 사람이며, 상대를 원망하고 미워함은 내 자신이 모나고 옹졸하기 때문이다.

지금 고희의 나이에 비로소 진리를 어느 정도 알 것 같으니. 이제 겨우 철이 들려는가. 지금이라도 깨우침을 느낄 수 있으니 여생은 스스로라도 편안한 마음을 가지자. 그러면 다들 편안하리라.

누구와도 맞서지 말고 사랑하고 이해하려고 노력하자. 그것이 자신을 사랑함이다. 나를 사랑하는 자는 남도 사랑할 수 있다.

많은 생각 끝에 얻은 자연과 인간을 생각하는 自然人

丙戌年 双春節을 보내며 金 洪 鮮

☼ 鮮日 개발의 나라 enghsk@hanmail.net

머리말

일기日記를 쓴다. 많지 않은 생을 살면서 많은 역경과 고난의 생을 살았다. 살다보면 하고픈 말과 하고픈 일들을 어찌 다하고 살아갈 수 있겠는가. 그저 벙어리 냉가슴 앓는다는 속담처럼 가슴속에 묻고 살아가려 하니 가슴이 답답할 뿐이다.

그저 잊고 살자.

자연을 벗 삼아 자연인自然人으로 돌아가고파 주위의 눈총도 아랑곳없이 무작정 길을 떠난 적도 있다. 자신을 학대하고 살면서도 나만의 자위를 얻으려고 자신을 속이고 살지만, 지나고 나면 부질없는 일이니 후회되고 쑥스럽다.

지금 내 가슴속에는 할 말과 전할 말이 많으나 어떻게 후대에 전하여야 할까.

상대가 누구이든 싫어할지 좋아할지 모르지만 싫어한다고 덮어둔다면, 살아온 지난날들과 그리고 앞으로 살아갈 알 수 없는 날들을 전해줄 수 없다. 그렇게 전할 방법이 마땅치 않아 가슴앓이를 하던 차에 거창하게 인생일기人生日記란 낙서를 글이라는 형식으로 적어놓고 보니, 나도 다시 읽어볼지 알 수가 없거늘 누가 읽어 주었으면 하는 막연한 생각으로 천여 쪽의 낙서 중 육백여 쪽을 모아 보았다.

늘 그랬듯이 평소 낙서를 즐기던 나는 매월 말일마다 이방 저방 지천으로 걸려 있는 달력들을 넘기다보면 십여 장이나 되는 고급스런 용지 뒷면의 깨끗한 공백을 그냥 버리기가 너무 아까웠다. 그래서 매월 십여 장의 크고 작은 것들을 알맞은 크기로 잘라서 낙서를 즐기는 습관이 되어버렸다. 거기에 쓰이는 대부분이 고사성어가 아니면 삶의 넋두리이다.

흔히들 일반 생활 속에서나 자주 오가는 대화 속에서 무의식중에 사용하는 고사성어古事成語의 의미나 뜻을 정확히 알고들 사용하는지 궁금하다. 내가 한 말도 상대가 물으면 대답하기 어려우며 정확히 알지 못하고 사용하는 우리말들이 너무나 많고, 참뜻을 모르고 사용하면서도 외래어는 잘들 모방하고 억지로라도 사용하려 애를 쓴다.

낙서落書, 떨어져 흩어져 있는 글자이지만 그 흩어지게 적어 가는 낙서의 순간이 무료한 시간을 유용하게 보낼 수 있다면 행복하고, 잠시라도 학자學者인 양 착각에라도 빠질 수 있다면, 그것이 자기도취自己倒置라 한들 마음만은 풍요로우니 다 행복으로 알면서 산다.

어느 궂은비 오는 날이다. 책상을 정리하려다 보니 그동안 달력이면에 낙서한 것이 백여 매가 쌓여 있다.

버리려니 아깝고 그렇다고 재활용품에 넣으려 하니 너무 안쓰럽다. 차라리 소각해버리자. 그러나 막상 소각하려 해도 소각할 곳이 마땅치 않아서 옥상으로 갔다.

그곳엔 쓰레기통으로 사용하려고 놓아 둔 깡통이 있다. 우산을 받치고 한 장 한 장 불을 붙여 깡통 속에 넣었다. 파란 색채를 띠며 서서히 타 들어가는 하찮은 휴지 같지만, 이대로 보내기엔 너무나 아쉽고 서운하다. 한 장 한 장 읽어도 보고 불을 붙여 낙서를 보내려 하니 서운하고도 허전하니 이를 어찌한담….

"낙서의 즐거움, 소각의 서운함, 하찮은 낙서지만 그냥 버리기엔 너무 아깝구나. 버리기 전에 컴퓨터에 기록해 두자."

좋은 내용이든 생각하기도 싫은 좋지 않은 부끄러운 낙서일지라도 지나고 나면 추억도 되고 반성할 기회도 되리라 여겨 모은 것이 천여 쪽이다. 이것들을 나 혼자만이 읽기엔 너무 아쉬워 우리 장남에게 물려주면 언젠가는 읽고 삶에 도움이 되리라 여겨 천여 마디 말을 글이라는 형식을 빌려 책으로 엮었다. 억측인지 독선인지 모르지만, 이 글 중에 혹시 감명 받을 글귀가 열 마디가 아닌 단 한마디라도 있으리라 여겨 장남에게만 주려했으나, 그러기엔 아쉬운 욕심이 생긴다.

인사유명人死有名이라고 후세에 이름을 못 남겨도 그저 이 세상에 왔다가 무엇 하나라도 남기고 싶은 욕심에서 낙서를 모아 책이라는 형태로 우선 1권을 만든다. 다만 어느 누구라도 좋으니 천여 쪽을 다 읽지 않더라도 한 구절이라도 읽고 공감할 수 있다면, 낙서도 정리해두면 글이 될 수 있다 여겨 흐뭇한 미소를 지을 수 있으리라.

여기 첫 쪽에 연꽃 한 송이를 그려놓았다. 진흙 속에서 이렇게 아름다운 꽃이 피다니 이는 부처님의 자비로 중생을 구원하려는 부처님의 뜻으로 풀이된다. 전지전능하신 하나님이든, 예수님이든, 자비하신 부처님이시든, 종교를 가지지 못한 나로서는 교리를 모르지만, 양심에 부끄럼 없이 살아가는 아내와 자애로운 이 땅의 모든 어머님들에게 때 묻지 않은 깨끗한 한 송이 꽃이라도 주고 싶은 그런 심정이기에 그려놓은 것일 뿐 아무런 뜻은 없다.

김 홍 선

차 례

부록

신호등

신호등信號燈을 따라가다 보면…

인생人生의 목표目標

사람은 누구나 목표를 가지고 산다. 그러나 목표나 희망이 크면 클수록 실망도 크다. 많은 인생을 살아오면서 많은 유형의 삶을 보았다. 희망과 목표는 그저 바람일 뿐, 아무리 노력해도 계획대로 정상의 고지에 도착하기 어렵다.

꿈, 희망, 포부, 누구에게나 주어진 자유이며 특권이다.

서양 격언에 "젊은이여, 야망을 가져라"하는 말이 있다. 나도 어려서는 큰 희망과 포부가 있었다. 그리고 행복하게 다가올 그 날을 향해 매진하였다. 그러나 이루어지려하면 샛길로 빠져들기 일쑤였다. 그렇게 시행착오를 거쳐 수차의 목표수정이라는 미명 아래 밤새워가며 지었던 아방궁은 하루아침에 허물어질 수도 있으니 한때 꿈이란 말인가.

南柯一夢
남가일몽 — 간밤의 영화롭던 일이 아침에 눈을 뜨면서 허물어지니 인생 여초로 풀잎에 이슬처럼 아침햇살에 말라버리는 일 허다하니, 백을 위해 열만 잡아도 성공한 인생이 아닌가 싶다. 꿈이 크면 실망 또한 큰 법. 그저 오르지 못할 나무는 쳐다보지도 말고 가능한 일부터 실천해 나가면 실패 없이 목표에 도달하리라본다.

成功
성공 — 성공이 무엇인가, 그것은 자기만족이다. 이 세상에 누가 "이만하면 만족 한다"라며 사는가. 남들 앞에서는 애써 "만족 한다"라고 이야기하지만, 하고 싶은 것, 갖고 싶은 것 한도 끝도 없음을 안다. "말 타면 종 두고 싶다"라는 말이 있다. 지금 우리 주변에서 발생하는 작태를 보면 알리라.

刻舟求劍
각주구검 — 미련해서 시세時勢를 잘 몰라서들 그런지 가질 만큼 가지고 누릴 만큼 누리는 정치하는 자들이나 재벌들, 그들이 무얼 더 얻으려고 발버둥치다가 패가망신인가. 다수의 서민들은 그들이 이룩한 백분의 일 아니, 천 분의 일이라도 감지덕지인 걸 그들은 알기나 하는지.

또한 인생을 살면서 목표와 희망이 없다면 또한 가망이 없는 인생임이 틀림없다. 이룰 수 없는 뜬구름을 잡으려 하지 말고 하루하루 부끄럽지 않게 살면 된다고 본다. 나는 내일을 생각할 시간이 없다. 오늘이 급하기 때문이다. 오늘 하루만이라도 정성을 다하며 행복해지고 싶다. 그러면 밝은 내일이 오리라. 여지껏 그것을 생활신조로 생각하며 살았고, 오늘도 그렇게 살려고 한다. '사람은 철들자 망령'이라는 말을 어른들로부터 자주 들었다.

이제 정년퇴임이 되고 보니 모든 것이 끝남이다.

찾아주는 이도 갈 곳도, 더구나 할 일마저 없다보니 내가 벌써 이렇게 늙어버렸구나 생각되어 '인생무상'이라는 단어가 이렇게 실감이 날줄이야. 나에게는 작은 소망이 있었다. 퇴직 후 소도시 근교에다가 조그만 정원을 갖춘 단층집에 아담하게 서재를 만들어 그동안 못 읽었던 책들이나 보며, 꽃나무나 가꾸면서 시간 나는 대로 국내외 여행도 하며 살자 했는데 그나마 어렵다. 모은 재산도 없고 변두리 땅값이 너무나 비싸고 주거조건이 까다롭다.

어렸을 적엔 책을 읽으려 해도 책이 없었다. 너무나 어려운 시기에 태어난 것일까. 1938년생이니 일제강점기에 태어나 2차 세계대전 중에 초등학교 입학과 동시에 해방을 맞았으나 다시 혼란기의 시작이었다.

混亂期 혼란기 — 혼란기에서의 배움 또한 공백의 연속이었다.

어렵게 질서가 잡히려나하니 다시 6·25사변으로 경제는 말이 아니고, 전염병 등으로 공부할 기회는 물론, 책을 사본다는 것은 생각조차 할 수도 없고 책도 귀했다.

지금의 초등학교 6년을 9년간 다녔으니, 실제 수업시간은 3분의 1에도 못 미치니 알 만한 일이다. 지금 매달 만나는 초등학교 모임도 나보다 2~3세 아래 친구들로 6학년 1학기만 배운 동창들이다. 그러나 고향이 같고 이웃에 살아서인지 친형제같이 늘 반갑고 흉허물이 없어 좋다.

塞翁之馬 새옹지마 — 인간만사를 새옹지마라 한다. 복이 재앙이 되기도 하고 재앙이 복으로 변하기도 한다.

吉凶禍福 길흉화복 — 은 일정한 것이 아니라 변화무쌍變化無雙한 것이

다. 그러므로 재앙을 당했다고 해서 너무 슬퍼하지 말 것이며, 행운을 만났다고 해서 너무 기뻐하지 말고 성실하게 살아가라는 뜻이다.

생은 내 의지와 상관없이 아마도 거의 정해져 있는지도 모른다.

事必歸正

사필귀정 — 모든 일은 바른길로 돌아간다. 그러니 노력하고 조심하면 어느 정도의 재앙과 불행을 축소시킬 수는 있다.

큰 부자는 하늘이 내고 작은 부자는 자기 스스로 만든다. 노력하고 절약하는데 절대로 가난해지지 않는다. 우리는 과거에 절약과 저축을 미덕으로 알고 살았다. 노력하고 부지런한 사람이 잘 사는 세상을 추구하며 살았다. 그러나 지금은 노력만으로는 성공하기 어렵다. 흔히들 줄을 잘 서야지, 그리고 기회를 포착하여야 하며, 운을 타고나야 한다고 한다. 이 같은 현상이 우리 주위에서 우연의 일치로 나타난다.

自相矛盾

자상모순 — 예리한 창과 방패라는 말로 앞뒤가 서로 어긋나 서로 맞지 않는 것을 말한다. 창을 가진 자나 방패를 가진 자가 서로 자기 것만이 우수하다하니 창을 가진 자가 "그럼, 이 창으로 너의 방패를 찌르면 어떻게 될까?" 하니 대답이 궁해졌다는 이야기이다. 우리 주위에는 모순된 일 들이 많다. 자고 나면 스타가 되어 있고, 어제 계약만 한 부동산이나 APT가, 오늘 아침 정부 발표로 도시계획에 편입되어 하루가 다르게 뛰니 누가 막을 수 있는가.

아파트 추첨이 있는 날이면 전 전일부터 줄 서느라 북새통이 터진다. 수요 공급은 필요에 의해서 이루어진다. 그러나 집이 없어서 꼭 필요로 하는 서민들에게는 그저 강 건너 불구경이며, 돈 많고 기회를 가진 자는 서민이 평생 벌어도 사지 못할 APT를 하루아침에 얻을 수 있으니, 그것도 그들은 노력의 대가라 한다. 노동자와 농민들은 아무리 목이 터지도록 소리를 쳐도 소용이 없다. 들어야 할 사람 들으려 하지 않는다.

牛耳讀經
우이독경 — 아무리 가르치고 일러주어도 알아듣지 못함을 이르는 말이다. 정치판에 몸담은 자나 기득권을 가진 자, 그들이 변하지 않는 한 아무리 작은 일이라도 해결책이 없는 사회로 변해가고 있다. 해결하다 안 되면 국고지원이라는 카드가 나오기 마련이고, 그것을 끌어내기 위하여 죽기 살기로 투쟁하는 지역 이기주의자들이 머리에 붉은 띠, 검은 띠를 두르고 투쟁, 사수, 관철될 때까지 하며 쇠파이프, 죽창, 화염병, 각종 기구와 기계까지 동원시켜 거리를 차단하여, 많은 국민들로부터 비난을 받는다. 그러나 그들은 아랑곳 않는다.

국민들도 나와 직접적인 관계가 없는 한 관심 밖이다. 나에게 득이 되면 죽기 살기지만 소득이 없으면 아예 못 본 체한다. 지금 새만금 방조제, 신 행정수도 이전으로 전국이 소용돌이 치고 있다. 대통령 공약사업이고 국회를 통과한 사안이나, 이해와 명분만을 앞세운 계층의 반대에 몸살을 앓고 있다.

遷都
천도 — 수도를 이전하는 것을 천도라 한다. 지금의 수도 서울을 옮김은 관습법상 위헌이다. 그런 헌법재판소의 판결로 다시 행정 도시건설로 행정기관 다수만 옮긴다는 안도 위헌이라 한 안이 헌재에서 각하시켰다.

却下
각하 — 됐으나 앞으로는 순탄할지 두고 볼 일이다. 우리 인구의 절반 이상은 서울과 경기도에 살고 있다. 그들은 공해와 교통의 지옥에서 불편을 느끼면서도 기득권을 포기치 않는다. 재산적 손실을 감수할 수 없기 때문이다. 행정수도 이전 지역 국민들 또한 마찬가지이다. 누가 수도를 옮겨 달라 했는가. 대통령이 공약하고 법을 만들어 통과시켜 놓고 왜들 이렇게 시끄럽게들 하는가.

得樓去梯
득루거제 — 다락에 올라가라 하고 사다리를 치워버리면 어찌하란 말인가. 대통령의 결정과 국민을 대표하는 국회의 다수가결로 선택된 법이라 타당한 것으로 생각해 온 다수의 국민들을 어리둥절하게 만들기에 충분하다. 우리나라도 정치적으로 많이 발전한 것인가.

1950년 한국전 당시 영국의 한 기자가 신문사에 기고한 글에서 "한국에서 진정한 민주주의를 기대하기란 쓰레기통에서 장미꽃이 피기보다 어렵다"라고 악평인 막말을 했는데 진정한 민주주의(Democracy)는 국민에 의한, 국민을 위한, 국민의 정치이다. 그것을 진정으로 누리고 사는 국민은 대한민국뿐이라는 성공한 민족이며 쓰레기통에서도 아름다운 장미꽃을 피울 수 있는 자랑스러운 민족임을 보여줄 때가 지금이라 생각한다.

헌법재판소憲法裁判所가 있는 한 어느 위정자도 앞으로는 국민을 우롱하는 독재를 감행할 수 없으니 얼마나 다행인가. 풀뿌리 민주주의를 크게 외치던 대통령, 준비된 대통령도, 개혁을 주제로 한 대통령도, 토착적 민주주의를 주장하며 적당한 독재를 감행하여 국가재건과 가난에서 벗어나게 한 대통령과 어느 쪽이 더 진정한 국민을 위한 민주주의를 실천한 대통령일까.

사랑은 아픈 만큼 성숙해지고, 민주주의란 피를 먹고 자란다더니, 얼마나 더 아파야 하고 얼마나 더 국민들이 피땀을 흘려야 한단 말인가. 정치인들은 정권을 잡기 위해 지키지 못할 공약을 남발하여 공수표가 되기 다반사이며, 공직자는 자리를 지키기 위해 복지부동, 기업인은 각종 규제로 사업 확장을 기피하고, 국민들은 힘 안 들이고 얻는 길이 없나 혈안이니, 뜻있는 소수의 국민은 불안하기 짝이 없다. 정부에서 시행하는 국가 기간산업도 소수의 반대에 맥을 못 추니 다수가결의 민주주의 법도 대도를 걷지 못하고 만다. 이번 주민 투표에 부쳐진 방폐장(방사능폐기장) 설치 문제도 그렇다. 주민들을 설득하여 원만히 결론지어야 함에도 막대한 보상과 사회복지 지원을 내세워 해결하다보니 상호 갈등과 해당 지역주민들 간에 엄청난 불신과 마찰을 일으키고 말았다. 되도 문제이고 안 되도 문제이다. '되면 좋고 안 되도 할 수 없지'하는 그런 마음가짐 세상이 그립다.

풀뿌리 민주주의를 외치시던 김 대통령께서 사용하시던,

大道無門
대도무문 —이라는 글귀가 생각난다.

큰길에는 문이 있을 수 없다. 대의를 위해서는 거리낌이 없이 행해야한다. 그런데 역대 대통령 측근 치고 구속 수감되지 않은 사람이 몇이나 될까. 글자 음대로 해석해서 큰 도둑은 문이 있어도 아무 소용없다는 뜻인가. 참으로 정치인들이 정신을 좀 차렸으면 한다.

"인생人生의 신호등信號燈은 직진만 있는 것이 아니다."

정직한 삶이 곧 직진에 속한다. 그러나 정지신호도 있고 좌회전, 우회전도 있다. 그리고 정지신호가 길면 짜증스럽긴 마찬가지이다. 잠깐 한눈 한 번 안 팔고 신호등 지시대로만 따라갈 수가 있을까. 그러나 나는 목표가 직진이기에 직진만 하려 애쓴다.

"모로 가도 서울만 가면 된다"라는 말이 있다. 편안한 사람의 말장난이다. 한 평생을 살면서 어찌 평탄한 길만 갈 수 있단 말인가. 흔히들 자기 과거를 말할 때 나도 한때는 잘 나갔다고 운운하며 옛일을 그리워한다. 평생을 살면서 그 많고 많은 사건 중에서 한두 번쯤 잘 안 나간 사람이 어디 있겠는가. 만약에 직진 신호만 있었다면 그 사람은 행복과 불행이 뭔지 모르는 무의미한 인생을 살았을 것이다. 여행을 하다보면 예정된 코스로만 가기가 어렵다. 생각지 않은 사고로 어긋날 수도 있고 천재지변으로 포기하기도 한다. 그러다 보면 직진 코스를 버리고 샛길로 빠지기 일쑤, 인생 역시 정도(正道)로만 살 수 없다. 그런데 다수의 사람들은 "자기가 하면 정의이고, 남이 하면 부정이다"라는 자기 위주의 생활을 하면서도 아무런 거리낌 없이 살고 있다.

인생人生의 신호등信號燈

바른 삶. 나는 정말 바르게만 살아왔다. 어려운 시기에 태어나 어려운 경제적 여건 속이라 불편도 여유도 모르고 살았다.

지금 사람들은 기다릴 줄 모른다. 한탕주의가 판을 치고들 있다. 어려운 일에 처하면 해결하지 않고 포기하고 지름길만을 찾아 방황한다. 운전도 이와 같다. 교통체증이 생기면 기다리지 못하고 불법인줄 알면서도 갓길로 마구 파고든다. 인생의 삶도 변하고 있다.

軌道修正 궤도수정 ─ 이라는 말이 있다. 가망이 없는 인생설계는 늦기 전에 바꾼다면 좋은 결과를 얻으리라 본다. 그러나 무리하게 법을 어겨가며 경험도 능력도 없이 남이 성공했다고 나도 하면 십중팔구 실패하기 마련이다. 이렇게 정도든 궤도수정이든 하여서 마침내 도착한 그곳이 바로 목적지인 성공이라는 곳이다. 결국 앞을 보고 걸으면 도착할 수 있는 종착지이지만 하나같이 만족한다고 생각하는 사람이 없다. 인생의 욕망은 끝도 한도 없기 때문이다. 사람들이 너무 이기적이다. 자기만족을 모르고 산다. 과거 어려울 때 일들을 기억하지 않으려 한다. 그러나 그때보다 백 배

이상 잘살고 있다.

경제뿐만 아니라 정치, 사회, 문화 모든 분야가 그렇다.

정치인들은 정권잡기에 혈안이지만 국민의 지적수준이 그들보다 한 단 위라서 마음대로 할 수 없음을 안다. 이렇게 발전해 가는 것이다. 많이 배우고 많이 알면 값있게 보람 있는 일을 하여야 하는데 나쁜 곳으로만 발달하는 것 같아 씁쓸하다.

앎은 바른 통찰력이다. 참으로 앎을 가진 사람은 지혜롭다. 지혜롭지 않은 사람은 참으로 앎이 아니다. 머리로 아는 것만이 앎이 아니다. 체험과 오감으로 느끼는 것이 앎이다.

번뇌와 불행하다는 마음을 다 벗어버리고 고요하고 평온한 마음의 상태로 생각하고 모든 일을 긍정적으로 생각할 때 비로소 시원한 청량淸凉의 세계를 느낄 수 있다. 인간은 태어나서 늙고 병들어 죽는다. 인간으로 태어나서 인간으로 살다가 인간다운 죽음으로 가는 것이다.

그러나 인간으로 태어나서 고고하게 살다 신으로 돌아가길 원하는 인간이 있는가 하면, 인간으로 태어났음에도 불구하고도 금수와 같이 살았으면서도 갈 때는 고고한 인간으로 돌아가려 한다.

나는 신앙을 가지지 못한 사람이다. 다만 양심에 부끄럽지 않게 살아가려 한다. 사후세계에 있는 지옥도 천당도 다 부정한다. 그저 혼이 존재한다면 우리가 늘 꿈을 꾸듯이 그리던 그런 것이 아닐까하고 막연한 생각을 한다.

좋은 꿈을 꾸면 기분이 좋고 나쁜 꿈을 꾸면 언짢아하며 꿈자리가 뒤숭숭하다고 한다. 그래서 언짢은 생각을 떨쳐버리려고 꿈은 반대라고 해몽하면서도 좋은 꿈만은 반대로 해몽하기 싫어하고 그 꿈에 의지하여 좋은 일이 생기기를 기대하며 산다.

우리가 일상생활을 하면서 느끼는 것은, 고달프고 지치거나 양심을 속이고 과욕을 부려서 그 뜻이 이루어지든 실패를 했든 그런 날에는 꿈도 악몽임에 틀림이 없고, 남에게 작은 인정이라도 베풀고 양심에 가책 받을 일을 하지 않은 날 밤은 꿈도 없고 꾸어도 길몽의 연속이다.

사람에게 혼이 존재한다면 영원히 좋은 꿈을 꾸기 위해서 양심, 즉 법에 어긋나지 않게 살아야 하지 않겠는가.

經典法句經
경전법구경 — 원시불교경전, 시詩 형식의 경전이다. 법구경은 모두 26장 500수로 되어 있고, 그 중 13장 250수의 종교적 경지가 담겨져 있는 '불교의 바이블'이라 한다.

이 몸이 영원할 줄 어이해 믿었던고
수행은 멀리 있고 낭비를 일삼으며 익혀온 학업과
습기 즐기기 다했더니 노병에 짝 잃으니
후회해 무엇 하리.

법구경에서 '생각하는 법은 모두 멸한다'하였다. 원인과 결과의 관계를 결정지우는 법칙이다.

무명(無明)이 남김없이 멸하면 행(行)이 멸한다.
행이 멸(滅)하면 식(識)이 멸하고
식이 멸하면 명색(名色)이 멸한다.
명색이 멸하면 육처(六處)가 멸한다.
육처가 멸하면 촉(觸)이 멸하고

촉이 멸하면 수(受)가 멸하고
수가 멸하면 애(愛)가 멸하고
애가 멸하면 취(取)가 멸하고
취가 멸하면 유(有)가 멸하고
유가 멸하면 생(生)이 멸한다.
생이 멸하면 노사(老死)가 멸한다.
이렇게 하여 괴로움의 씨앗들이 모두 멸진(滅盡)한다.
생각(生覺)하는 법은 모두 멸한다.

유명한 분으로부터 들은 강의 내용의 일부인데 들을 때는 어느 정도 수긍이 가서 고개를 끄덕거렸으나, 너무나도 깊어 어슴푸레 이해는 하나 말로 전하고 글로 옮기기는 역부족이다.

인간은 왜 병들어 죽는가? 태어났기 때문에 생을 연으로 하여 일어나는 현상으로 존재성, 삶, 즉 업유業有이다.

堅軟鬆
견연송 — 딱딱하고, 연하고, 거칠거칠한 인생사의 표현인가 하는 정도의 앎도 앎이다.

젊을 때 열심히 정진하고 절약하여 저축하자. 부처님의 명언은 8만4천 가지나 된다고 한다. 가르침, 명구, 명언은 법구경을 보면 된다고 한다. 성인은 부모자식이 사랑하는 것과 같이 사랑하고 가엾이 여기는 마음으로 중생을 보호하는 것이다. 잠 못 드는 사람에게 밤은 길고, 갈 곳 모르는 사람에게 길은 멀어라. 어리석은 사람에겐 생사가 길거늘 그것은 바른 법을 모르기 때문이다.

천 개의 글을 외운들 뜻을 모르면 무슨 이익이 있으리. 하나의 뜻이라도 듣고 행하고 한 글귀를 알더라도 행하면 도를 얻는다

하였으니, 알고 느꼈으면 행하자.

五感
오감 — 귀, 눈, 코, 입, 피부로 느낌도 앎이라고 한다. 이렇게 하여 얻어진 앎을 내 것으로 만들어 참다운 삶을 나만 생각지 말고 상대를 한 번쯤 생각하면 그게 평화이다. 평화는 마음속에 있다. 평화를 누리면서도 그것을 모르고 지내기 일쑤이며, 그것을 잃은 후에야 비로소 알게 된다. 행복하면서도 행복한 줄 모르고 살면서도 조금만 불편한 일이 생기면 힘들어하고 짜증내기 마련이다.

知人者智 自知者明
지인자지 자지자명 — 노자의 말이다. 남을 아는 자라야 지혜롭다 할 수 있고 자기를 아는 자라야 총명하다 할 수 있다. "물론 당연한 이치다" 하면서도 좋은 것은 당연한 것으로 받아들이고 불편함은 참기 힘들어들 한다.

우리는 생활 속에서 과학의 지혜를 배워야 한다. 기쁨과 슬픔, 뜨거움과 차가움이 상존하는 것을 알아야 한다.

인간이 앎에 있어서 가장 큰 병폐는 무엇을 모르고 있다는 데 있다. 무엇을 아는 게 중요한 게 아니고 무엇을 모르는 게 문제이다. 많이 아는 것보다 모름이 있는 것이 더 불편하고 예기치 못할 사건을 일으킬 때가 많다. 아직 알고픈 것도 많고 배울 것도 많은데 생각뿐이고, 실지로 알려고 배우려 하여도 손에 잡힐 듯하지만 저만치 멀리에 있어 다가가도 잡기 어렵다.

때늦은 후회이니 오늘 이대로라도 행복하다 여기며 살자.

眼高手卑
안고수비 — 눈은 높으나 실력이 그에 미치지 못하니 지금의 이대로가 나의 역량이다.

양자력量自力, 자기의 능력의 정도는 자신만이 안다. 그러니 내가 누구이며 얼마의 역량을 가졌나 생각하고 나의 분수에 맞게 살아가면 그것이 자기를 지켜주는 힘이 된다.

사람이 사람을 의심하면 안 된다. 의심하려면 그 사람에게는 일을 시키지도 부탁도 말아야 한다. 다만 그 사람에게 일을 시키거나 부탁하려면 그 사람을 절대 의심하여서는 안 되며 일단 믿음으로 지켜보는 여유를 가지자. 믿음으로 그의 인격을 존중하여주면, 그는 배신하면 안 된다는 책임감이 생겨 주어진 일을 성실히 이행하여 보람도 느끼고, 자기를 믿어주는 사람이 있다고 용기를 가지며 좋은 일을 하려고 노력하리라.

高學歷者
고학력자 — 지금은 고학력자가 너무 많다. 그러니 고학력자가 천대받는 사회가 되어 버렸다. 옛날엔 박사, 교수 하면 존경과 선망의 대상이었다. 지금은 어떠한가. 흔한 게 박사요, 교수이다. 박사 실업자, 차라리 배우지 않았다면 노동이라도 하면 생계는 유지할 수 있을 텐데 참으로 난센스다. 학기말만 되면 대학교수가 학생유치를 위해 고교를 찾아다니며 학생모집 하러 고교교사에게 로비를 하여야 하니 지금의 현실이 정상인가. 우수한 학생을 자기 대학에 유치하려고 한다면 정당한 사안이라 당연한 일이지만 그렇지 않고 모집인원 미달로 안간힘을 다하는 대학들을 보고 있노라면 실소가 저절로 난다. 언젠가는 대입 지옥으로 인한 치맛바람을 잠재운다며 대학설립 허가를 남발하여 지금의 사태가 일어나지 않았는가. 민주주의라고 다 평등하게 잘 살 수 없다. 한때 위정자들이 정권 유지와 앞을 가늠치 못하고 우선 발등의 불부터 끄려다 발생한 부산물인 것인가?

紳士
신사 — 는 새것을 좋아한다는 말이 한때 유행했었다. 새것 좋아하지 않는 사람 어디 있을까. 물질이 풍부하다보니 차고 넘친다. 그러나 있는 곳은 점점 더 쌓이고 없는 곳은 더 차갑고 배고프다.

편리함만 찾다보니 사람들은 점점 게을러져만 간다. 새롭고 편리하고 새것만을 찾다보니 도심의 구옥들은 매기買氣가 없고 신도시의 아파트만이 하루가 멀다 하고 오르고 있다. 주택 보급률이 100% 아니 150%면 무엇 하겠는가. 어느 곳이나 단독주택이나 오래된 연립주택을 찾는 사람이 점점 줄어든다. 새것, 좋은 것을 원하려면 그에 맞는 노력이 따라야 한다. 노력 없이 쉽게 얻으려들 하니 많은 무리가 따른다.

다가구 주택들은 전 · 월세는 물론 매기買氣마저 없고 외면당하니 재산권 행사조차 불투명하여 애물단지로 전락한 지가 오래이다. 나는 시골에서 태어나 그곳에서 자랐다. 산이 많은 곳이지만 그런대로 들도 있고 맑은 개울도 있어 여름 장마철이면 꾀 많은 물이 흘렀고, 맑고 깨끗하여 그곳에서 미역도 감고 고기도 잡았다. 개울 돌은 보석같이 아름답고 개울바닥엔 풀 한 포기 없이 맑은 물만 흐른 것으로 기억된다. 그러나 지금 그곳은 잡초가 무성하고 아름답던 자갈들은 어디로 가고 검붉고 이끼 낀 물만이

고여 있다.

개울가엔 기름진 풀들이 자라서 소를 몰고 나가 풀 먹이기를 시킨다. 여름 해거름엔 덥지 않아 책읽기가 그만이다. 독서삼매경이랄까, 책 속에 빠지다보면 해는 지고 어두워진다. 정신을 차려 소를 찾지만 풀만 먹고 있을 줄 알았던 소는 온데간데없다. 이를 어쩌나, 소는 농촌 재산대장 1호이다. 그보다 당장 집에 들어갈 수 없는 노릇이다. 이곳저곳 헤매도 소는 없다. 할 수 없어 집으로 와 담 너머로 외양간을 살펴보니, 아니 그곳에서 우리 소가 나를 처량하게 바라보고 있지 않는가. 고맙고도 얄미운 놈.

그 사건 후, 소만 보면 그 크고 처량한 눈이 생각난다. 그 눈은 빛이 없으면서도 맑고, 어리석어 보이면서도 느긋하고, 늘 고달픈 일에 시달려도 불평 한 번 하지 않는 그 눈, 크긴 왜 그리 큰지….

大地
대지 — 중국을 배경으로 주인공 왕룽을 중심으로 전개되는 이야기로 저자 펄벅은 노벨문학상을 수상했다.

제1부 『대지』 the good earth 1931, 제2부 『아들들』 sons 1932, 제3부 『분열된 가정』 A house divided 1935 등 제3부작으로 되어 있다.

제1부에서는 대지주 황가의 노예인 오란을 아내로 맞은 왕룽은 홍수, 가뭄, 메뚜기 떼의 기습 등 거듭되는 천재와 폭동으로 시련을 겪다가 돈을 모아 대지주가 된다. 생활의 여유가 생긴 왕룽은 '연화蓮華를 첩으로 맞이한다. 아내 오란은 오랜 인고의 생애를 마친다.

제2부에서는 아버지의 재산을 물려받아 귀족이 된 장남과 상인이 된 차남, 그리고 아버지의 뜻을 거역하고 군인이 된 3남 등 토지에 대한 지극한 애착이 점점 사라져가는 자식들의 생활을 묘사했다.

제3부에서는 중국의 대가족제도가 붕괴되고 근대사회의 파도가 밀려온다.

오래 전에 읽은 내용이라 기억이 희미하다.

우리는 땅에서 나왔고 다시 땅으로 돌아간다. 나는 인간들에게 많은 것을 바라지 않는다. 단지 예전의 어머니들이, 조상들이 그랬듯이….

땅의 진실 되고 따스한 숨결을『대지』라는 작품으로 좀 더 깊이 느낄 수 있었다. 나는『대지』를 읽고 중국에 꼭 가보겠다고 결심했다. 그리고 중국을 무대로 한『열하일기』와 장준하 선생의 저서 등 중국에 관하여 흥미를 가지다가, 죽의장막인 중국이 1995년 개방정책으로 개방되어 북경, 자금성, 만리장성, 계림, 상해 등 여러 차례의 여행으로 꿈을 이룰 수가 있었다.

끝없이 광활한 대지, 허풍도 너무 했구나 했다. 책 속에 메뚜기 떼 이야기이다. 얼마나 메뚜기가 많았으면 하늘을 덮고, 들판의 곡식을 남김없이 청소한다 하여, 상상키 어려웠다. 어릴 적 누나들과 삐루병(맥주병)에다 메뚜기를 잡아 본 적이 있다. 옛날엔 맥주를 일본식 발음으로 '비루'라 하였다. 노끈으로 병목을 묶어 허리에 차고 논둑을 뛰어다니며 메뚜기를 잡았다.

그러나 요사이는 좀처럼 메뚜기를 볼 수 없다. 농약 살포와 공해로 해마다 수종의 동식물이 사라진다고 한다. 가을이 되면 모두들 바쁘다. 가을걷이 틈틈이 메뚜기도 잡고 물고기도 잡느라 항상 분주하다. 메뚜기도 아침저녁 기온이 낮을 때 잡는 것이 좋다. 지금은 메뚜기 같은 것은 먹지 않는다. 그때는 좋은 간식이며 반찬거리였다. 그런 메뚜기가 중국엔 지천이라니, 그때는 참으로 신기하고 이해하기 어려웠다. 책은 참으로 매력적인 물건이구나라고 생각하며 그때부터 책에 호감을 갖게 되었다.

그러나 책이 너무도 귀했다. 지금은 넘치는 게 책이다. 그러나 책을 읽으려 하지 않는다. 라디오, 텔레비전 등 방송매체로 쉽게 지식을 얻을 수 있어 편리하다.

현대인은 바쁘다. 신문도 대문자로 된 제목만 읽는다. 책은 길게 나열하면 흥미가 없다. 페이지수가 짧아야 한다. 나도 마찬가지로 변하고 말았다. 별로 바쁘지 않아도 책이 있으면 으레 첫장 몇 줄, 그리고 중간, 그리고 끝이다. 별로 신통치 않으면 덮어둔다. 몇 페이지 읽지 않고 전체를 아는 체 한다. 그러니 항상 수박 겉핥기이다. 왜 이렇게 변했나. 전엔 신문 쪽지 하나만 있어도 오금이 저리도록 쪼그리고 앉아 광고란까지 보았는데 말이다.

"세살 버릇 여든까지 간다"라는 말이 있다. 그러나 변했다. 나만 변한 걸까. 그러면 큰 문제이다. 다 같이 변하여 간다면, 나도 정상이련만 그렇지 않으면 어쩌나 하는 생각을 자주한다.

類類相從
유유상종 — 사람은 더불어 산다. 그러나 공동생활을 함에 어느 정도의 기본을 지녀야 한다. 매너가 있다. 서로 그 틀을 벗어나선 안 된다. 남에게 피해를 주지 않고, 나 또한 도움은 못 보아도, 피해보면 안 된다. 그 피해는 그것으로 그치지 않고 계속 피해를 강요받게 되기 때문이다. 알면서 속아주는 사람은 부모밖에 없다. 부모 특히 어머니는 자녀에게 속으면서도 늘 즐거워하신다.

남은 다르다. 모르는 척하면 계속 속이려하며 뒤돌아서 바보 취급하며 즐거워한다.

"알고도 속고 모르고도 속는다"라는 말이 있다. 속고도 모으는 척하면 바보스럽고, 속지 않으려고 따지면 야박하다고 한다. 각박하게 살다보니 사람들이 양심이라는 것을 잊은 지 오래이다. 알고 있으면서도 모르는 척, 그러다 다그치면 "잊었노라, 그럴 수도 있지"하며 대수롭지 않게들 여긴다. 모르면 그만이고 알면 장난이라던가. 그렇게 말로만 부르짖으니 정의사회란 요원하게 느껴진다. 사회가 다 그런 것만은 아니다. 아직도 바르게 살려는 사람도 많다. 그러나 그들 틈바구니에서 빛을 잃어간다. 사람은 어느 정도 둔탁함이 좋다. 너무 똑똑해도 손해를 본다. 그러나 그 진리마저 때와 장소 그리고 그 분위기에 따라서 다르게 변한다. 힘 있고 가진 자에게는 약해질 수밖에 다른 방법이 없다.

指鹿爲馬
지록위마 — 사슴을 가리켜 말이라 우긴다는 뜻으로, 위압으로 남을 곤경에 처하게 함이니 그릇된 일이 아닐 수 없다. 진시황이 죽은 후 내시 조고가 이사를 협박하여 호해를 진의 2세 황제로 삼는다. 조고는 이사마저 죽이고 정승이 된 다음, 황제에게 사슴을 바치고 이를 말이라 한다.

승상은 "묘한 말을 하는군요. 사슴을 보고 말이라니…"하며 좌우 신하들에게 물었다.

조고는 그 후 사슴이라고 한 사람을 기억했다가 모두 누명을 씌워 죽인다. 그 후 신하들은 조고가 무서워 그가 하는 일에 의견을 말하지 못했다. 그러나 2세를 더 이상 속일 수 없어 그마저 죽이고 자영을 임시 황제에 앉혔으나 그에게 죽음을 당하게 된다.

이와 같이 정치나 정권을 유지하기 위하여 수단과 방법 그리고 피도 눈물도 없는 정치꾼들이 민주주의시대인 지금도 착각하고 있지 않을까 심히 걱정된다.

사회社會, 구성構成, 집단集團, 사회를 구성하는 집단을 대별(大別)하면 먼저 정치집단政治集團, 재벌집단財閥集團, 종교집단宗教集團, 폭력집단暴力集團으로 대별할 수 있다.

정치인은 피도 눈물도 없다. 한 번 권력을 맛보면 그곳에서 벗어나지 못한다. 재벌집단 이들도 부를 유지하기 위해서 정치인과 돈으로 타협하여 가며 한 가족, 그룹, 맨이라는 테두리를 만들어 간다. 종교집단 또한 종교적 이념으로 단결이 잘된 흐트러질 수 없는 모임이다.

문제는 폭력집단이다. 이들은 의리를 담보로 절대복종을 강요하는 사회악으로 폭력·폭행을 앞세워 불법을 자행하는 단체이다. 이들은 죽음까지 담보로 하며 충복과 복종을 강요하며 점점 세력을 넓혀 간다.

이기주의利己主義

집단 이기주의가 판을 친다. 우리 사회는 나만 잘되면 그만이다. 옛말에 사촌이 땅을 사면 배가 아프다는 말이 있다. 나 잘되는 것보다 남 안 되는 것을 더 좋아한다. 남 잘되는 꼴을 못 보는 사람이 많다. 더불어 사는 사회, 얼마나 좋은 말인가! 서로 사랑하고 돕고 살면 그것이 행복이고 편하련만, 말은 그렇게 앞세우지만 속은 다르다. 다들 잘살고 동등하면 자신이 너무 무의미하게 느껴지나보다. 남보다 더 많이, 그리고 더 좋은 위치에서 항상 남들을 지배하려 한다.

그런 경쟁의식이 사회를 발전시켜 가는지 몰라도 정精이 없고 낙樂이 없고 예禮가 없는 사회는 그저 삭막할 뿐이다. 너무나 물질문명이 고도로 발전하다보니 가짐과 풍요豊饒를 모른다. 지금의 삶의 수치는 반세기가 아닌 30년 전에 비해100배 그 이상 향상되었다. 그러나 의식주가 좀 나아진 것뿐 몸과 마음은 늘 고달프기 마련이다. 가진 자는 더 가지려고 발버둥치니 없는 자는 더 힘들고 어려워지기 마련이다.

眞實과 眞理
진실과 진리— 참다운 삶이란 무엇인가. "산은 산이요, 물은 물이다" 이 말은 성철 스님의 말씀이다.

그저 생각하기 나름이다. 누군들 모르랴, 산이 산이고 물이 물인지. 모든 세상사 보는 느낌의 차이이다. 부처님의 눈으로 보면 부처로 보이고, 돼지의 눈으로 보면 돼지뿐이리라. 세상사 또한 생각하기 나름이다. 즐거운 생각을 하면 늘 즐겁고, 슬픈 생각을 하면 점점 더 슬퍼만 지니, 마음의 평화를 찾아야 하는데 하면서도 마음대로 되지 않는다. 욕심을 버리지 않는 한 마음의 평화는 그저 주위를 맴돌 뿐, 요원한 것일 수도 있다. 산의 깊고 높음을, 물의 깊고 넓음을 그저 산만이 알고 물만이 답하리라.

나도 생각하기조차 싫은 어렵고 외로운 과거가 있다. 그곳을 하루라도 빨리 탈피하려고 뒤돌아볼 겨를 없이 앞만 보고 살았다.

喜怒哀樂 生老病死
희로애락 생로병사 — 기쁨이 있는가 하면 화나고 짜증스러운 일이 생기고, 슬픔이 있는가 하면 즐거운 날도 오기 마련이다.

이는 지나가고 다가오므로 머무르다 가고 가는가 하면 다가오니, 그저 오려나 가려나 하면 된다.

문제는 생生 로老 병炳 사死 이다. 이는 어느 것 하나 수월한 게 없다. 태어날 때의 고통(산고)을 자신은 감지하지 못한다. 죽을 힘을 다하며 태어나서 살아간다. 그러나 그 살아감이 그저 순탄한 길이 아니다. 생존경쟁이라는 세파를 해치면서 어렵게 성공이라는 곳까지 얼마 남지 않았는데 '로老'라는 늙음이 찾아든다.

綠陰芳草
녹음방초 — 오월의 아름다운 나뭇잎을 말한다. 윤기가 흐르는 탐스러운 나뭇잎도 여름의 따가운 햇볕에 시달리고 지쳐서 가을이 오면 시들어 버린다. 삶도 마찬가지이다. 이제는 경륜도 쌓이고 기반도 있어 일에 자신감을 가질만 하나, 자신의 의지와 상관없이 사회로부터 소외되기 시작한다. 다 때가 있는 법이다. 아무리 부인해도 남이 알아주지 않으니 어쩔 수가 없다.

점차 행동이 둔탁해지고 만사에 의욕이 없어지기 일쑤이다. 이것이 늙는 것인가하고 자각하게 된다. 늙는 것은 슬픈 것이다. 거기에 병마라도 찾아들면 어쩌나 '로老' 다음은 어김없이 찾아들기 마련인 '병病', 그는 불청객이다. 젊어서 건강을 장담한 사람도 건강이 쇄하면 면역이 약해져 찾아오기 마련이다. 병에도 종류가 많아서 누구나 크고 작은 병마로 시달리기 마련이다.

육신의 병을 가진 사람은 의사가 고칠 수 있지만 마음의 병은 누구도 고칠 수 없는 그 사람만의 병이다. 자신만이 스스로 고칠 수 있는 병인데도 점점 악화시키기 마련이다.

종교, 무당, 원시종교(토테미즘)이라는 허구가 병을 키울 수도 나을 수도 있게 한다.

흔히들 성격이라 한다. "천성은 바꾸지 못한다"라며 고치려 노력하지 않고 방치하여 점점 더 고질화되어 간다. 물론 천성인 성격을 고치기란 참으로 어렵다. 나도 고약한 버릇이 있다. 불의라고 할까? 아닌 것은 절대 아니다. 남들은 고집 혹은 자존심이라고들 한다.

마음의 병은 자신만이 고칠 수 있는 병이라는 것을 알면서도 내 스스로 고치지 못하고 평생 동안 간직하려고 한다. 나쁜 습관이나 성격은 빨리 버릴수록 좋다. 불필요한 자존심을 오래 간직하는 자는 어리석다.

나의 부인도 어려서부터 두 종류의 병마를 가지고 산다. 본인은 무척 괴롭고 한이 될 것이다. 몸의 병은 의사가 고쳐야 하나, 그리 쉽지 않은 병이며, 마음의 병마저 고치기가 쉽지 않은가 보다. 의학의 힘으로 못 고치는 병은 어쩔 수 없어 평생 고통 받지만, 마음의 병마저도 버리지 못하고 평생 짜증스럽게 살 게 무엇이란 말인가.

정작 본인의 고통은 이루 다 말할 수 없겠지만 주위 사람이 더 안타깝고 짜증스럽다. 나나 아내도 수차 말하고 다짐해도 소용없다. "몸의 병은 의사가 고쳐야 하지만 마음의 병마저 고치려들려고 아니 하니 노력 좀 합시다"라고 해도 소용없다.

〈많이 생각하고 적게 말하는 것이 좋다. 항상 입이 앞서 원함이 사라진다. 그러니 자신을 다스릴 줄 알아야 한다. 그렇지 않으면 자신도 모르게 상대를 지치게 하고 아무 소용없다〉.

옳은 말은 조금도 듣지를 않는다. 아예 들으려고조차 생각지 않고, 귀를 막고 자기주장만 내세운다. 자존심도 아니다. 일종의 병이다. 정말 상대가 지치지 않을 수 없다. 늘 자기위주이다. 그렇다고 모질고 독하지도 못하다. 자기 스스로는 감지하고 있는지 모를 일이다. 성격이라 치자, 아집, 고집이라 치자. 그래도 이제는 자기 자신을 위해 버릴 수도 있건만 점점 심해져간다. 자기가 한 말이 설사 잘못인지 알아도 그는 자존심 때문에 시인하지 못한다. 자기 약점을 감추려고만 한다.

상대방의 의사는 완전히 무시되고 만다. 그런 사람끼린 대화를 할 수 없다. 서로의 개성이 큰 차이로 다르니 첫마디부터 상반되어 더 이상 진행은 불행이며 시간낭비이다.

動感意見一致
동감의견일치 — 이 말은 성격차이가 판이한 사람들에게는 어울리지 않는다. 상대가 의견을 말하면 들으려 하지 않고 말이 끝나기 전에 자기 의사부터 앞세운다. 남의 말을 다 듣고 진의를 판단하고 자기 의사를 말해도 실수가 있는 법인데 기다릴 줄 모른다.

그러니 항상 대화의 초점이 엉뚱한 방향으로 흘러가 예기치 못한 일이 생기고 만다. 처음에는 이해하려고도 하고 처음부터 다시 설명해도 소용없다. 상대는 안다. 혹 모르면 어떠랴. 그러나 그는 안다. 알든 모르든 그것이 중요한 게 아니다. 자존심 때문에 자기의 실책을 말하지 않고 그저 상대가 이해하기만 바란다. 우리 부부도 이런 타입이다. 그러나 그런 아내도 좋아하는 사람이 무척 많다. 특히 우리 아버지는 며느리를 무척 좋아하셨다. 나는 그런 아내가 정말 고맙다. 며느리는 시아버지 사랑이라지만 너무나 좋아하시고, 아내 역시 효부로 주위 사람들로부터 칭송을 받았음은 부인 못하는 사실이다. 그래서 좋다. 나는 아내를 좋아한다. 그러나 가까이 갈 수 없다. 같이 있으면 문제가 발생한다. 사소한 일로 생긴 일이지만 끝이 안 좋다. 서로 개성이 너무 강하기 때문이다.

부부사이는 칼로 물 베기라고들 한다. 그러나 그 상처가 너무 크므로 치유하기 어렵다. 이제는 안다. 우리 둘 사이에서 의견일치란 서로 죽기 전에는 될 수 없음을…. 이해와 사랑으로라는 단어도 우리들 옹고집 앞에는 아무 소용없다. 피차 알고는 있지만 그것을 조정할 능력을 상실한 지 오래이다. 나는 기억한다. 가난한 나에게 시집와서 시아버지에게 기쁨 주고, 친척 간에 화목하며 아들딸 잘 키운 현모賢母라는 점을 고맙게 생각한다. 내 욕심이 지나친 것일까.

賢母良妻
현모양처 — 그것 좀 나에게 나누어 주었다면 얼마나 좋았을까. 그저 바람이다. 오늘도 나는 방황한다. 젊어서는 일을 찾아 헤매느라 많이 잊고 살았다. 지금도 그가 불쌍하다. 고질적인 병마와 자기 성격대로 살지 못해 서러워함을 알고도 남는다.

나도 모질지 못한 인생이다. 좋고 그름을 판단할 줄 안다. 나도 무척 힘들다. 어느 누가 사랑 받고 존경 받으며 편히 살길 안 바라겠는가. 평생 병마로 시달리는 아내로 인해 나도 아픈 사람 못지않게 고통과 외로움으로 살았다. 피차 그것은 알면서도 자기의 처지만 비관한다. 이제 우리에겐 나 이외에 남을 배려할 능력이 없다. 너무 지쳐 있기 때문이다. 어려서부터 내 아버지는 가정을 등한시하고 방황하신 것으로 기억한다. 어머니도 안 계시니 그렇게도 생각해본다. 그러나 가정을 돌보지 않고 자신만 위한 방황은 이해할 수 없다. 그러면서도 항상 엄격하셨다.

修身濟家 治國天平和 家和萬事成
수신제가 치국천평화 가화만사성 — 이라 가르치셨다.

평생 이루지 못한 한을 후대에선 이루길 기대하는 바람이신지. 진심으로 후손들은 가화만사성하길 원하심이 분명함을 나는 잘 안다. 나도 그렇게 살려고 노력했다. 지금도 그 뜻은 변함없다. 그런데 모든 일이 생각과 뜻대로 되지 않는다. 나도 좌우 살필 겨를도 없이 앞만 보고 살았다 장담한다. 그러나 누가 알아주랴.

나의 삶에 성실함은 누가 알아주든 모르든 관계없이 내 자신을 위함이다. 그러니 후회하지도 자랑할 것도 없다. 다들 주어진 삶을 살았을 뿐이다. 나도 그저 무능하고 힘없는 필부일 뿐이다. 그렇게 귀에 못이 박히도록 들은 수신제가 가화만사성修身齊家 家和萬事成은 어디 가고 이렇게 길을 잃고 방황한단 말인가.

모든 것은 다 상대성이라고들 한다. 손뼉도 마주쳐야 소리가 난다. 누구 잘잘못도 없다. 그저 마주 치지 말자. 그러나 늘 병마로 시달리며 짜증스럽고 고통스럽게 살아가는 사람이니 그도 안 될 일, 정말 어렵다. 어쩌나 방법은 없는가. 직장생활 할 때는 아무리 어려운 일에 처해도 잘 대처해 가면서, 해결 못한 일은 거의 없었는데. 쉬워야 할 가정문제가 이렇게 어렵단 말인가.

불가원不可遠 불가근不可近이라는 말이 있다. 사람을 사귀매 너무 가까워도 그리고 너무 멀리해도 안 된다. 그러나 가족은 다르다. 너무 가깝고 너무 믿으니 조그만 일에도 실망하고 원망한다. 남들끼리는 남이니 그러려니 한다. 그러나 너무 가까운 사이는 어찌 이럴 수가 있느냐며 이해하지 않으려 한다. 이는 너무 의지하고 믿기 때문이다. 사람은 어려울 때 의지할 곳을 찾는다. 혼자 있을 때는 스스로 자기를 방어할 줄 안다. 그러나 서로 어울리면 눈치만 보며 누가 먼저 하여 주길 바란다.

가정 일도 남편이 없을 때는 혼자서도 불평 없이 잘 해나가다가도 남편이 집에 있으면 의지하고 도와주길 바란다. 그래서 아는 척하며 조금만 도와줘도 행복해 한다. 남편도 직장에서 매일 스트레스만 받다가 집에서 쉬는 날은 아내의 극진한 사랑과 보살핌을 원한다. 그런데 이 같은 아주 작은 균형이 깨지면 다툼이 생긴다. 다툼이 생기면 각자 취미를 찾으려 한다.

아내는 모처럼 남편과 쇼핑도 하고 집안일도 도와주길 바란다. 남편은 나들이가 지겹다. 그저 집에서 쉬면서 아내의 보살핌만 원한다. 우리는 무엇이 문제인지 안다. 그러나 그 문제를 스스로 해결하려 하지 아니하고 상대가 해결해주길 바라니 문제이다.

나에게도 문제는 있는 게 분명하다. 나는 나를 잘 안다. 자기 자신보다 자기를 아는 사람은 없다. 나는 어려서 어머니가 일찍 돌아가셔서 늘 외로웠고 많은 고생을 하며 자랐다. 항상 엄마에 대한 그리움에 사무쳐 있었다.

내가 내 자신을 평하고 산다. 외로운 마음을 잘 달램이 좋다. 매사를 꼼꼼히 생각하고 판단함이 좋다고 생각하며, 듣고 싶지 않다고 귀를 막아 봐야 변하는 것은 아무것도 없다는 것. 그래서 인지 성격은 내성적이고 일이 거친 편인데도 남들은 나를 상당히 꼼꼼하고 찬찬한 편으로 본다. 덜렁대고 활달했던 내가 왜 이렇게 변한 것일까. 그것은 무수한 세월이 가져다 준 선물이다. 숱한 시행착오를 거치느라 성격인들 왜 안 변했겠는가.

상대의 첫마디 말만 들어도 무슨 말을 하려는지 나는 안다. 책 속에 진리가 있듯이 생활 속에서 삶의 진리를 찾을 수 있음을. 어려운 시절 살기 위해 막노동도 해야 했고, 알아야만 하기에 배워야 했다. 낮에는 공사장 인부로, 밤에는 회사경비로 일한 적도 있었다. 아무리 바쁘고 고단해도 책은 멀리하지 않았다. 가진 것 없는 고통보다 모름이 받는 고통이 더 큼을 깨달았다.

내가 어릴 때는 배경이 통하는 때였다. 앎보다 간판을, 그리고 연고, 즉 배경이 있어야 했다. 오죽하면 군에서 "싸우다 죽으면 빽 하고 죽는다"는 말까지 나왔을까. 돈 있고 배경이 좋으면 군에 안 가도 되고 가도 후방 편한 곳에서 지낼 수 있으니 당연한 말이다. 나도 아는 친지의 소개로 대기업의 경리과에 취업했다. 그곳엔 나와 비슷하게 소개로 온 풋내기가 몇 명이 있었다. 자리는 하나인데 난처한 일이었다. 출근하면 고작 하는 일이란 잔심부름 아니면 타부서에 지원 다니는 일이 전부이다. 자리는 하나인데 부탁하는 곳이 많아 받아놓고 난처한 입장이다.

그러나 직속상관은 이미 자기측근을 내정한 상태라, 그에게만 관심을 가지고 그에게만 일을 맡기고 칭찬한다. 그러니 나머지는 그의 안중에도 없고 타 부서로 지원만 다니니 일 배울 길이 없어 자연 무능해질 수밖에. 한마디로 알아서 그만두라는 이야기이다.

이때부터 나는 생존경쟁의 사회 속으로 들어온 것이다. 생生로老 병炳 사死의 세상에 태어나서 처음으로 자립自立하려 하니, 첫 관문부터 이다지 어렵단 말인가. 어렵게 얻은 직장, 주위 사람들은 영문도 모르고 취직 잘했다고 부러운 눈으로 보고 있는데 더 이상 버틸 수가 없었다.

進退兩難 진퇴양난 — 나갈 수도 물러설 수도 없었다. 상사와의 갈등이 점점 커져만 가고 결국은 터지고 말았다. 하루는 전날 일하던 토목공사 측량팀에서 부르기에 그곳에서 오전 일을 마치고 사무실로 오니, "너는 왜 네 멋대로 하느냐?"며 소리를 지르며 그 따위로 일하려거든 당장 그만두라며 감추어 두었던 본성을 드러내는 것이었다. 나는 군에서 갓 전역하여 혈기 방자한 아직은 때 묻지 않은 사회초년생으로 감당키 어려운 일이었다. 초임 1년도 안 되어 상사와 심한 몸싸움까지 할 수밖에 없었으니 너무나 내 자신이 한심하고 처량해 견디기 어려웠다. 사정을 모르는 친지나 가

족은 물론 주위 사람들까지 손가락질하는 것은 참으로 견디기 힘들었다.

내 인생 출발부터 이게 뭐람, 사회라는 게 이렇게도 냉정한 것인가, 이것이 생존경쟁이라는 것인가, 첫 단추가 잘못 끼워지면 다음은 불을 보듯 뻔한데, 군에서 3년간 참으며 단련된 몸인데 모질고 잔인하리만큼 가혹한 군대보다 사회생활이 이렇게 모질 수야.

꿈도 많고 희망을 걸었던 처음 직장이 이렇게 실패로 끝날 수가, 그렇다고 누구에게도 이야기 할 수 없는 일. 벙어리 냉가슴 앓는다는 말을 이때 쓰는가. 내 철들고 처음 인생 항로의 첫 궤도 수정인 것이다.

自意他意
자의타의 — 든 그곳엔 더 이상 머물 수도 없었다. 나는 비로소 알았다. 누구도 내 생을 책임질 수 없음을, 내 자신만이 나를 지키며 내 가족들도 내가 지켜야 함을, 또한 아는 것이 너무 없음을 비로소 깨달았다. 간판이나 연고가 통하는 시대지만 어지간한 백은 없는 것이 낫다. 앎이 힘이다. 그리고 모든 것은 내 스스로 이루어야 한다. 지금이라도 실력을 기르자. 책도 보고 신문이든 구문이라도 좋다. 무엇이든지 읽을거리만 있으면 닥치는 대로 읽는 버릇이 생겼다.

그나마 직장마저 없고 부모가 물려준 얼마 안 되는 재산마저 바닥이 나니 생활이 말이 아니었다. 아이들은 점점 자라고 직장도 없으니 가족들 보기 민망한데, 아내는 늘 불평이 말이 아니다. 성격 차는 그런대로 사랑이란 미명으로 극복해 갔는데 가난으로 받는 타격은 서로 치유할 수 없을 만큼 심하게 쌓여가니 점점 힘만 든다.

군대생활, 그곳은 지옥이 아니다. 고된 훈련과 상사의 횡포 그리고 자유가 한정된 테두리 때문에 숨이 막히지만, 그래도 의식주는 걱정 없고 보람도 느낄 수 있다.

나는 어쩌다 시기를 놓쳐 남들보다 늦게 입대했다. 6·25 사변 당시 형님이 금화 전투에서 전사당하tu서 늘 군을 피하려는 버릇이 생겨 연기 신청을 하다 보니 늦었다. 학교도 늦었는데 군생활마저 늦으니 덩달아 지각 인생이 되려는가. 그래도 군에서는 나이 덕을 많이 보았다. 지금은 아직 어린아이 취급을 하지만 그때 나이 25세에 결혼하고 그 해에 입대했으니 말이다.

입대 연월일이 62년 6월 25일이니 참으로 무더운 날이었다.

훈련 3개월동안 힘들고 지치어 어떻게 보냈는지 모른다. 그저 무덥고 배고팠던 생각, 그리고 처음으로 받아본 IQ검사가 130이라든가, 그리고 졸업시험 성적이 좋아 장기복무자가 아니면 소년병들만 차출한다는 병과를 맡아 부산병기학교 교육생으로 가게 되었다. 그땐 이름도 생소한 M33 레이더 등 대공 포화 수리 등을 한국군으로는 처음 부여 받은 병과이기도 하다. 그곳에서도 나이가 많다고 배려해 주어 편한 교육계를 맡아 단체생활에서도 조금은 자유로울 수가 있었다. 그때는 최첨단 장비를 정비하는 기술을 배운다는 것은 참으로 영광이며 자부심이 대단했다.

미국이란 나라가 존경스럽게 느껴진다. 그때는 상상도 못하는 레이더를 기본 실력도 없는 초보들이 말도 안 된다는 생각을 했다. 그러나 막상 대하고 나니 참으로 과학적이고 편리하다는 것을 알았다.

지금은 누구나 자동차 운전도 하고, 컴퓨터 구조를 몰라도 자유로이 인터넷에 들어가서 게임도 하고, 얻고자 하는 정보를 마음대로 얻을 수 있으니 지금 생각으로는 별거 아니다 생각 하리라.

약간의 전기실력과 주의력이라고나 할까 즉, 눈썰미만 있으면 된다. 팸플릿을 보며 각 연결 배선도 색깔별로 되어 있어 편리하다. 부품도 스터크 넘버(부품 번호)가 쓰여져 있다. 지금은 아무것도 아닌 것으로 치부하지만 50여 년 전 이야기로써는 이해하기 어려운 일이다. 모든 군수 물자들이 다 편리하게 누구라도 쉽게 사용하고, 고칠 수 있게 만든 선진 미국이라는 나라가 부럽기만 했다. 교육 기간 중 이병에서 일병으로 진급했다. 그때는 휴전 후 상당 기간 지난 후라서 사회도 어느 정도 안정되고 질서도 잡혀 군도 많이 좋아졌다고들 할 때였다. 진급도 학력별로 이루어지니 그나마 부모님 덕에 학교를 다녀 혜택을 받았다. 대부분 장병들이 국졸이며 문맹자들도 많았다. 그래서 문맹자는 공민학교에 편입하여 먼저 국문을 깨우친 후 입소하여 군사교육을 받았다. 그나마 덤벙덤벙 징검다리 밟듯 한 교육이지만 얼마나 영광인지 모른다. 이력란엔 틀림없이 초 · 중 · 고 · 대 중태로 되어 있으니 동료들보다 6개월 이상 빠르며 부대 배치 후에는 선임자들보다 상급자니 눈총도 많이 받았다. 군대는 밥그릇 수라 한다. 콩나물국이 주식이므로 콩나물 다리를 놓아 그것이 고향에 다다라야 제대 한다고 한다. 처음 배속配屬 된 곳이 전방이다. 육본소속이지만 작전 명령이 전방 대공포기지가 있는 곳이기 때문이다. 경기도 오산 기지에서 미군으로부터 인수받은 장비를 열차 혹은 트럭에다 싣고 이 부대 저 부대로 옮겨 다니느라 고생이 이만저만이 아니었다. 영하 15~20도를 오르내리는 추위 속에서도 주로 야영을 하다 보니 말이 아니었다. 워낙 부대규모가 작아 편재 인원이 22명, 그것도 둘로 나누어 전·후방 부대를 지원하자니 반 본부인원 이래야 10명 미만, 미군 편재 그대로 인수했으니 인원 20명에 차는 14대였던가. 어렵게 이동 또 이동하다보니 본부가 도착한 곳이 원주 근교 이곳 대부대 영내 한 모퉁이에 정착하여 여장을 풀었다. 오산에서 최전방 고성 간성 하는 동해안까지 갔다. 그때는 군사비밀이라 이야기할 수 없어도 지금은 아니다. 동해안에 자주 침투하는 간첩선들 때문에 대공포를 해안포로 대처한 것으로 안다.

지금은 전쟁기념관 노천에 전시되어 있는 고철 덩어리들이다. 레이더로 관측해 추적기를 통해 계산된 재원을 4문의 포에 연결하여 동시에 발사시키는 시스템이니 그때는 가공할 장비임에 틀림없었다. 그곳에 일부 파견 조를 배치한 후 반 본부는 다시 후방으로 이동한다. 이동 중 인제와 홍천 사이에서 야영을 했다. 영하 20도, 텐트 속에서 담요 2장으로 버티긴 너무 추웠다. 6개월 이상 이동만 하다 자리를 잡았다. 우선 숙소 사무실을 짓고 창고 정비실을 마련하고, 가지고 온 부품들을 진열하려 하니 이동 중 뒤섞여 구분할 수가 없다. 그곳에서도 병과와 무관한 행정전 업무를 담당하게 되니 처리할 일이 너무 많아 어디서부터 손을 대야할지 방안이 서지 않았다. 뒤엉킨 부품들, 쓰레기가 된 장부들은 미군들이 사용하던 것이라 알 수가 없었다. 배속된 미고문관 사진이라는 자도 오지도 않고 어쩌다 와도 방도가 없다. 우선 급선무가 장부를 만들어야 하고 타자도 배워야 했다. 난생처음 대하는 영문타자기가 신기하면서도 어려웠다. 부대장은 빨리 정리하라 재촉하니 죽을 맛이다.

어림잡아 1,000여 개 아이템이나 되는 품목을 어떻게 정리한담, 도와줄 사람도 없고 내가 처리할 수밖에. 편제상 중위와 상사가 있으나 부 반장 중위는 전방 파견대장으로 가고 선임하사는 서류하고는 담을 쌓은 위인이니 도움을 받을 곳이 없다. 우선 인원을 지원 받아 같은 모양끼리 진열대를 만들어 진열하라 시키고 나는 팸플릿을 보아가며 서투른 솜씨로 카드를 만들었다. 타자도 처음 배워가면서 영문자로 카드 만들기란 어려운 일, 지금도 표현할 단어가 없다. 카드 한 장에 찍히는 글자 수가 스터크 넘버와 품목단위 저장위치 등 총 20여 자. 그러나 그것을 한 장 만드는데 1분 이상 걸리며 그나마 오타투성이라서 버려지는 카드가 반이나 되니 작업진도가 나가지 않는다.

미군편제라 운전병과 타자수가 없다. 지금 같으면 누구라도 운전도 하고 타자도 칠 줄 아니 이상하다 하겠지만, 그때는 타자기 구경도 못한 사람이 더 많을 때이니 호랑이 담배 필 적 이야기하니 실소가 절로 나며, 할 줄도 모르면서 달려들어 그 일을 했으니 지금 생각해도 신기하기까지 하다. 한 달여 만에 카드가 완성됐다. 이제는 만들어 놓은 품목을 카드에 등재하여야 한다. 수량, 위치, 사용처 등을 연필로 기재 후 사무실로 와 다시 타이핑하여야 한다. 이젠 제법 타이핑도 익숙해지고 자주 보고 정리하다보니 웬만한 품목은 눈을 감아도 스터크 넘버, 품명, 용도 위치는 거의 다 알 수 있을 정도이다. 사람의 능력은 무궁하다. 군에서 불가능이란 있을 수 없다. 승리 아니면 패배이니 당연하다. 명령과 복종 그리고 승리를 위해서는 오직 매진하여 달성함에 있다. 군 생활에서 단련되어 사회에 나가면, 어떠한 일이라도 잘할 수 있다고 생각한 자신이 부끄럽다.

생존경쟁生存競爭

이제는 먹고 살기 위해 싸워야 한다. 기득권을 가진 자, 직장의 상사, 그들은 참으로 무섭고 이해할 수 없는 존재이며, 자기 이익을 위해서는 진리眞理, 진실眞實, 체면體面, 양심良心 그것은 허울 좋은 사치품임을…. 세상에 많고 많은 사람들은 처음 만날 때는 다정하고 인자해 보이는데 그 이면에 감추어진 본심이란 그렇게 다를 수가 없다.

表裏不同 羊頭狗肉
표리부동 양두구육 — 속과 겉이 다르다는 말과 양고기를 판다는 간판을 걸고 개고기를 팔다니, 참으로 알다가도 모를 것이 인간인 것이다.

사람은 모두가 자기 자신을 위해서 살면서도 누구를 위해 사는 것처럼 자신을 속여 가며 과시한다.

"가정을 위해, 자식을 위해, 평생을 바쳤는데" 하며 주위의 사람들로부터 존경을 받고자 한다. 자신의 노력으로 부나 성공을 이루면, 부인이나 그 자녀들은 행복을 누릴 수 있다. 결국 자신의 행복을 추구하기 위해 부인은 남편에게 남편은 부인에게 봉사함은 자신을 위해서이다.

자신을 위해 살면서 다들 남을 위해 평생 희생한 양 남을 탓하며 원망과 한탄하며 공들인 탑을 허물려고 한다. 부인은 "시집와서 평생 일만 한다"라며 자기가 주인임에도 자기 위치를 망각함인지, 남이라 여김인지, 늘 남편에게 보상을 요구한다. 그러면서도 자식 손자들에게는 사랑과 봉사를 아끼지 않는다. 남편 또한 자길 위해 살면서도 아내의 희생적인 봉사를 생각지 않고 늘 불평이다.

남녀 사이란 참으로 묘하다. 그렇게 가까운 사이인 무촌 사이인데 한 번 어긋나면 돌이킬 수 없는 사이로 변하니 참으로 변화무쌍하다. 이제라도 내 위치를 찾아야 한다. 나도 이젠 나 하고 싶은 대로 하며 억지 아닌 억지를 부린다. 그러나 말로만이지 행동으로 옮기지 못하니 서로 간에 상처만 주는 행위는 삼가는 것이 좋다.

부부는 참으로 가까운 사이이다. 사랑만으로는 행복해질 수 없다. 이해와 보살핌, 그리고 억지로라도 관심을 가져야만 한다.

樂者爲同 禮者爲異 同則相親 異則相敬
락자위동 예자위이 동칙상친 이칙상경 — 낙이란 같아짐을 위함이요, 예란 달라짐을 위함이요, 같아지면 친해지고 달라지면 공경하게 된다. 가까운 만큼 상처도 비례한다는 점을 알아야 하며 과격한 말은 피하여야 한다.

臥薪嘗膽
와신상담 — 언제나 그 일을 생각하며 고난을 참고 견디어 심신을 단련함이다.

가족을 위해, 아니 내 자신을 위해 일을 하여야 한다.

직업에 귀천이 없단다. 아무것이라도 좋다. 그러나 할 일이 없다. 야간 경비원 생활도 막노동도 서슴지 않았다. 돈 없고 배경이 없으면 앎이 재산이다.

資格證
자격증 — 그것이 필요하다. 그것만이 지금 이 난관에서 탈피할 유일한 길이다. 그때 내가 경비로 일하던 회사가 화학공장이었다. 화공 면허 그것이 꽤 부럽고 매력적이라 여겼지만 엄두가 나지 않는 학문이었다.

緣木求魚
연목구어 — 불가능한 것을 억지로 하려 한다.

나무에서 생선을 구하려 하다니, 그러나 도전하자. 결심이 선 바에야 빠를수록 좋다. 아는 사람을 통해 우선 책부터 구하기로 했다. 처음 생긴 책이 화공학 개론이다. 지금은 책의 종류도 시험문제집 등 다양하여 공부하기 편리하지만 그때는 힘들게 구한 것이 대학화공학과 교과서로 사용한 헌책이었다. 첫 페이지부터 무슨 말인지 이해할 수가 없었다. 고교 화학시간에 화학 분자식을 조금은 배웠지만 이해할 길이 없다. 그래도 시작했으니 시작이 반이라는데 포기하면 반이 아깝지 않은가.

磨斧爲針
마부위침 — 도끼를 갈아 바늘을 만들다. 아무리 어려운 일이라도 노력과 인내로 견디자. 목적한 일을 위해 어떠한 고난과 역경도 이겨야 한다. 가파른 산에 오르려면 힘이 든다. 정상에 오르면 정복의 쾌감도 느끼며 하산길이 즐겁고 행복하리라.

登高自卑
등고자비 — 높은 곳에 오르려면 낮은 곳부터 올라야 한다. 그러나 첫 장부터 이해가 안 가니 진도가 안 나간다. 이러다간 면허시험도 못 보고 시간만 낭비하는 것 아닌가. 안 된다. 방법을 찾아야 한다.

우선 이해가 되든 안 되든 무조건 읽고 또 읽으니 앞 페이지 답이 뒤 페이지에서 알 수 있으며, 어렵던 분자식들도 눈에 선하게 떠오름을 느끼게 되니 흥미도 있고 진도도 빨라진다. 여기 저기 고서점에서 필요한 책도 구해보고 하여 면허시험 그 날이 다가왔다.

긴장의 순간이다. 입학시험도 취직시험도 아니다. 단지 자격 즉, 실력을 인정받는 시험이다. 내가 공부하고 앎이 어느 정도인가를 평가 받는 기회이다. 그저 담담한 마음으로 답안지를 대하고 읽고 답하고 하다 보니 시간이 다 갔다. 시간은 부족하지도 남지도 않았다. 다만 무엇을 어떻게 썼는지조차 기억이 없다. 전공이 아닌 분야라 기대하지 않은 탓인지 담담할 뿐이다. 한 달 후 발표라 한다. 그저 기다릴 뿐인데 시간이 흐를수록 불안하고 초조하다. 드디어 발표 날이다 그러나 용기가 없다.

内助之功
내조지공 — 그래도 아내뿐이다.

내가 지금 몸이 안 좋으니 알아보고 오라 부탁했다. 얼마 후 아내는 환한 얼굴로 합격했다며 즐거워했다. 처음으로 보는 즐거운 얼굴이다. 그저 자격증인걸, 앞으로 그것을 가지고 당장이라도 취업이 보장된다는 확신도 없는데, 하지만 나도 무엇인가 표현할 수 없는 찡함을 느낀다.

자격증, 면허증, 처음으로 손에 쥐어본다. 나도 할 수 있다. 자신감 그것이 생겼다. 이력서의 자격란을 매워줄 수 있으며 제법 이력서가 품위 있고 꽉 찬 느낌이 든다.

青雲之志
청운지지 — 청운의 꿈을 꾸며 크게 출세한다.

큰 출세는 바라지 않지만 우선은 안정된 취업자리가 급선무이다. 지금이나 그때나 일자리가 없음은 마찬가지였다.

시기를 놓치면 취업도 어렵다. 귀한 면허소지자이지만 막상 취업하려 하면 조건이 까다로워서 정식직원으로 취업하기가 어렵다. 그저 임시직 아니면 계약직으로 필요로 할 때만 취업할 수밖에 없다. 그래도 면허증 덕택에 항상 바쁘다. 그러나 찾는 곳은 많아도 마음 내키는 곳은 별로이다.

北門之歎
북문지탄 — 임관한 후에도 뜻과 같지 않음을 한탄한다는 말이다. 출세도 다 정도가 있는 법이다.

어느 곳이나 기득권자들의 횡포는 막을 길이 없다.

貴鵠賤鷄
귀곡천계 — 고니를 귀하게 여기고 닭을 천하게 여기는 고사이다. 사회란 냉정하다. 직장도 다 연고끼리 모인 단체이다. 연고의 종류도 다양하다 족연族緣, 지연地緣, 학연學緣, 그리고 입사 동기. 그들은 서로 간에 경쟁력이 치열하지만 타 계열들은 절대 용납하지 않는다. 외톨이는 그들 틈에서 출세하기 어렵다. 그러니 항상 긴장할 수밖에 없다. 우리 속담에 "굴러온 돌이 박힌 돌을 뽑아낸다"라는 말이 있다. 어쩌다 전공도 다르고 인연도 없는 사람이 특출하여 진급이 먼저 되면 시끄럽다.

직장이란 나만 잘하면 되는 곳이 아니다. 위로 상사의 눈치도 살피고 동료나 후배와의 협조도 얻어야 한다.

明哲保身
명철보신 — 이치를 밝히고 사리를 분명히 하여 자신을 보존하라는 뜻이다. 철저한 조직사회에서는 독불장군처럼 혼자의 힘으로는 직장 생활도 어렵다.

이 회사 저 회사를 전전하다 기회가 있어 대기업 과장급으로 입사하게 되었다. 그러나 기 재직 중인 대리과장급의 노골적인 불만에 곤욕을 치르기도 하였다.

先則制人
선즉제인 — 남들보다 먼저 솔선수범으로 동료들에게도 깍듯이 대하고 과원들에게 모범을 보이려 노력하였다. 머지않아 신뢰를 얻어 그런대로 직장에 취미도 갖게 되니 직장도 안정되고, 가정생활도 평화로우니 처음으로 안정된 생을 유지할 수 있게 되었다. 불혹의 나이에 겨우 과장 칭호를 얻었다. 주로 하도급 업체인 작은 회사에서 근무하다 대기업에 스카우트된 것도 다 자격증 덕으로 안다. 하도급업체에서 소장, 부장의 호칭으로 근무할 때보다 대기업 과장이 더 안정된 자리 같다.

雲泥之差
운니지차 — 사정이 크게 다르다는 말이다.

시기를 놓쳐 쉽게 올 수 있었던 길을 이렇게 돌아서 왔단 말인가. 교차로마다 직진신호가 연결되지 않아서인가, 기다리지 못하고 우회전 좌회전을 한 탓인가, 지각인생, 왜 나는 늘 이런가.

첫 단추가 잘못된 것이 평생을 가려 하는가. 어떻게 만회할 수는 없을까. 어렵게 얻은 직장도 지각생이니 동료직원들도 나보다 칠팔 년 연하이고 보니 업무교류도 잘 안 되어 부자유스럽다.

그러나 상사들은 이해하고 협조하여 주니 다행이다.

복수불반분覆水不返盆

엎지른 물은 다시 쟁반에 담지 못한다 하였다. 지금이라도 늦지 않았다. 늦었다는 것을 알면 늦은 것이 아니다. 곧 출발의 신호이다. 그렇게 생각하자. 젊어서 고생은 사서도 한다고 했다. 지금까지 크고 작은 많은 회사들을 전전했다. 근무 기간이 많아야 2~3년 혹은 1년 미만도 많았다. 이제는 이곳에서 20여 년 정년을 마칠 수 있을까 그것만이 걱정이다.

日暮途遠
일몰도원 — 해는 지고 길은 멀다. 뜻하는 바 큰데 너무 늦어 쉽게 달성할 수 있을까.

어느 직장이나 좋고 그름 없이 대동소이大同小異, 그저 비슷하다. 다 자기가 할 탓이다. 하늘은 땅보다 높고 산은 들보다 높다. 중천에 뜬 해도 저녁이 되면 기운다. 만물들도 끊임없이 태어나지만 결국은 소멸한다. 만족함이란 있을 수 없다. 지나고 봐야 그때가 좋았음을 알게 된다. 흔히들 "아 옛날이여!" 하며 지나간 세월을 아쉬워들 한다.

현재에 만족을 모르면 미래가 어둡고 과거만을 기억하게 된다. 그러니 현재에 만족하며 살자. 그러면 큰 발전은 없어도 실패는 없다. 한 번 실패는 병가상사兵家常事라고들 하여 별로 대수롭지 않게 여긴다. 나는 이 말을 정말 싫어한다. 실패도 실패 나름이다. 중요한 시기에 실패하면 끝이다. 돌다리도 두들겨 보고 건너라는 말이 있다. 단단한 돌다리니 믿고 건너면 그만이지, 왜 시간 낭비하는가. 요사이 사람들의 생각이다. 마구 앞만 보고 달린다. 남들이 하면 내가 질 수 없다. 앞서야 한다. 이렇게 앞뒤 가리지 않고 기분대로 일을 처리하면 실패는 당연하다.

세상을 너무 의심만 하고 부정만 하면 삭막하다. 그러나 실수로 후회할 일이 있음을 알아야 한다.

사람이 살다보면 생각지 않은 행운, 즉 좋은 조건과 기회가 오기도 한다. 그 기회를 놓쳐서는 안 된다. 다만 좋은 기회라 생각되어도 일단은 점검함이 필수이다.

좋은 조건일수록 신중을 기해야 한다. 낚시꾼들이 고기를 잡으려면 좋은 미끼를 사용한다는 점을 알아야 한다. 자기 위치. 즉 처지와 분수를 알면 세상이 밝게 보인다.

格物致知
격물치지 — 사물의 이치를 연구하여 지식을 넓힌다는 뜻이다. 대학에 나오는 글이다. 어릴 적 아버지께서 말씀하신 수신제가 修身齊家 치국평천하治國平天下와 같이 들려주신 말씀으로 지금도 기억이 새롭다. 모든 물건에는 다 그에 맞는 이치가 있다. 공부도 이해력이 빨라야 한다. 주입식으로 그저 외우기만 하면 입에서는 맴도나 체계적으로 정리하려면 앞뒤가 맞지 않는다. 고교 때 배운 훈민정음 전문을 외어오라는 숙제가 있었는데 지금도 입으로는 잘도 외운다. 그러나 막상 써보려고 하면 잘 안 된다.

訓民正音
훈민정음 — 서울 지하철 교대역 벽면 화강암에 커다랗고 뚜렷하게 잘 새겨놓았다. 지금도 그곳을 지나게 되면 한 번씩 읽으면 옛일이 생각나 이번엔 잊지 않으려 해도 돌아서면 그만이다.

"우리나라 말이 중국中國과 달라서 한자漢字와 서로 통通하지 못한다. 그러므로 어리석은 백성百姓들이 말하고자 하는 바가 있어도 마침내 제 뜻을 잘 펴지 못하는 사람이 많더라. 내가 이를 딱하게 여기어 새로 스물여덟글자를 만드나니 사람들로 하여금 쉽게 익혀 나날이 쓰기에 편하게 하고자 할 따름이다."

"訓民正音.(世솅宗종御엉製졩 訓훈民민正정音음 나랏말ᄊᆞ미 듕귁에 달아 문쭝와서르ᄉᆞᄆᆺ디아니ᄒᆞᆯᄊᆡ 이런젼ᄎᆞ로어린ᄇᆡᆨ셩이니르고져홇배 이셔도 ᄆᆞᄎᆞᆷ내제ᄠᅳ들시러펴디몯홇노미하니라. 내이ᄅᆞᆯ윙ᄒᆞ야어엿비니겨 새로스믈여듧ᄍᆞᆼᄅᆞᆯᄆᆡᆼᄀᆞ노니 사ᄅᆞᆷ마다ᄒᆡᅇᅧ수ᄫᅵ니겨날로ᄡᅮ메뼌한킈ᄒᆞ고져홇ᄯᆞᄅᆞ미니라."

지금 내가 무엇을 하고 있나. 할 일도 없구나. 복잡하고 큰 일이 많은데 한가히 옛글자를 다시 익혀 무얼 하려고 하나. 할 일은 없으나 무엇이든 하지 않으면 불안하고 초조하니 낙서落書 라도 하여야 안정이 될 것 같다.

得魚忘筌
득어망전 — 어부가 고기를 잡은 후 어망을 잃어버린다. 젊어서 한때는 많은 고생도 하고 열심히 일을 하여 얻은 것은 적어도 부끄럽지 않게 살았다고 여겼건만, 지금 와서 생각하니 어리석었기 그지없다. 어부가 잡은 고기만 대견하여 어망을 버렸으니 잡은 고기 바닥나니 어망도 없이 무엇으로 고기를 잡아 늙은 여생 살아갈까?

千慮一失
천려일실 — 천 번의 생각에 한 번의 실수라는 뜻이다. 아무리 지혜가 있는 사람이라도 여러 가지 생각을 하다보면 한두 번은 자기도 모르게 실수를 범하고 만다. 하지만 내 나이 이제 70이 눈앞인 고희니 적막하고 서러움뿐이구나.

누가 나를 업신여기고 괄시치 않지만 느낌이 그저 서럽고 서운하니 삶이 무의미하고 외로울 뿐이로다.

지난날에 시간이 없어 이루지 못한 것들을 다음에 이루겠다고 그렇게 자신을 속이고 또 속이며 잘도 버티고 살아온 날들이 너무나도 대견하고 용기 있었다고 여겨진다.

積善之家 必有餘慶
적선지가 필유여경 — 평소 덕을 쌓고 선을 베풀면 가정에 반드시 경사스런 일이 생긴다.

세상 어느 누가 덕 쌓고 선하지 않게 살려고 하는가, 알면서도 행하지 못하니 그것이 문제이다. 사람은 태어날 때는 누구나 선하고 착하게 태어났다고 한다. 다만 살아가며 사회 환경에 따라 오염되고 변형되어 선이 점차 줄어들어 모질다 못해 악인으로도 변함이다.

오늘의 사회면은 정치 경제의 혼란 못지않게 혼돈의 시대이다. 정상의 사람으론 상상도 할 수 없는, 부모가 자녀들을, 자식이 부모를 버리고 유기한다는 끔직한 사건들이 앞 다투어 발생하니, 선한 부모 자식을 가진 집도 공연히 불안하고 두렵구나.

노후에 병을 얻어 쓰러진들 누가 알며, 배고파 신음한들 누가 아는 체 할까? 나는 안다. 아내도 남편도 자식도 손자들도 나 이외엔 남임을…. 내가 늙음을 싫어하는데 늙어가는 나를 누가 좋아하랴. 지금보다 더 구박하지 않고 냉대치 않으면 그것이 다행이다. 나 이제 알았으니 너희들 덕을 보지 않고 그럭저럭 사는 대로 마음 편히 살려 한다. 남의 이목 두려워서 진실을 감추고서 슬픈 얼굴 지으면서 제 잘못이 무엇인지 말해 달라 하지 마라. 너희들 내 마음 알고 내 또한 다 아는데 슬퍼한들 감동할까, 감동한들 무얼 하랴. 인생은 다 가엾게 태어나서 가엾게 가는 거라고 불쌍히 여길 사람은 이 세상에 하나도 없다. 그저 그렇게 생각하니 몸은 고달파도 마음만은 편안하다.

順天者興 逆天者去
순천자흥 역천자거 — 역사歷史시대에 거역하는 자는 망한다 하였다. 내가 지금 시대에 거역하지는 않는지 냉정하여야 한다. 그렇지 않으면 후손들의 필유여경에 누가 될지 모른다.

身體髮膚 受之夫母
신체발부 수지부모 — 사람 몸의 머리카락 하나라도 부모에게서 물려받았으니 손상시켜서는 안 된다는 말이다. 이 말이 부모를 공경하고 효도하여야 한다는 의미로 해석치 말고, 자식들의 몸에 조그마한 상처나 마음 아픈 일이 생기면 부모의 가슴이 더 아픔을 알아야 한다. 효성스런 자식은 함부로 나쁜 짓을 해서는 안 된다. 단지 질병이 있고 난 연후에만 부모로 하여금 걱정하게 할 뿐이다.

부모유기질지우父母唯其疾之憂, 부모는 오직 자식이 병이 들까 걱정이다. 이 말은 논어에 있는 공자의 말씀으로 '맹무백이' 효에 대한 물음에 답한 명언이다.

부모는 자식에게 아무것도 바라지 않는다. 다만 자식이 잘 되는 것을 낙으로 아는데 자식이 아프면 자신의 아픔보다 더 안쓰럽고 가슴 아프다는 이야기이다.

부모가 자식 사랑함은 아무도 모르고 부모 자신만이 느끼는 부모자식 간의 사랑이다. 사랑도 부성애와 모성애가 있으나 그래도 모성애가 더 강하고 적극적이다. 애愛란 사랑이다. 사랑도 부모와 자식 간의 사랑은 어떠한 고난과 역경에도 변하지 않는 참사랑이다. 이는 서책이나 스승에게 배우는 것이 아니라 스스로 우러나는 것이다.

서책 書冊

책을 가까이 한다. '책은 마음의 양식이다'라고들 하면서도 게을러서인지 몇 줄만 읽어도 졸음이 온다. 즐겁거나 알려고 한다면 졸음이 올 리가 없으리라.

책을 대하지 않으려는 현대의 사람들은 서책보다 간편하고 다양하고 빠르게 지식을 전달 받을 수 있는 인터넷 때문일까. 고대 지식의 보고인 문장 사서삼경인 논어의 사상과 언행을 우리들의 자본주의에서는 어떻게 받아들여야하나.

明心寶鑑 명심보감 — 기본의 예를 가르친 안방의 책, 명심보감이나 우리 선조들이 지은 오륜五倫을 논한 동문선습과 다산의 목민심서牧民心書의 치민治民의 도리와 지방관헌의 윤리적 각성과 농민 경제문제를 다룬 책들이 여러 학자들이 이해하기 쉽게 번역해 놓은 우리들의 양서이나 읽으려 하지 않는다.

또한 이를 바탕으로 하여 유래된 고사성어古事成語를 많이 알아 현대를 살면서 그것을 비유하여 현실에 맞는 언행과 행동을 한다면 고급스럽다거나 고상한 인격과 품위를 유지하고 남에게 돋보이는 삶을 구사하며 살 수 있다. 노력치 않고 인격과 품위를 얻으려 하는가. 지금 나는 무엇을 얼마나 아는가. 알려는 노력만으로는 안 되는 것이 학식과 인덕이다. 서책뿐 아니라 자연에서 자생하고 계절의 변화에서, 그리고 사람들의 삶에서 배워 알게 되면 실천하여야 한다.

언제인가 강원도 영월군 하동면 산골길을 여행하다 느낀 것이다. 주위 경관이 참으로 수려하다. 지명이 상동, 직동, 옥동 그리고 중동도 있겠고, 다음은 하동이겠지 하고 가다가 이조민화박물관이라는 이정표가 눈에 띈다.

핸들을 돌려 수려한 계곡의 물길을 따라가 보았다.

산은 높고 골은 깊다. 가고 가도 절경이요, 맑은 물은 근원이 어디인지 가도 가도 계속 쉬지 않고 흘러오니 시작이 어디인가. 시구 같은 풍경이다.

向青山去 水爾河來
향청산거 수이하래 — 시구 같은 풍경이 아니고 이 시구는 김삿갓의 '향 금강산' 시이다.

〈나는 청산을 향하여 가는데 녹수야 너는 어디서 오느냐〉

유랑시인流浪詩人 김삿갓 김입金笠의 기념관과 묘소가 있는 곳이다. 죽장竹杖에 삿갓 쓰고 방랑放浪 삼천리三千里로 유명한 시인 김병연金炳淵은 과거시제科擧詩題가 〈논정가산충절사論鄭嘉山忠節死嘆탄김익순죄통우천金益淳罪通于天〉이라는 시제로 장원급제하였으나, 어머니로부터 자신의 내력을 듣고 조상을 욕되게 한 죄인이라는 자책과 패족자의 서러움을 한탄하며 처자식도 다 버리고 방랑의 길을 택한 천재시인이다. 푸른 하늘도 볼 수 없다 하여 삿갓을 눌러쓰고 지팡이를 벗 삼고 하늘을 지붕 삼아 한 쪽의 구름 되어 떠돌아다니며 해학諧謔의 시를 읊은 불운의 그의 시비詩碑 앞에 내가 서 있다.

看鏡 간경 — 거울을 본다는 뜻이다. 〈백발여비김진사白髮汝非金進士 아역我亦 역청춘여옥인亦青春汝玉人 주량점대환금진酒量漸大黃金盡 세사재지백발신世事纔知白髮新. 머리가 흰 너는 김 진사가 아니냐. 나 역시 청춘에는 옥같이 고운 사람이었다. 주량은 점점 늘었으나 돈은 다 없어지고 세상일 알 만하니 백발이 되었구나〉.

지금의 내 심정과 처지가 이와 같은가. 나를 천재시인에게 비유하다니 어불성설이겠지만 거울에 비친 내 모습을 보니 옥 같았던 나는 어디 가고 몇 가닥 남지 않은 머리마저 반백이 되어 가고, 윤기 없이 검어져 가는 얼굴을 보니 술로 보낸 내 젊음이 무상했음을 알겠구나.

民畵博物館 민화박물관 — 계곡의 가파른 오름길에 오르니 아담하고 조용한 경내가 사찰과 같이 소박하게 자리 잡고 있다.

고서화든 민화든 골동품에 대해서는 별로 아는 게 없다. 다만 시각적으로 보기가 좋으면 하는 정도이니 알 만한 수준이다. 특히 민화, 그것도 빛바랜 그림들과 옛 물건들을 보니 잃어버린 어린 시절에 본 듯한 낯익은 물품들이라 정감이 간다. 그중에서 발길을 멈추게 하는 것은 아주 낡고 빛바랜 호랑이 그림이다.

鵲虎圖
작호도 — 송호도松虎圖, 혹은 호조도라고도 하여 호랑이, 까치, 소나무를 그린 대표적인 민화이다.

소나무는 정초正初를 상징하고 호랑이는 잡귀를 물리치고 까치는 기쁜 소식을 전해준다 하여 정초에 작호도를 그려 벽이나 대문에 붙여서 액을 막으려 했다. 특히 호조도의 섬세한 세필로 가는 털 하나하나 그린 솜씨에 저절로 감탄사가 터져 나오며 웃기는 호랑이 앞에서 당당한 까치, 그리고 배경무늬라고나 할까. 소나무의 조화로운 배치, 그보다도 해설자의 설명에 의하면 이 호조도의 특징은 착시법을 응용해서 그려졌기에 어느 각도에서 보나 호랑이의 눈동자가 따라 다닌다 하기에, 움직이며 관찰하니 과연 눈동자가 움직이는 것같이 느껴진다. 민화에는 작호도 외 십장생, 책장, 글자도 등 다양하다.

중국의 작호도는 표범, 까치, 소나무를 그린 것이 조선에 전해지면서 표범 대신 호랑이를 등장시킴으로써 호랑이가 표범무늬가 많이 섞인 그림으로 변한 것이 아닌가 한다.

세상에는 있어도 보이지 않는 것과 보아도 볼 수 없는 것이 너무나 많다. 어저께 안 보이던 것이 오늘은 보이고, 어제 보이던 것이 오늘은 안 보이니 이것이 착시현상인가 착란인가. 보는 것이란 눈으로만이 아니라 마음으로 보는 것이다. 그래서 마음의 눈이라 하는가.

마음의 눈으로 사물을 보면 진실을 볼 수 있다.

가훈家訓과 가문家門

力進必起
역진필기 — 전력을 다해 노력하면 반듯이 이루고자 함이 이루어지리라.

우리 집에는 가훈이 있는가. 내가 가장인데 후손에게 무엇을 가르쳐야 하나. 가르친다고 따라 할까.

내 스스로 정도를 걸으며 모범을 보이면 나를 보고 자란 그들은 정도에서 이탈하지 않으려고 노력하리라. 거창한 가훈을 정하여 실천하지 못한다면 그저 구호에 지나지 않으니 실천하지 못할 가훈을 정하기보다는 양심에 부끄럼 없이 살도록 노력하자.

欲觀千歲 則審今日
욕관천세 즉심금일 — 순자荀子 어록語錄에 있는 글이다. 먼 장래의 일을 알고자 한다면 오늘을 명확히 알도록 하고, 오늘 하루를 소중히 여기자. 그러면 좋은 내일이 오리라.

수신제가修身齊家 치국평천하治國平天下 가화만사성家和萬事成. 몸과 마음을 닦고 가정을 보살피고 난 연후 나라를 다스린다. 그러면 가정이 화목하고 모든 일이 다 이루어지리라. 이 글은 평소 내가 살아가며 지켜야 할 일이라 생각하여 표구하여 벽에다 걸어 놓고 매일 대하면서도 실천하지 못하는 어리석은 사람이다.

모든 사물을 눈으로만 보지 말고 마음으로 보고 느끼자.

매사를 현명하게 생각하고 신중하게 처리하자. 한 번 실수로도 회복 불가한 손실을 가져올 수 있음을 기억하자.

"默想得道
묵상득도 — 매사를 현명하게 생각하고 날카롭게 분석하라.

행복한 삶이란 마음이 서로 맞는 사람끼리 오순도순 살아가는 것이다. 서로 의견이나 생각의 차이가 생길 수도 있다. 그럴 때는 항상 사랑으로 이해하고 아낌없이 베풀어라. 상대를 이해하여 사랑의 마음이 생김은 내 자신이 너그러운 사람이며, 상대를 원망하고 미워함은 내 자신이 모나고 옹졸하다는 것을 알라.

나는 지금 고희의 나이에 비로소 진리를 어느 정도 알 것 같으니 이제 겨우 철이 들려는가.

지금이라도 깨우침을 느낄 수 있으니 여생은 스스로라도 편함을 가지자. 그러면 다들 편안하리라. 누구와도 맞서지 말고 사랑하고 이해하려 노력하자.

그것이 자신을 사랑함이다. 자신을 사랑하는 자는 남도 사랑할 수 있다.

屛風이야기
병풍 — 병풍에 얽힌 아주 오래된 이야기이다. 표구사를 하는 친구네 가게로 놀러 갔다가 우연히 만난 영감님과 술좌석을 같이 하게 되었는데, 보기에는 어수룩한 촌노인 같았다. 그런데 말 한마디 한마디가 조리 있고 앎이 많은 옛 선비님이 분명했고, 돌아가신 아버지 생각도 나고 하여 공손히 대하였다. 이것저것

여쭈어도 보고 묻는 말에 공손히 대하니 흐뭇해하시며, 요사이 보기 드문 젊은이라 하시며 직접 쓰신 글 한 편을 주시기에 고맙게 여겼다.

그 후 다시 만나 고마운 마음으로 식사대접을 해드리니, 고맙다고 겸손해 하시며 잘 쓰지는 못하지만 젊은이에게 주고 싶다며 병풍제작용 여덟 편의 글을 주시었는데, 마지막 두 편은 표구사의 잘못으로 소실되고 여섯 편으로 표구하여 병풍을 만들었다.

지금 병풍과 소실된 두 편이 문제가 아니라 뒤에 들은 이야기이지만 나에게 써준 글을 마지막으로 그분은 며칠 앓으시다 돌아가셨다고 했다. 가슴 아픔이 지금도 그 병풍의 글귀를 볼 때마다 떠오르기에 여기 그의 글을 적어본다. 어디서 따온 글인지도 모르고, 소실된 두 편의 글귀를 몰라서 아쉽지만 지금도 이따금 읽어보고 뜻을 음미해본다.

〈강구연월〉이라고 평화스런 산촌의 한가로운 낮 풍경과 저녁 짓는 초가집의 굴뚝에서 연기가 달을 향해 피어오르니 살기 좋고 평화스러운 한 폭의 동양화가 생각난다.

〈경화수월〉이라고 겨울에 비친 꽃과 물에 잠긴 달이라고나 할까. 다만 읽고 생각하고 느낄 수 있는 즐거움을 주니, 마음의 평화를 가질 수 있어 고마운 병풍이다.

屛風

一 曲　溪邊上釣船　萬亭峰　晴川
계변상조선　만정봉　청천
虹橋一斷無消息　萬竪千巖鎖暮烟
홍교일단무소식　만수천암쇄모연

❥〈개천가에 고기 배가 오르고 일만 봉 천 바위가 맑은 물에 잠겼네. 홍교가 한 번 끊어지니 소식이 없고 일만 골 천 바위가 저문 연기에 싸여 있다〉.

二 曲　亭亭玉女峰　揷花監水受誰容
정정옥여봉　삼화감수수유용
道人不復葉台夢　興人山前翠幾重
도인불복엽태몽　흥인산전취기중

❥〈옥녀봉은 우뚝 서 있고 꽃잎이 물에 임하니 누구의 얼굴인가. 도인은 다시 안 오니 황태 배 꿈이요, 앞산에 들어가니 푸르름이 겹쳤구나.〉

三 曲　君看架壑船　不如人亭棹幾何年
군간가학선　불여인정도기하년
桑田海水今如許　泡沫風燈皆自憐
상전해수금여허　포말풍등개자연

❥〈내려다보니 배가 있는데 몇 해나 새워 놓았는지 알 수 없고, 뽕나무 밭이 이젠 바다가 되고 말았구나. 바람 앞에 등불같이 가련도 하여라.〉

四 曲　東西 兩石巖　巖花重路碧鬚毿
동서 양석암　암화중로벽수모

金鷄叫罷無人見 月滿空山水滿潭

금계규파무인견 월만공산수만담

❥ 〈동서 모두 바다뿐인데 바위꽃이 이슬에 늘어져 송송하구나. 금닭이 울어 대지만 보는 사람 없고 달은 공산에 물은 못에 가득하다.〉

五曲 山高 雲氣深 長時煙雨晴平林

산고 운기심 장시연우청평림

林間有客無人誠 疑乃聲中萬古心

임간유객무인성 의내성중만고심

❥ 〈산은 높이 솟고 구름은 깊은데 긴 시간 오던 비가 수풀 위에 개었네. 숲 속에 사람은 있는지 알지 못하고 내 숨소리는 만고의 마음인가〉

六曲 蒼屛統碧灣 第茨終日 掩紫開

창병통벽만 제자종일 암자한

客來人奇棹 巖花落 猿鳥不驚春意開

객내인기도 암화락 원조불경춘의한

❥ 〈푸른 병풍은 물로 에워싸고 띠 풀이 온종일 문을 덮었는데 손님이 잘못하여 바위꽃을 떨어뜨려도 원숭이나 새들도 놀라지 않는다〉.

천자문千字文에서 논어論語까지

어려서 철들기 전에 천자문을 읽었다. 무슨 뜻인지도 모르고 그저 외운 것으로 안다.

공부란 알려고 하고 체계적으로 하여야 하지만 주위 환경이 어렵고 잦은 질병 등으로 인하여 가르쳐 주는 스승도 없이 장님이 코끼리를 손으로 더듬어 보는 것과 같은 배움이었다.

群盲評象
군맹평상 — 앞을 보지 못하는 맹인이 손으로 코끼리를 더듬어 보고 만진 부분이 다리이면 나무토막 같다고 하고, 코를 만져 본 맹인은 방앗공이와 같다고 이야기한다는 고사성어와 같이, 일부분만 알고 평할 뿐 전체에 담긴 깊은 내용은 이해하기가 어렵다.

내 어린 시절이 그랬다. 시간 있으면 읽고 책이 생기면 보고 몸에 병이라도 생기면 다시 접어둘 수밖에 없었으니 그것이 어디 공부라고 할 수 있으랴.

지금 생각하니 한심하기도 하고 그때 환경으로는 그럴 수밖에 없었다고 자위하려 하나 양심에 부끄럽다.

다만, 지금 알고 있는 얼마 안 되는 고사성어도 그나마 어릴 때부터 읽은 천자문과 명심보감에서 시작하여 논어에 이르기까지 더듬더듬 읽어둔 덕분으로 그나마 다행이라고 생각한다. 지금이라도 기회가 된다면 잘 할 수 있으련만, 인생이란 한번 지나가면 그 시절은 영영 오지 않으니 아무 소용이 없는 지나간 과거일 뿐이다.

내가 읽은 책이 코끼리라면 어느 부분을 만졌으며 만져 보지 못한 부분이 어디인가. 귀인가 꼬리인가. 그 크고 많은 부분 중 일부를 만지고 어찌 코끼리를 그릴 수 있단 말인가. 배도 등도 모르는데 속은 더욱 더 모를 일이 아닌가. 다만 이 이야기에 나오는 코끼리는 부처님을 비유한 것이고, 모든 맹인은 어리석은 중생을 비유한 말로, 모든 중생들은 각각 부처님이 따로 계신다는 것을 보여주는 것으로, 그나마 코 하나만이라도 만져보아 코끼리가 방앗공이 같다고 한 앎도 다행이라는 말이다.

自己滿足
자기만족 — 자기가 아는 만큼만 누리면 족한 것이다. 지나친 욕심, 흔히들 과욕이라는 망상에 사로 잡혀서 자신을 병들게 하여 자신을 망치고 주위 사람과 또 그와 전혀 무관한 사람들에게까지 피해를 주지만 그러한 사실을 알면서도 아무런 죄의식도 없이 이루어지고 있다. 정치인은 부정한 정치자금을 기업인은 양심을 속여 가며 비자금을 조성하여 부당한 곳에 사용하다가 치부가 들통이 나도 아무런 죄의식도 느끼지 않는 사회에서 우리들은 지금 살고 있다. 그러니 자연l 개개인들도 자신 이외에 남을 배려하는 관념이 바뀌고 있다.

부부간에도 옛날과 달리 철저하게 내 것, 네 것 하며 서로의 소유와 권리를 주장하고 각자의 몫을 주장하며 당연한 것으로 아나, 부부간에 너무 야박하고 인정미 없는 것이 아닌가라고 생각하는 나는 구식 노인네인가.

세대차世代差, 이는 어쩔 수 없는 당연한 현상이다. 아무리 현대에 뒤지지 않으려고 발버둥쳐도 소용없다.

隔世之感 격세지감 — 보고 듣고 느끼고 생각하고 판단하여 행동함이 다르니 세대차는 당연한 것이다. 세대차가 없다면 발전이란 기대할 수 없으며 정지된 틀에 박힌 세상에서 다 같은 생을 산다면 행운일까 아니면 고역일까. 대답하기 어려우나 무척 지루할 것이다.

한 집에 세대가 다른 아들과 손자 그리고 내가 한 대의 TV를 본다면 3대가 공감하여 같은 채널을 즐길 수 있을까.

할머니가 즐겨보는 연속극을 아들과 손자는 흥미가 없다고 자기들 방으로 가 컴퓨터에 매달리고 만다. 손자들은 지금 미키마우스 채널을 선호할 것이고, 아들은 스포츠 중개가 궁금하지만 참는다. 그러다 할아버지나 삼촌이 와서 "지금 축구 중계 시간인데" 하고 채널을 돌리면, 아들도 손자도 모두 나와 환호성을 치며 시끌벅적하다. 그러니 아쉽지만 할머니도 동참하여 환히 웃는다.

이것은 가족의 이해와 화목이다. 세대차는 TV 채널 속에서도 쉽게 읽을 수가 있다. 나도 세대차를 실감하고 산다. 아들들이나 손자들이 보고 즐기는 코미디극도 옛날과 달리 시끄럽고 유치하게 느껴져 잘 안 본다.

이런 것이 세대차이다. 할머니가 즐겨보는 연속극을 나는 잘 안 보고 영화나 스포츠 중개를 즐긴다.

이런 것은 세대차이가 나서가 아니고 취미나 성격의 차이로 생기는 현상이다. 한 집에 3대가 살면 사소한 일에도 세대차이로 불편이 생기는 법이다. 거기에다 성격과 취향의 차이까지 겹치면 작은 마찰이 생길 수 있으나 가족이라는 집합체는 사랑과 이해로 양보하고 도우며 살아간다. 한 가족이며 사랑하기에 가능한 화합과 평화이다.

萬事亨通
만사형통 — 만사가 길하고 통달하여 모든 일이 뜻과 같이 잘 되어 간다는 말이다.

화합과 화목한 가정을 이루며 살면 만사형통을 누릴 수 있다. 가족과 가정화목은 어떠한 희생을 치르더라도 지켜야 함은 가장의 책임이 크며 가족 전원의 책임이다.

責任
책임 — 누구의 책임인가 누가 책임을 질 것인가.

가족 간에 원인과 책임을 거론함은 옳지 못하다. 다 같이 책임져야 할 일을 "나는 아무런 잘못도 문제도 없는데, 너 때문에 너로 인해"라고 한다면 오해와 불신이 더욱 커지며 만사형통이란 기할 수 없는 일이다.

부부간의 불화는 세대차도 아니고 성격차이로 인해서 오는 것만도 아니다. 오해와 불신, 양보와 이해력이 없기 때문에 좀처럼 상대를 이해하고 용서하려고 하지 않는다. 그리고 화해라는 것은 자기의 자존심을 해치는 것으로 착각하기 때문에 상대가 화해하려고 다가와도 쉽게 받아들이지 않는다. 만약, 받아들이면 자기가 손해 본다는 생각과 이번에는 너를 이겨 다시는 너에게 지지 않겠다는 망상에서 일을 그르치고 만다.

誤解不信
오해불신 — 오해는 오해를 키우고 불신은 불신을 더욱 키운다. 고달픈 삶을 살다보면 본의 아니게 귀중한 사람들에게 피해를 주거나 돌이킬 수 없는 수렁으로 빠트릴 수도 있다. 오해든 불신이든 아무래도 좋다. "나는 지금 남으로부터 오해로 불신과 증오로 고통을 받고 있으니 너라도 이해하고 알아주기 바란다"라고 이야기 할 곳도 상대도 없으니, 더 이상 해명과 호소를 한다는 것은 내 자신이 너무 초라하고 부끄럽게 생각될 뿐이다.

다만 서로 떨어져 '스스로를 반성하고 깨달음을 얻을 수 있다면…' 하는 바람으로 무작정 길을 나섰다.

隱居放言
은거방언 — 속세를 피하여 혼자 지내면서 품고 있는 생각을 거리낌 없이 소리쳐 말하리다.

그러면 답답한 가슴이 시원해지리라는 나 혼자만의 욕심으로 갈 곳도 정하지 못하고 무작정 길을 나서고 보니, 당장 거처할 곳도 끼니를 해결할 아무런 대책도 없었다. '지금 내가 무엇을 어떻게 하겠다는 것인가.'

隱忍自重
은인자중 — 할 걸 생각이 짧았는가. '자중하라'는 말을 많이 들었고 그리고 나도 자주 사용하는 말이다.

은근하게 참고 스스로를 무겁고 신중하게 처신하지 않으면 피치 못할 곤경에 처한다는 진리를 잘 알고 있는 나이지만, 더 이상 지체하는 것은 오해와 불신을 해명할 기회마저 잃어버릴 수도 있다. 다시는 수습할 수 없는 막다른 절벽에 부닥쳐 진퇴양난의 길임을 알기에 더 이상 참을 수도 은인자중 할 수도 없는 일이 아닌가.

密雲不雨
밀운불우 — 짙은 구름이 끼었으니 비라도 내리려나. 그런데 비는 오지 않고 속이 답답하고 앞일이 캄캄하니 언제나 마음에 난비가 오려나.

신언서판身言書判

사람을 판단하는 네 가지 기준을 말한다. 신수, 말씨, 문필, 판단력을 말한다. 그러나 사람을 평하려면 외모를 중시한다. 열 길 물속은 알아도 한 치밖에 안 되는 사람 속은 잘 모른다고들 한다.

이는 사람의 진심을 이해하기 어렵다는 말이다. 그러나 사람의 마음도 오랫동안 살다보면 알 수가 있다. 아무리 그 자신을 속이려 해도 얼굴에 나타나는 표정마저 철저히 감출 수 없다.

물은 건너보면 알고 사람의 속은 겪어보면 자연히 알게 된다.

酒食兄弟千個有 急難之朋一個無
주식형제천개유 급난지붕일개무 — 성대한 잔치를 베풀 때는 찾아오는 친구가 많으나 어렵고 곤경에 처하면 다정하던 친구도 오지 않고 꺼린다는 말로 명심보감에 나오는 말이다. 잘 나갈 때는 친구도 많지만 곤경에 처하니 한 명의 친구도 없다.

책에는 좋은 말과 진리가 있다. 나는 정년퇴임으로 전에 몰랐던 많은 것을 체험했다.

흔히들 말하는 잘 나갈 때 찾아오던 친구들도 일을 부탁하러 오던 사람들도 그 직장을 그만 두게 되니 점점 더 멀어져갔다. 직장 다닐 때 같이 근무하던 동료에게 소일거리라도 부탁하려 해도 "선배님, 이제는 편히 쉬시지…"하며 노골적으로 거절당하고 보니 거절하는 그들보다 각박한 세상이 무섭게 느껴져 내 자신의 초라함을 금할 길 없다. 하지만 이것이 현실이고 자연의 섭리라 생각하니 마음 편하다.

모든 것 마음먹고 생각하기 나름이다. 좋게 생각하면 좋고 불행하게 생각하면 불행한 것, 싫지만 싫은 표 내지 말고 싫어도 좋게 생각하자.

어찌 인생사 내 뜻대로 살 수 있으랴. 어려서는 어르신들 눈치 보랴, 학교에 가선 호랑이 선생님 기분 살펴야 하고, 직장에 가니 층층이 상사니, 어디 몸인들 마음인들 자유스러울 겨를이 있겠는가. 그러다 세월이 흐르니 자연히 진급이라는 기회가 찾아와서 진급하고 보니, 위로 상사 모시고 아래로 부하 직원들 다루기가 더 힘겨운 일임을 미처 몰랐었다. 이제 인생이 무엇이고 직장 공동생활도 이력이 생겼다 싶었는데 찾아주는 이가 없다. 갈 곳도 없다.

진리와 진실은 존재한다. 그러나 현대인들은 애써 외면하며 실리만을 추구한다. 사회가 정말 각박하게 변화하고 있다.

어느 무더운 여름날이다. 보라매공원 벤치에 앉아 무료히 세월을 보내고 있었다. 그 많은 오가는 사람 중에 아는 이도, 말 붙일 만한 여유를 가진 사람도 보이지도 않는다. 그런데 50대 초반으로 보이는 여인이 다가와 말문을 연다.

"안녕하세요. 심심하시지요?"하며 다가오더니 진리의 말씀을 전하려 한다며, "예수를 믿고 천당 가세요"라는 말을 시작으로 설교하려 한다. 지루한데 말동무나 할까도 생각했으나 공연히 더 피곤할 것 같아 정중히 거절했다. 나는 아직 종교를 가지지 못했다. 모든 종교 종파가 병든 민생을 계도하고 그들을 좋은 곳으로 인도하려는 것이 진실한 목적이며 어느 종교나 다 대동소이 하다고 본다. 그러나 자기가 믿는 종교만이 진실한 종교요, 타종교 종파는 인정하지 않으려 하고, 내 것만이 소중하고 남을 인정하지 않으려는 종교 자체를 부인하는 신도들도 있는 것 같다.

예수는 하나님의 아들로 인간을 구원하려 인간세계로 왔다. 석가는 늙고 병들고 죽어 가는 인간을 보고 인생무상을 느끼다가 고행의 길을 택해 보리수나무 밑에서 깨달음 얻었다 한다. 이 정도로 아는 것이 나의 종교에 대한 실력의 전부이다. 다만 그 많고 많은 사찰과 교회들이 바르고 참신하게 살아갈 수 있게 복음의 전당이 되길 빌 뿐이다.

노래 가사에 "강원도 금강산 일만 이천 봉 팔만 구 암자"라 했다. 지금도 경관이 수려한 곳엔 어김없이 사찰이 지리를 잡고 있으며 주택가에는 교회의 뾰족탑이 서 있다. 첫새벽에 들리는 성당의 종소리도 지금은 공해라 하여 들을 수가 없다. 웬만한 도시에 하나둘 씩 우뚝 선 건물은 성당이나 교회들이다. 그러나 지금은 대형건물에 가리어 작게만 보일 뿐이니 주택가 여기저기 서 있는 작은 교회들을 통합할 수는 없을까 하는 생각이 든다. 규모가 크다고 그 몫을 다하는 것은 아니지만, 산기슭에 작은 암자나 주택가에 밀집된 교회들이 좀 이상타 하는 생각이 든다. 그 심오한 교리를 알지 못하는 나의 종교에 대한 무지함인 것 같다.

苦行孤行
고행고행 — 불가의 고행苦行과 인간의 고행孤行은 고독함이다. 인간 석가모니는 태어나면서부터 행칠보후行七步後 천상천하天上天下 유아독존唯我獨尊을 외쳤다고 한다.

卽心是佛
즉심시불 — 즉, 깨달음이 불심이다. 깨달음을 얻음으로 부처님이 되어 중생을 구했다. 동양의 성인 공자는 관리로서 행한 바가 크다. 그의 행함을 후세 제자들이 기록한 책자가 지금의 논어이다. 그는 인간으로서 사상가思想家이며 문장가文章家였다.

논어論語는 사서四書의 하나로 공자의 언행과 공자의 제자 제후 등과의 문답, 제자끼리의 문답을 모아서 엮은 책이다. 공자의 성행性行과 논설을 근본적으로 하여 사람이 행해야 할 교훈을 이상적으로 서술한 것이다.

논어에는 시가 있고 예가 있고 락이 있다.

흥어시興於詩 입어예入於禮 성어락成於樂, 그의 사상은 시며, 예며, 낙이다. 이를 모체로 성인聖人으로 지칭된 인물이다. 다음 이슬람교, 힌두교, 그 밖의 교는 실존인물인가 신인가. 자연숭배의 원시 종교 토테미즘도 그들만은 믿고 의지하며 절대적 신앙임에 틀림없음인데, 이것이 다 무지든 진실이든 허약한 인간들이 정신적 위안을 받고 살아감은 모두 동일하다고 생각된다. 우리나라에도 매년 연례행사로 두세 차례 소란스러운데 그 대표가 석가탄신일과 크리스마스이다. 이때쯤이면 거리뿐 아니라 방송채널까지 요란스럽다. 사찰에서는 등들을 달고 목탁을 치며 독경을 외치고 유명하다는 고승이 TV대담도 한다. 교회에서는 구세군의 거리 등장을 신호로 거리에 크리스마스트리와 징글벨 소리가 요란하다. 방송국 채널마다 관련된 영화가 방영되고 있다. 하나님이 천지를 창조하였다고 하는데 그 누구도 부인하지 못한다. 천지창조는 신만이 할 수 있는 미지의 세계이기에 누가 반론을 하겠는가. 어느 종교든 종파든 그것은 신이든 하나님이든 어쨌든 이미 창조

되어 있었으니, 그저 편리한대로 해석해도 이의할 수 없음이다.

나는 많은 의문이 있다. 전지전능하신 하나님께서 천지를 창조하시면서 아담과 이브를 에덴동산에서 평화롭게 살 수 있게 하지 않고 왜 선악과인 금단의 열매를 만들어서, 그들에게 호기심을 일으키게 하였으며, 그것을 먹으라고 유혹하는 동물을 등장시켜 그들을 인간 세계로 추방했는가. 전지전능한 하느님이 왜 선만을 창조하지 아니하고, 악을 만들었을까. 그 이유가 무엇일까. 신이 실수 할 일 없고 장난을 할 일 없으니 너무 잔인하지 않을까. 세상 모든 이치는 모를 일도 많지만 오묘하게 조화를 이루고 있다. 동양에서 주로 사용하는 음양오행설도 그렇다.

더하고 빼고, 높고 낮음, 기쁨 슬픔, 성인 공자도, 예수도, 석가모니도, 다 사람으로 이 세상에 왔다. 그러나 예수는 하나님의 아들로 이 땅에 왔다고 한다. 종교와 과학은 차이가 있다. 종교를 과학적으로는 풀 수 없다. 풀려면 의문이 꼬리를 문다.

나는 공자를 좋아한다. 인생에 대한 물음에 답이 있다.

〈십오학十五學하고 삼십입三十立하며 사십불혹四十不惑 오십지천명五十持天命 육십이순六十耳順 칠십종심소욕불유구七十從心所慾不踰矩〉

공자께서 말씀하시었다. 나는 열다섯 살에 학문에 뜻을 두었고 서른 살에는 우뚝 섰다. 마흔 살에는 미혹됨이 없었고, 쉰 살에는 천명을 알았고, 예순 살에는 남의 말을 순순히 받아들였고, 일흔 살에는 원하는 바를 마음 내키는 대로 해도 법도에 어긋남이 없었다.

옛날에는 자연 환경이 오염되지 않고 무공해 자연식품을 섭생하였는데도 평균수명이 지금의 거의 절반에 가까웠다 한다.

인간칠십고래희人間七十古來希라 하여 사람이 70을 사는 사람이 드물다는 뜻이다.

요즘 세상은 공해에 시달리어 생태 환경이 변하여 가지만, 물질 문명의 발달과 고도의 의술로 평균 수명이 꾸준히 상승하여 80을 넘어서고 있다고 한다. 예전엔 60을 환갑이라 하여 만수를 다하였다 하여 크게 잔치를 베풀고 경축하였으나 요즘 환갑노인은 노인 축에도 못 든다. 그래서 생겨난 말이 인생은 60부터라든가.

요즘 고령화로 사회복지 문제가 심각한 사회문제로 제기되고 있다. 아직 육체적 정신적으로는 청춘인 이들이 정년퇴직, 명퇴, 조기 퇴임 등 실직을 당하고 보면 황망하기 그지없다. 앞으로 2~30년, 그보다 더 많은 세월을 무엇으로 소일하며 살 것인가. 흔히들 등산도 하고 관광도 하며 손자들과 어울리려고 한다. 그러나 아무리 좋은 일이라도 몇 번으로 족한 게 인생이다. 좋은 음식, 좋은 볼거리도 다 지치게 마련이다. 일감, 그것이 있어야 성취욕도 희망도 생기는 법, 그런데 그것이 없다. 그러니 젊은 오빠 언니들이 모이는 곳이 복지회관 아니면 노인정, 공원 등이다. 그곳에는 그런대로 취미를 찾아 보람을 느끼며 지내는 이들도 많다. 그러나 일부 계층들은 아들자랑 손자자랑하다 티격태격하며 봉변당하기 일쑤이며 따돌림을 당하기도 한다. 늙으면 늙을수록 이해심이 커지리라 여겼는데 아니다. 점점 아집만이 커지는 것 같다. 마음만이 청춘이지 몸과 생각은 자꾸 둔탁하여 가고 주변 환경의 변화나 타인으로부터 별 관심 없는 존재임을 감지하지 못하고 어저께가 옛날임을 모르니, 아집과 독선만이 남을 뿐이다. 어쨌든 그곳은 그들만의 천국이다.

요사이 유행하는 말이 있다. 나이 60 넘으면 배운 자나 못 배운 자나 같고, 70이 넘으면 있는 자나 없는 자나 똑같고, 80이

넘으면 산 자나 죽은 자 즉, 송장이나 같다.

공감이 가는 말이다. 왕년에 잘 나가지 않은 자 없으며 집에 금송아지 한두 마리 없는 사람 없다. 다들 마음만은 풍요로운 젊은 오빠 언니들이다.

걱정할 것이 없는데 걱정을 만들어가는 게 인생이다. 그냥 편한 마음으로 살면 된다. 그러나 그러기에 너무나 인생이 아깝게 느껴진다. 오늘은 무얼 하나. 하루가 무료하고 지루해서가 아니라 습관이다. 갈 곳이 없어도 좌불안석 서성거리게 된다. 오지도 않는 전화기 앞에서 기다린다. 그 많이 오던 전화도 차츰 횟수가 줄더니 이제는 잘못 걸려오는 전화가 아니면 광고전화가 대부분이다.

인기가 없다는 증거이다. 쓸모가 없는 사람으로 전락하여 가는구나 생각하니 마음이 쓸쓸하다.

다 잊어버리고 그 동안 가보지 못한 곳이나 둘러보자 하고 밤잠 설치며 생각했으나 아침 눈뜨면 다 황이다.

뉴스나 들으려고 TV를 켰다. 인천 자유공원에서 맥아더 장군 동상을 철거하려는 무리, 이를 저지하려는 무리들을 막는 경찰들, 참 할 일 없는 사람들도 많다.

우리나라는 치욕스런 과거를 가진 불행한 민족이다. 벌써 잊었단 말인가. 분단된 조국이 맥아더 장군 때문인가 아니면 미국인가, 소련인가, 아니다. 우리민족이 무능한 탓이다. 그들은 들러리일 뿐이다. 내 나라, 내 조국, 내가 지키지 않으면 누가 지키겠는가. 나라를 잃고 치욕의 36년 그 설움, 6・25의 처참한 현실.

나는 어렸어도 생생하게 기억한다. 전쟁으로 형님과 매형과 그리고 누님을 잃었다. 그리고 인생의 황금시기인 청춘을 3년간이

나 국방 의무를 다하는 데 바쳤다. 정치가 뭔지 사상이 뭔지도 잘 모른다. 그러나 분명한 것은 공산화되지 않고 저들보다 10배 100배 더 잘 살 수 있다는 것을 다행으로 여기며 산다. 남북이 분단된 것도 미·소의 개입으로 기인된 것으로 볼 수 있으나 지난 일들이다. 그러니 그들을 탓하기 전에 우리 자신을 반성해야 한다.

이승만 정권 시 부정과 부패 그리고 독재정권을 더 이상 볼 수 없어, 목숨 바쳐 바로잡은 학생들이 바로 지금 70대들이다. 4·19 때 내 나이 20대이니 생생하게 기억한다. 그때도 학생들은 우리나라가 진정한 민주주의가 되려면 40대 이상은 다들 죽든지 정치에서 손떼야 한다고들 했다. 그런데 그 40대가 몇 번이나 지났는가.

사상思想, 생각하는 것이 무슨 잘못인가. 그런데도 조금이라도 수상하다 생각되면 불순하다 하여 마구 탄압하고 억압수단으로 사용했다.

'사상이 불순하다'하면 옛말로 치면 역모에 버금가는 말로 그보다 더 큰 죄명이 없을 정도니 알 만하다.

사상계 思想界

4·19 당시 국내 최대의 교양 월간지이다. 나도 애독자이었다. 사상계 하면 장준하 씨가 생각난다.

4·19의 원천도 사상계인 것 같다. 그때 대학생치고 사상계 Life지 한 권쯤 안 들고 다니는 사람이 없을 정도로 유행이기도 했다. 지금도 기억이 생생하다. 연재소설 '북간도', '오발탄' 그리고 정치사회, 문화, 모든 분야를 폭넓게 비판함으로써 정치적으로 많은 지적을 받았음을.

장준하 씨는 어떻게 된 것일까. 의문이 꼬리를 문다. 선생은 1944년 일제에 강제징집 부대를 탈출하여 중국군과 광복군을 거쳐 미국의 OSS에서 훈련을 받고 국내에 진입대기 중 광복을 맞은 것으로 안다.

선생의 주도로 창간한 사상계는 문학적으로 가장 큰 영향력을 미친 책으로 꼽힌다. 독립운동가이며 민주투사인 그는 민족분단 문제, 민주주의, 경제발전 등 업적을 쌓았다. '돌베개'는 선생의 작품으로 어려서 읽었지만 나에게 많은 감동을 남긴 작품이다. 군에서 탈출 중경행을 결심하고, 그의 편지 내용 중 〈앞으로 베어야 할 야곱의 돌베개는 나를 더욱 유쾌하게 해 줄 것이다〉 하는 그의 굳은 결심하고 탈영 후, 굶주리고 목이 말라 썩은 물을 먹기도 하고 수많은 어려움을 겪기도 했지만, 운 좋게 중국군으로 들어갔으나 다시 팔로군의 기습을 당해 다시 중경으로 가서 광복군에 편입했다. '등불'이라는 잡지도 발간하고 임시정부의 요인들과 만났으나 그곳의 삶은 그를 만족시키기엔 부족했고, 임시정부 내부의 부패에 실망한 선생은 미군 OSS의 길을 택하였다. 그 많은 험난한 역경에도 가족보다 조국을 소중히 여긴 그 분은 존경받을 만한 사람이며, 민족의 등불 하나가 꺼진 것이다. 그의 죽음, 그것도 등산하다 의문의 실족사로 그가 죽기 전까지의 많은 업적과 내가 장년기에 읽어 감동 받은 글귀들은 영원히 남아 있으리라.

熱河日記

열하일기 — 장준하 선생의 글 속에 펼쳐지는 중국의 광활한 대지가 생각나고 펄벅의 소설 대지와 박지원 작 열하일기가 떠오른다. 열하일기는 연행기燕行記로 정조 5년에 청나라 고종 건륭제의 칠순 잔치에 가기 위해 열하강까지 갔을 때의 감상을 적은 기행문이다.

〈나는 오늘에야 비로소 사람이란 본디 아무런 의탁할 곳이 없이 하늘을 이고 땅을 밟은 채 떠돌아다니는 존재임을 안다. 말을 세우고 사방을 돌아보다가 나도 모르게 손을 이마에 대고 말했다 참 좋은 세상이라고….〉

지금 나는 이렇게 좋은 서책을 통해 좋은 교훈과 깨달음을 대하고도 고민과 좌절에서 헤매고 있는 것은 아닌가.

나도 오늘에서야 비로소 내가 행복한 사람이라는 것을 알았다. 사람이란 본디 의탁할 곳이 없어 떠도는 것인 줄 알았으나 차를 바닷가에 세우고 망망대해를 바라 볼 수 있고, 가고픈 곳이면 어디라도 갈 수 있는 몸이라 생각되니 참 좋은 세상에 살고 있는 팔자 좋은 사람이라는 것을 깨달았다. 사람은 자기 자신을 속박하지 말고 상대의 입장에서 자신을 보아야 한다. 그러면 자신을 정확히 볼 것이며 보이면 느끼고 판단하게 된다.

杞人憂天 기인우천 — 이란 하늘이 무너지고 땅이 꺼질까 걱정하는 사람을 말한다. 불필요한 근심과 걱정은 살아가는데 도움이 되지 않는다. 사람은 평소에 미리 준비하고 다독거릴 줄 알아야 한다.

有備無患 유비무환 — 구호만 있고 실천은 없다. 일이 크게 터지면 그때서야 야단법석이다. 사건이 발생해도 책임질 사람이 없다. 5공비리 전·노 대통령들의 비자금을 회수한다고들 야단이다. 그러면 수백조의 손실을 입힌 IMF 주역은 무분별하게 지급하여 수10조의 공적자금의 손실을 발생시켰는데 그뿐인가. 장기적이고 다발적으로 발생하는 노사분규로 입은 손실을 막지 못한 책임은 어떻게 할 것인가. 전·노 비자금 회수만이 문제가 아니다. 그보다 몇 십 배의 손실은 어떻게 할 것인가. 지금 맥아더 장군 동상 철거가 문제가 아니다. 동상 철거는 심심치 않게 봐 왔다. 4·19 때도 이승만 대통령 동상을 철거하고 끌고 다녔다. 이라크전 때 후세인 동상도 철거됐다. 그러나 그것은 문제가 안 된다. 지금 우리에게 크나큰 문제가 놓여있다. 햇빛정치니 경제교류니 하여 언젠가는 평화통일이 이루어지리라. 대한민국 국민이면 다들 평화통일을 바란다. 과연 평화통일이 이루어질까. 이는 동일민족인

우리가 하나의 가족이 되는 그날일 것이다. 그날이 오려면 남과 북 모두가 집권의 욕심을 버리고 진정으로 우리는 하나라는 의견 일치가 될 때 가능하리라.

하늘은 스스로 돕는 자를 돕는다 하였다. 그러니 남쪽은 북을 위해 경제적 기술적 원조가 필요하며, 북은 모든 군사력을 포기하고 핵개발은 꿈도 꾸어서는 안 된다.

핵이 터지면 직접적인 피해지역에 폐허는 말할 것도 없지만 방사능 유출로 전 국토가 초토화될 수 있음을 2차세계대전 시 일본의 패망을 보아 알고 있다.

그뿐이 아니다. 핵 보유로 인해 이를 저지 보복하려는 선진국의 보복과 선제공격을 상상해 보았는가. 독일 히틀러의 망상으로 무고하고 귀한 생명과 재산의 손실을 경험하고도 어리석은 불장난을 하려함은 절대로 안 된다.

그러니 우리에게는 평화통일 그것뿐이다. 평화가 없는 통일은 어떠한 명분으로도 용납할 수 없다.

평화통일平和統一, 그러나 그 이후 일어날 사태를 상상해 보았는가. 6·25사변으로 부모형제를 잃은 수많은 인파가 평양광장으로 몰려가 김일성 동상을 철거한다면 누가 무슨 명목으로 막을 것이며, 북한주민들이 남한으로 몰려와 충혼탑을 철거한다면 누가 막을 것인가. 그래도 태평로 이순신 장군 동상은 무사할까, 북한의 단군상은 어떨까.

구더기 무서워 장 못 담글까마는 우리 민족은 내 맘에 맞지 않으면 그냥 넘기려 하지 않으니 말이다. 지금도 엄연한 대한민국 영토에 비전향수秘傳鄕愁 묘역을 만들어 그들을 찬양하는 비문을 만들었다는 쇼킹한 뉴스를 접할 때 등골이 오싹함을 느끼는데 말이다.

자아自我, 나는 누구인가 그럼 너는 참으로 알 수 없다. 내가 나를 모르니 어찌 너를 알리. 유행가 가사가 아니다. 옛날에는 청운의 뜻을 지녔는데 이제 흰머리만 남은 노인이 되고 말았으니 인생무상이란 말이 실감난다.

自我批判
자아비판 — 내 맘 내가 모르는데 어찌 나를 비판하리. 앎이 모름이요, 모르면 알려고 노력하면 그것이 진정 앎이련만, 알면 알수록 점점 더 좁아지는 것이 세상사이다.

몰랐던 새로운 것을 보면 신기하고 즐겁다. 세상은 참으로 알 것도 배울 것도 끝도 없이 많다.

살다보면 알고 느끼겠지 하였건만 점점 더 모를 것이 많아지고 아는 것이 줄어드니, 세상사는 더욱 모를 일이라 생각하니 초라한 인생이다.

흔히들 4차원 세계 운운한다. 알고들 하는 말인가.

1, 2차원의 세계를 지난 3차원 세계에 우리들이 존재한단다. 우리가 갈망하는 4차원 세계는 존재 할 수 있는가.

空間
공간 — 0차원을 점, 공간 1차원을 선線이라 한다. 1차원 선을 좌우라 치고, 좌우를 왔다 갔다 하는 것이 1차원이라 생각해보자. 그 다음 2차원은 좌우, 아래, 위를 왔다 갔다 할 수 있음이고, 3차원은 좌우, 아래, 위 높이까지 알 수 있는 것이라 할 수 있다. 이는 1층집이 2차원이면 3차원은 아파트 정도로 인식하는 정도라 할까.

다음 4차원은 과거와 미래를 왔다 갔다 할 수 있는 현재와 미래, 과거일 것이다. 3차원을 시간적으로 0이라 하면, 4차원 세계는 막연히 영화 속의 타임머신을 타고 과거와 미래를 자유자재로 여행하는 장면이 떠오른다.

블랙홀 같은 원인도 모르게 사라져버리는 불가사의 한 사건들, 과학자들이 말하는 4차원 세계는 수학적으로 무엇을 의미하는가. 선을 1차원, 변을 2차원, 우리가 살고 있는 세상과 같은 3차원이라고 한다면 4차원은 무수히 많은 공간(3차원)으로 구성되어 있다고 유추할 수 있다.

그러므로 4차원은 우리가 살고 있는 3차원 세계가 무수히 많이 포괄하는 더욱 큰 세계가 별도로 존재하는 세계가 아닌 지구를 포함한 우주공간이 아닐까 생각하니 5·6차의 세계도 가능한 수많은 다른 공간이 존재한다면 더 이상 고차원 세계가 없을 리 없다. 망상을 하는 나는 신을 능가하고픈 망상의 인간인가 의심스럽다.

人間 인간 —은 의식주를 스스로 해결하고, 생각하고, 느끼고, 판단하여 행동한다. 그러나 1·2차원의 동식물은 주어진 여건을 벗어나기 힘들다. 그렇다고 인간도 영원할 수 있다고 누가 장담하리. 1차원이 직진이면 2차원은 직진, 우회전 혹은 유턴도 가능한데 3차원인 인간이기에 그래서 갓길, 샛길도 구분 못하는가.

진리는 가까운 곳에 존재한다. 그러나 앞에 두고도 엉뚱한 곳을 헤맨다. 진리眞理, 그것은 진실이다. 우리들은 너무 어려운 말을 하려고 한다. 남에게 우월하게 보이려고 애써 어려운 말을 골라서 하려 한다.

博士
박사 — 폭넓게 아는 학자이다. 많이 노력하여 폭넓게 앎을 체계적으로 논술한 자에게 주어진 칭호이다.

그런데 대게는 쉬운 말도 어렵게 하여야 된다고 보는지 필요이상 서술이 길다. 순수한 마음으로 나 이외에 남이 쉽게 알아듣고 이해하면 족한 것을….

自家徒取
자가도취 — 내 자신만 생각하고 살면 세상이 좁게 보인다. 나만 족하면 된다. 남의 떡이 더 커 보인다. 내 것만으로는 족하지 않고 남의 것을 탐하다보니 내 것마저 잃을 수 있음을 모른다. 남의 밥그릇이 더 커 보이는 자는 나 자신은 모르고 남의 잘못만 보인다.

이 세상 모두가 내 스승이다.

"남의 잘못을 보고 내 허물을 고치고 좋은 점을 보고 그를 본받아라" 어릴 때 아버지께서 하신 말씀이다. 지금도 기억한다. 그러나 실천을 못해 부끄럽다.

스승, 선생님의 그림자도 밟으면 안 된다고 배웠다.

教鞭
교편 — 회초리로 가르치다. 지금은 선생님이 직업이다. 교편을 잡는다고들 한다. 회초리를 들어가면서라도 제자들에게 참 교육에 힘쓴다. 학생도 학부모도 선생님을 믿고 맡겼다. 지금은 옛날과 많이 다르다. 어쩌다 학생에게 매를 대면 난리가 난다. 학교 풍속도가 변하여 달라져가고 있다.

學而不思則罔 思而不學則殆
학이불사즉망 사이불학즉태 — 배우기만 하고 생각지 않으면 멍청해지고 생각만 하고 배우지 않으면 위태롭다. 내용 없는 사고思考는 공허空虛하고 개념 없는 직관은 맹목적인 것이다.

아는 것을 안다고 하고 모르는 것을 모른다고 하는 것이 곧 아는 것이다. 논어論語에 나오는 글귀이다.

최상最上과 최고最高

사람은 누구나 최상에서 최고의 자리를 원한다. 원한다고 이룰 수 없는 것이 최상의 자리이다. 그러나 능력도 노력도 없이 마구 오르려 하니 오르기는커녕 퇴보하고 만다. 그러다 보니 욕심은 점차 앞서만 가고 최상의 길이 최하로 전락하고 만다.

사람은 자기분수도 모르고 최고를 원한다. 그래서 능력이 없어도 최고를 찾으려 하는 무리들 때문에 최고로 둔갑한 최하의 인간, 최하의 상품들이 판을 치는 세상이 되고 말았다. 가짜가 진짜를 능가하는 세상에 우리가 산다. 최고는 아니지만 자기 수준에 맞추어 살면 되련만 최고를 모방한 가짜인 줄 알면서도 경제성을 고려치 않고 우선 최고이어야 한다는 고정관념 때문에 서슴지 않고 가짜를 택하고도 후회치 않고 우선 최고로 행세한다.

최고란 최상의 제일 으뜸가는 것을 뜻하는 수식어로 가장 좋은 것, 좋은 것 중에서 좀 나은 것으로 풀이하면 되는데 요사이 상품들은 최고품 하면 부족한지 '특산품, 최상품'으로도 부족하여 세계 각국의 좋은 문자와 문구까지 동원하여 제품명보다 우수하다는 문구가 더 많으니 아무리 좋다고 강조하려 해도 이 세상에 존재하는 단어만 가지고는 표현할 길이 없나보다.

우리의 노래가사에 '왜 이리 좋누'를 두세 번 하면 더 이상 강조할 필요도 없이 정말 좋아라 여기고 살았다.

眞字
진자 — 참이란 거짓 없는 진실이다. "진짜지?" 하고 되묻는 말이 있다. 상대의 언행이나 약속이 신빙성이 없을 때 혹은 너무 뜻밖의 일이라 당황해서 재차 진의를 파악하고자 할 때 쓰는 말이다. 그러니 진자는 좋은 의미로 거짓 없는 참이다.

참기름, 이는 우리 식탁에 최고의 조미료이다. 그런데 이 참기름마저도 가짜가 판을 치는지 참기름 한 병을 살 때도 이거 진짜요? 하고 먼저 의심부터 하게 되니 참기름 병에도 어김없이 써 붙인 문구가 최고급 진짜 순 참기름으로도 모자라, "신토불이 우리 깨로 짠 영농후계자 어디 누구누구" 하고 써 넣어야 할 때이다.

좋은 상품을 좋다고 선전함은 당연하다. 그러나 질적으로나 양적으로 최선을 다해 만든 제품도 가짜들의 틈바구니에서 빛을 잃어간다. 가짜일수록 포장과 선전문구가 화려하여 진짜 찾기가 진짜 어렵다. 가짜가 진짜를, 진실이 거짓을 어지럽히려 한다. 화려한 장미꽃에는 가시도 있다. 독버섯일수록 화려하다.

포장이나 선전이 장황한 제품일수록 내용은 별 볼일이 없다. 별로 보잘것없다. 신통치 않다는 뜻이다. 별 볼일 없다. 어디에서 온 말인가. 더 이상 상대하고 싶지 않다. 다시 볼 필요도 없다. 이젠 끝이다.

이런 하잘것없는 생각만 하니 머리가 아프다. 옥상에 올라가서 하늘에 별이나 보자. 오늘은 날씨가 맑으니 별들이 많으리라. 그러면 별 볼일이 생기리라.

밤하늘에는 구름도 없는데 고작 몇 개의 별만이 보일 뿐이다.

“저 별은 나의 별, 우리들의 별” 하던 옛날의 추억이 새롭다. 그런데 그 무수히 많고 많은 별들이 다들 어디로 간 것인가. 눈에 보이는 것은 고작 우리 가족이 하나씩 가지면 족할 뿐이라 생각이 드니, 나는 우리라는 테두리를 벗어나지 못한 인간이기에 작은 수의 별 뿐이 보이지 않는 것인가. 어릴 적에 본 여름 밤하늘에 무한대 수의 별들이 다들 사라질 일도 없고 날이 밝아 기운 것도 아닌데, 그러면 대기 오염으로 있어도 보이지 않는 것인가. 있어도 볼 수 없고 보이지도 않으니 이제는 별도 볼 수 없는 별 볼일 없는 그런 세상이란 말인가.

하나 둘 셋, 하고 일곱 저것이 북두칠성이고 정북에서 반짝이는 별이 북극성이다. 옛글이 생각난다.

북두성 좌로 돌아 은한銀漢이 삼경三更이다. 별자리도 움직인다. 지구가 돌아서일까. 북두성이 굴러 위치가 변한 것을 보니 새벽인 것 같다.

斗轉月未落 舟行夜己深 有村知不遠 風便數聲砧
두전월말락 주행야기심 유촌지불원 풍편수성침 —

북두성은 구르고 달은 아직 지지 않고 배는 떠나가 밤은 깊은데 유촌 마을이 그리 멀지 않은지 바람소리에 다듬이 소리가 들려온다.

이 시는 보은 수한면 동정초등학교 자리 비석 박물관에 전시된 글 중의 하나로 우연히 그곳을 지나다 읽게 되어 기억을 더듬어 적어본다. 뜻은 어렴풋이 기억하나 작자가 기억나지 않고 마지막 구절 침성이 맞는지 성침이 맞는지, 다듬이 소리가 바람에 실려온다 하니 성침이 맞을 것 같아 써놓고도 망설여지니 모름이 너무 많아 안타깝고 답답하다. 그 많고 많은 명필, 명시를 어찌 다 읽을 수 있으며 기억하리. 평생을 읽어보고 연구해도 모를 일이거늘 잠시 시간을 낸 데다 비도 내려 수박 겉핥기로 지나치고 말았으니 아쉽기 그지없다. 다음에 시간을 내어 심오한 글귀나 뜻을 상세히 이해치 못하겠지만 필히 다시 찾으리라. 그리고 깊이 음미하리라.

不夜城
불야성 — 지금 시각이 두 시가 지난 지 오래이다. 도심의 거리는 그야말로 불야성이다. 별 볼일 없는 사람들의 밤의 역사가 이루어지는 순간들이다.

밤과 낮을 바꾸어가며 사는 밤의 역사의 주역들. 요사이 젊은 이들은 대부분 밤에 주로 활동하면서도 당연한 것으로 생각하고 산다. 나는 어쩌다 밤잠을 설치면 하루가 고통스럽다. 낮에는 잠을 자려 해도 깊은 잠을 이룰 수 없다. 낮잠을 오수午睡라 한다. 오수는 나도 모르는 사이에 피곤이 밀려들어 의자에 앉아서이거나 벽에 기대어 잠깐 조는 정도로 개운함을 느낄 정도이어야 한다.

오수가 길어지면 몸도 정신도 혼란스러워진다. 인간은 야행성 동물이 아닌 낮에 행동하고 밤에 잠을 자야 하는 초식동물에 가깝기 때문일 것이다.

夜行性
야행성 — 동물은 육식성 동물이다. 인간은 만물의 영장이기에 잡식성 혹은 선택성으로 취향대로 생각하고 행동하여 자신만을 위한 자기의 의지대로 살려고 한다. 그러니 밤과 낮을 구별하여 살아야 할 이유가 전혀 없이 편리한 대로 살려고 한다.

나도 한때는 살기 위해 야간근무로 고달픈 삶을 보내기도 했다. 야근은 참으로 못할 일이었다. 고달프고 처량한 인생이구나라고 스스로 한탄하고 자책도 많이 했었다.

군이나 경찰 그리고 회사경비원은 업무상 당연하니 목적과 사명감, 그리고 직업이기에 긍지와 보람도 느끼리라. 저녁에 출근하여 새벽에 퇴근하는 업무상 할 수 없어서 한다면 존경과 동정심이 생기리라.

그러나 새벽 출근길이 바쁜 사람들의 눈에 보이는 그들, 밤과 낮을 바꾸어 살 아무런 이유 없이 새벽길을 방황하는 젊은이들을 보고 있노라면 밤을 지새운 이유가 무엇이든 거부반응을 느끼리라. 밤의 역사의 주역들이라 자처하는 젊은 남녀들의 삶을 구식이든 완고한 한 세대 뒤진 할아버지의 눈으로는 한심하고 가망이 없는 별 볼일 없는 인간들이리라 여겨짐이 당연한 당근이다. 흔히들 옳은 대답을 "당근이지"라고 한다. 반세기의 차이도 안 되는 사이에 삶의 방식과 관념이 이렇게 판이하게 다른 세계에서 살아간다. 다들 당근이지 하며 공감할 수 있는 일은 없을까.

세대차가 아니라 시차로 변하여 가는 세상에서 우리는 산다. 변하여 가는 세대를 탓하지 말고 이해하고 그들과 보조를 맞추어 가며 살자. 그러면 고목에서 새싹이 돋아나길 기대하진 않지만 피어있는 싹들이나마 시들지 않게 아끼고 살자. 이제 별 볼일 없는 삶이라 생각지 말자. 날 샜다 하면 끝이라 생각지 말고 이제 다시 시작할 때이다. 나의 활기찼던 아침도 밤 새워 수고한 젊은이들을 위해 나 혼자 조용히 아침을 맞이하면 된다.

꿩 새가 울다, 꿩 새 울었다는 말이 있다. 이 말 역시 날이 밝았으니 기대 했던 밤이 가고 별 볼일 없이 지나간 것을 말한다. 그러나 좋은 뜻으로 생각하자. 날이 밝았으니 할 일이 많다. 새는 일찍 일어나야 낟알을 더 많이 주워 먹는다고 했다. 밝은 날 배불리 먹어야 밤에 설치는 맹수들을 피해 생명을 지탱할 수 있으리라.

원형原形과 변형變形

원형이 변형되어 가는 사회, 주어진 대로 살아감을 당연하다 여기고 살려는 사람이 점차 줄어들고 있다. 검은머리 파뿌리 될 때까지 기쁘거나 슬프거나 병들어 죽을 때까지 아끼고 사랑하겠다고 약속하고도 성격이 맞지 않는다느니 이상형이 아니라느니 하면서 헤어지는 커플들이 많다. 피치 못할 일이 아니면 원형을 변형해선 안 된다.

요사이는 '짱' 시대이다. 몸짱, 얼짱 등등. 그러다 보니 너도 나도 짱으로 만들려는 사람들 때문에 성형외과가 문전성시를 이룬다고 한다. 누구나 아름답고 젊게 보이려는 욕심이 없을까마는 무리하게 고치려다보면 기형아로 변한다.

우리는 우리의 형에 맞아야 미녀도 미남도 될 수 있다. 동양인으로 태어나 서양인의 오뚝한 코가 보기 좋아 서양인 코를 달으니 툭 튀어나온 눈 때문에 어울리지 않으니 깊숙한 눈을 만들 수 없고, 둥글납작한 얼굴이 맘에 안 든다고 턱뼈를 깎는다 하나 갸름한 얼굴이 될 리 없으니 기형아로 변한다.

짱의 기준도 인종별로 다르다. 클레오파트라의 코와 아름다운 동양인 양귀비의 입술, 서양인의 맑고 파란 눈에, 몸짱에 금발로 치장한 미인을 그려보자. 인간일까? 괴물일까? 짱을 만들려다

괴물이 되지 말고 웬만하면 원형을 보존하고, 글짱, 일짱 등을 만들려고 노력한다면 더 좋은 사랑과 인정을 받지 않을까.

矯枉過正
교왕과정 — 교왕은 구부러진 것을 바로잡는다는 말이다. 잘못을 바로 고치려다 오히려 나쁜 결과를 가져옴을 말한다. 살다보면 자신이 행하고도 후해할 일이 많다. 어려운 일은 쉬운 일에서 생기니 쉬운 일이라도 신중히 처리하지 않으면 돌이킬 수 없는 일이 생긴다는 점을 항상 잊어서는 안 된다.

於此彼
어차피 — 인생은 나 하나뿐인 독보적獨步的 존재存在이다.

하나뿐인 단 한 번뿐인 인생, 주어진 대로 잘 관리하고 아끼고 스스로 보살피어 나 자신을 위해서 살되 남에게 피해주지도 말고 살자. 생각과 말은 쉽다. 그러나 실천하기는 정말 어렵다. 나는 잘하고 있는가. 나로 인해 눈살 찌푸리는 사람은 없는가. 주위에 목불인견目不忍見 들이 판을 치는 세상이니 나하나 간수하기도 어렵다.

洗踏足白
세답족백 — 남의 빨래를 하였더니 내 발이 희어졌다는 말이다. 좋은 일을 하고도 아무런 득이 없을 때가 많다. 좋은 일은 꼭 보수를 바라고 해서는 안 된다. 내 발이나마 희어진 것만 해도 다행으로 생각하자.

발 이야기를 하니 몸이 근질거린다. 목욕이나 가자.

沐浴
목욕 — 단순한 의미로 머리감고 물로 몸을 씻는다는 뜻이다. 옛날에는 목욕탕이 흔치 않았다. 여름에는 미역이라 하여 개울에서 주로 몸을 닦았지만 찬바람이 불면 한 달에 한 번 정도 하기도 어려운 것으로 기억한다. 특히 농촌에서 자란 나는 소죽 쑤는 솥에다 물을 끓여 발정도 씻은 것이 고작이다. 그러나 지금의 목욕문화는 상상을 초월하여 화려하고 너무 사치스럽다.

목욕이란 몸에 때를 닦는 것이 아니라 사우나 혹은 불가마, 찜질방처럼 피로도 풀고 운동도 하며 식사며 오락도 즐길 수 있는가 하면 아예 그곳에서 숙식을 해결하는 사람들까지 있으니 순수한 우리의 목욕 문화가 발전한 것인지 알 수 없다. 집집마다 펄펄 끓는 물이 나오는 화려하게 꾸며놓은 욕탕을 두고 구태여 이곳을 고집하는 가족들을 보면 알다가도 모를 일이며, 이곳도 어김없는 별 볼일이 없는 밤의 주역들의 낙원이 틀림없다.

나는 꼭 아침 일찍 목욕탕을 찾는다. 옛날에는 아침 일찍 가야 조용하고 물이 깨끗했다. 그러나 지금은 다르다. 이른 새벽부터 초만원이다. 그것도 건강한 청년들이 떼 지어 시끄럽다. 저들의 직업이 무엇일까. 등과 팔뚝에 흉측한 문신, 섬뜩하고 공포감이 돈다. 무슨 사연으로 저렇게 흉측하게 만들었나.

원형 그대로라면 얼마나 우람한 몸짱이었을까. 자의든 타의든 사연을 몰라도 언젠가는 변형된 자기 몸을 원형으로 되돌릴 수 없음을 한탄할 날이 오리라.

百八煩惱
백팔번뇌 — 불교용어이다. 인간의 과거, 현재, 미래에 걸친

108가지 고민을 말한다고 한다. 고민과 고뇌수가 108가지나 되는데 그것도 부족하여 어리석은 중생은 사서 걱정거리를 더해가고 있다. 착하고 악하고 바보스럽게 살든, 없는 고민을 만들어가면서 살든, 모든 중생은 다 108번뇌를 가지고 사는 것인가. 그 또한 궁금하다.

사노라면 궁금하고 답답함도 많다.

勤將補拙
근장보졸 — 이라는 말이 있다. 서투른 것을 보충하려면 부지런하여야 한다. 머리에 떠오르는 좋은 말들이 많으나 쓰려고 하면 격에 맞는 말인지 당치도 않는 말인지 종잡을 수가 없다.

부지런도 상황판단을 고려치 않고 하다보면 오히려 누를 끼칠 때가 있다.

아침에 너무 일찍 일어나는 것도 가족이나 이웃에게 피해를 줄 수 있다. 밤의 주역들이 곤히 잠들려는데 혼자 일어나 TV를 켜든지 청소를 한다면 얼마나 짜증스럽고 고역이겠는가. 그러니 불편해도 대를 위하여 보조를 맞추며 살아야 할 때이다.

多岐亡羊
다기망양 — 달아난 양을 찾으려다 길이 여러 갈래로 나서 찾지 못하였다는 말이다. 학문學文이나 배울 것도 너무 많아 다방면으로 알려고 하면 도리어 진리를 얻을 수 없다는 말이다. 너무 하고픈 것이 많으면 하나도 제대로 얻을 수 없다. 욕심만 앞세워 이루어질 수 없는 일에 매달려 시간만 낭비하지 말고 하나라도 확실하고 정확하게 알려는 노력이 필요하다.

재주 많은 사람 집에 끼니 거리가 없다던가. 죽어도 한 우물을 파라고 하여 하나에만 집중하면 그 분야에 달인達人이 될 수 있다. 달인이 되려면 많은 노력이 따른다.

捲土重來

권토중래 — 흙먼지를 날리며 다시 온다는 말이다. 한 번 패한 자는 힘을 돌이켜 다시 전력을 다하여 다시 쳐들어옴을 말한다. 한 번 실패에 굴하지 않고 일어남을 뜻하는 말이다. 오뚝이 인생, 끈기 있는 자는 성공할 수 있다. 욕심만 앞세워 많이 알려 하지 말고 하나라도 확실히 알려 한다면 자연히 많은 것이 저절로 알게 된다는 것을 오랜 경험으로 알았다.

鏡花水月

경화수월 — 거울에 비친 꽃과 물속에 비친 달이라는 말이다. 볼 수만 있고 가질 수 없는 물건이다. 아무리 좋고 탐난다고 다 가질 수 없는 것이 세상사이다.

권불십년權不十年이라 하였다. 만석꾼의 부자도 3대를 넘기기 어렵다고 한다. 흔히들 변두리에 땅값이 하루가 다르게 오르면 "진작 몇 백 평 사둘 걸" 하고 후회한다. 기회는 지금도 얼마든지 있다. 능력과 재능이 없으면서 남이 하는 일들을 부정적으로 보면서도 자기는 용기와 단안斷案도 없이 안이한 삶을 살면서도 지나치고 나면 후회하고 남이나 정치만을 원망한다. 매년 연중행사처럼 일어나는 자연재해도 정부의 지원만 바라지 말고 작은 보조금으로라도 안전한 곳으로 이전하여 점차 늘려가려는 생각이 앞서야 발전성이 있고 추가지원도 청구할 수 있지 않은가.

가난은 나라님도 구할 수 없다 하나 정권유지와 차기 대권만을 의식하여 임시방편의 정책을 펴지 말고 진정한 국민과 국익을 생각하는 정치를 편다면 아무리 나만을 고집하는 이기주의자들도 주위의 따가운 시선을 피할 수 없으리라. 해마다 되풀이 되는 자연재해에 대해 전문지식이 전무한 나이지만 처참하게 망가지고 사라져버린 마을과 유실되어 흔적도 없이 사라져버린 도로, 지붕 높이 보다 더 높이 흐르는 계곡 물줄기를 복구하느라 힘쓰는 중장비와 많은 인력들의 노고가 애처로워져, 저 고생들이 헛고생이 되면 어쩌나 걱정이 앞서니 발길이 떨어지지 않는다.

雪泥鴻爪
설니홍조 — 눈이 녹은 진땅에 큰기러기가 걸어가 발자취를 남기나 그것은 곧 사라진다. 모든 것이 허무하고 남은 것이 없음을 비유한 말이다.

飛鴻踏雪泥
비홍답설니 — 가 될까 걱정은 되나 아무런 도움을 줄 힘이 없다. 복구 작업에 방해가 되지 않게 빨리 이곳을 떠남이 돕는 일이다.

발걸음이 진창에 빠진 것같이 한없이 무겁기만 하다.

욕탕망상浴湯妄想

욕탕 속에서 꿈을 꾸고 있나. 목욕을 하는 동안 별별 생각이 다 떠오른다.

옛날 목욕탕에 가면 연세 지긋한 할아버지들이 탕 속에 몸을 담그고 눈을 지그시 감고 "청산리 벽계수야" 하고, 황진이 시 한 수를 구슬피 암송하시는 것을 흔히 보았다.

그때 그 할아버지가 지금 이 자리에 몸을 담그고 앉아서 망상에 빠져 있다. 내가 그때 그 할아버지와 같이 청산리 벽계수의 시조를 읊조린다면 반응이 어떨까 궁금하다.

아마도 정신이 이상한 노인네로 취급하리라. 그러니 눈 딱 감고 젊은이들은 찜질이든 헬스든 체조든 마음대로 하게 두고 조용히 목욕이나 하자. 이 좋은 시설에서 젊은이들과 함께 어울리는 것도 행운이라 여기자.

忘年之交 망년지교—라 하였다. 나이 차이를 잊고 사귀는 친구를 말한다. 늘그막에 어린 친구를 만나는 것도 행운이리라. 나는 젊었을 때 나이 많은 형들과 놀기를 좋아했다. 그러니 지금은 다들 기력이 쇠해서인지 만나도 흥이 없다. 한 달에 한 번 만나는 계모임

도 소주 한 잔에 밥 한 그릇이 고작이며, 오가는 대화도 아들, 손자 이야기보다 건강 이야기가 우선이다. 그리고 하나 하나 유명을 달리하니 인생 회의를 아니 느낄 수 없다.

젊음은 보석이다. 가능하면 젊은이와 같이 젊게 살자. 그래야 생각이 젊어지고 마음 또한 건전해진다.

욕탕의 종류도 다양하다. 해수탕, 녹차탕, 쑥탕 그리고 약수탕, 다들 자기들의 것이 최고라 하나 엇비슷하다.

鑛泉水
광천수 — Mineral water, 약수라고 하면 탄수화물을 함유한 자연수이다. 탄수화물은 자연계에 다량으로 존재하는 유기물로 탄소C, 산소O, 수소H로 구성된 탄수화물은 엽록소에서 CO_2를 생성, 물 및 태양열을 이용한 광합성 작용에 의해 합성된다.

Mineral water는 암석층에서 장시간을 거쳐 자연이 만들어낸 생수이다. 생수의 무기질의 성분에는 유해하고 무해한 것으로 분류한다. 무기물 중 칼슘Ca, 나트륨Na, 염소Cl, 칼륨K, 마그네슘Mg, 황S 등을 함유하고 있다.

5대 영양소는 탄수화물, 지방, 단백질, 비타민, 미네랄로 구분되며 탄수화물, 게르마늄, 광천수, 미네랄 생수, 약수 종류도 다양하며 효능 또한 다르다. 온천욕이 몸에 좋다고 남용하면 부작용도 따르며 탄산수가 위장에 효험이 있다고 과대 복용하면 칼슘을 분해시켜 뼈에 손상을 준다고 들었다. 과하면 넘치기 마련이니 자제할 줄 알아야 한다.

好衣好食
호의호식 — 누구나 원하고 부를 향하여 노력함이 아니라 전쟁을 치른다는 표현이 맞겠다. 열심히 일하여 부를 얻었으면 호의호식하며 부를 즐김은 당연한 권리이다. 그래서인지 주말도 아닌데 한창 직장에서 근무하여야 할 젊은이들이 산으로 바다로 유원지의 고급호텔이나 레스토랑에는 그들로 만원이다. 나와 같이 정년이 지나 일거리도 없는 사람들이 지루하여 가까운 등산길을 찾았는데 그곳도 어김없는 젊은 세대들이 대부분이며 여성들의 천국이다. 아베크족도 아닌 요사이 유행하는 웰빙족들이다.

Well-Being
웰빙 — 이란 육체와 정신을 통해 행복하고 안락한 삶을 지향하는 삶의 유형 또는 문화의 현상을 말한다. 사전적辭典的 의미로는 복지, 안녕, 행복을 뜻하며 우리말로는 "참살이"라고 번역하여 사용한다. 물질적인 풍요에 치우치는 첨단화 사회사업에서 육체와 정신의 건강하고 조화로운 결합을 추구하는 새로운 삶의 방식이나 문화의 뜻대로 well-being, 말 그대로 잘사는 것이다. 모든 사람들이 자신의 생활에 만족하고 아무런 문제도 없이 정신적, 육체적 모든 의미의 건강한 삶을 산다면 이는 진정한 지상의 낙원이리라.

車載斗量
차재두량 — 이라는 말과 같이 모든 것이 풍부하여 차에 실을 정도로 많고 말에 담을 정도라면 좋으련만 부라는 것은 평등한 수평선이 아닌 강호연파江湖煙波, 강이나 호수의 안개처럼 뽀얗게 이는 잔물결과 같은 존재처럼 그저 아련하고 가까운 듯하다가 멀기만 하고, 가까이 다가가면 갈수록 손에 잡힐 듯하다가 잡히지가 않으니 가고 또 갈 수밖에 없다.

Pension 펜션 — 강 길을 달리다보니 주위 경치가 너무 좋다. 강가 수려한 수목 사이로 화려한 모텔이 아니면 펜션이다. 저곳은 누가 이용하는가. 호기심이 난다. 모텔이나 콘도는 많이 듣고 하여 아나, 펜션은 생소하다. 사전적 뜻으로 노령의 근무기간이 종료하여 퇴직한 사람에게 지급하는 연금증서이다.

그러나 알고 보니 유럽에서 노인들이 여생을 연금과 민박 경영으로 보내는 데서 그 이름이 붙었다고 한다. 그곳도 콘도와 기능이 같은 숙식을 함께 할 수 있는 숙박시설이라 한다. 외래어란 참으로 어렵다. 세계화에 뒤지지 않으려면 사용하여야 할 외래어이다. 그러나 저 많은 펜션이 외국인을 위한 것이 아니고 국내인, 그것도 우리 한국 사람이 주로 사용할 것이거늘 구태여 어려운 외래어를 써야 하나. 꼭 써야 할 이유가 있기에 정부에서 허가를 했을 것이니, 내 무식을 한탄만 하지 말고 공부 좀 하자. 내가 지금 국민연금을 받고 있으니 그 증서라는 말은 낯이 익으나 그 외 다른 뜻은 없는지 살펴보았더니 프랑스나 벨기에에서는 하숙집, 호텔, 기숙학교라고도 쓰이는 말이라 하니 이제 '펜션'이라는 것이 낯선 단어만도 아니다. 나도 때늦었다 하지 말고 글로벌화에 동참하자.

人生日記

인생일기 — 나는 지나간 날들을 쓰고 있다.

읽어줄 사람도 없지만 읽어도 상관없다. 일기는 남을 의식하면 표현력이 자유롭지 못하다. 양심을 속이면 참다운 글이 아니다. 글은 마음의 거울과 같아야 한다. 그때 느낀 감정을 정리하면 된다. 그저 순수하고 진실한 마음의 표현이다. 그러니 일기는 그때 그의 마음을 이해하면 된다.

나를 속이고 자신을 미화하려 하면 남이 먼저 안다. 그러면 진실을 말해도 다들 거짓으로 들린다. 적은 것을 얻으려다 큰 것을 잃는다.

숫자數字이야기

머리가 아픈데 숫자 이야기나 하자.

이열치열이라고 열은 열로 치료하고 냉은 냉으로 치료한다고 했다. 복잡한 머리를 식히는 데는 복잡한 숫자 놀이를 하면서 거기에 몰두하다 보면 전에 있었던 일을 잊을 수 있어서 좋다. 머리를 식히는 방법도 가지가지이다.

스포츠나 오락게임 혹은 음주가무도 있다. 나는 스트레스를 주로 술로 풀려고 했다. 그러니 몸이 고달프다.

오늘은 수치 공부 좀 하자. 우리가 주로 사용하는 수, 일은 하나 너무 외롭다. 둘이면 정말 행복하고 다정할 것 같다. 그럼 둘로 하자. 둘이 다정하게 지내다보니 셋이 되고 다섯, 열이 넘었다. 이 수가 내 가족이다. 십, 백, 천, 만 그리고 억. 이것이 내게 필요하고 내가 가질 수 있는 수치이다. 하나가 둘이 되면 행복했고 셋이 되면서 즐거웠다. 그러나 수가 늘어날수록 기쁨보다 고통이 동반한다. 가지 많은 나무 바람 잘날 없다 한다. 많은 가족의 의식주도 해결하고 오락도 즐기려면 거기에 필요로 하는 재력은 많을수록 좋은 것이다. 그 재력을 조달하려면 무리와 고통이 따른다. 무리해서라도 재력을 얻을 수만 있다면 초월 아닌 불사하려 해도 안 되는 것이 재력이다. 과거에는 백만장자라 했다.

어려서 부르던 노래 가사에 나에게 백만 원이 생긴다면 했는데, 지금의 백만 원은 웬만한 사람의 지갑 속에는 다 들어있는 아주 작은 돈이고 일억이면 갑부라 하였는데 지금 일억은 연봉으로 받는 사람이 많다고 들었다.

그런데 나는 일억 이상은 모르니 현대인이 아니고 30년 전에 사는 사람이면 행복한 갑부로 행세할 수 있으리라. 억億 시대도 가고 조兆라는 숫자가 등장했다. 이는 과거 국가가 1년 예산을 논할 때 사용했는데 지금은 개인의 재산을 평가할 때도 사용하는 수치이고 보니 억, 억 할 때가 엊그제인데 격세지감이라는 단어가 재실감이 난다. 서민의 급료가 기백인데 서울에 소형 APT 가격이 억이 최하 다섯에서 열 이상이 필요하니 화중지병畵中之餠, 일뿐이다.

숫자의 단위를 적어보자. 일一 십十 백百 천千 만萬 억億 조兆 경京 해垓 자秭 양穰 구溝 간澗 정正 재載 극極 항하사恒河沙 아증기阿曾祇 방유타邦由他 불가사의不可思議 무량대수無量大數. 만 단위의 수에만 익숙한 나로서는 억도 부담스럽고 그 이상의 수치란 천문학적 수치이기 때문에 아예 관심 밖이다.

恒河沙 항하사 — 10×52, 이 수치는 10에 52승이니 갠지스강의 모래알 수와 같은 수치라 한다.

갠지스강에 가보지 않아 모르지만 우리나라 한강이나 낙동강보다 몇 배 크다 하니, 어느 한심한 사람이 그 많은 모래알을 세어보고 항하사라는 수를 만들었는가.

不可思議 無量大數
불가사의 무량대수 — 와 이 단위는 수를 알 수 없어 양도 모르고 그저 무수히 많다고 이해하면 되니 사람의 역량에 따라 느끼고 판단하면 된다.

사람이 살다보면 본의 아니게 남으로부터 오해를 받을 때가 있다. 사람의 머리는 갠지스강의 모래알도 셀 수 있을 만큼 불가사의하고 무량대수라는 수치 즉, 10의 68승의 수를 만들어 낸 것을 보면 인간의 능력과 상상력은 무궁무진하며, 요사이 즐겨 사용하는 단어로 머리 잘 돌아가는 사람을 컴퓨터라고 한다. 그러나 아무리 과학문명이 발달해도 인간을 능가하는 기계나 기구는 만들 수 있으나, 사고능력을 갖고 판단하고 적응하여 처리하며 대처할 수 있는 두뇌를 만든다는 것은 불가능하리라 본다.

"책은 사람을 만들고 사람은 책을 만든다"라고 하였다.

컴퓨터는 인간의 생활을 편리하게 만들고 지식을 가르쳐 줄 수 있어도 명령과 지시에만 익숙한 기계이므로 사람과 같이 감정이나 일시적인 충동으로 잘못 내려진 명령이나 지시를 조절할 수가 없으리라. 도대체 인간 두뇌의 용량이 얼마이기에 수십 광년의 거리에 있는 우주를 정복한다고들 앞 다투어 우주개발주식회사라든지, 현미경으로도 볼 수 없는 작은 바이러스에서 지구에서 자취를 감춘 동식물의 화석에서 유전자를 복제하여 그들을 복원한다고들 하니, 이런 사건들이 공상인가, 망상인가, 아니면 사실로 나타날 수 있는 일인지 알 수 없는 일이다.

어제 배운 새로운 지식이 자고 나니 구식이 되고 마는 그런 세상에서 우리가 살고 있다. 격세지감이 문제가 아니다. 밤 세워 인터넷 세상에서 헤매는 젊은이들은 그곳에서 새롭고 유익한 지식을 얻기도 하지만 사실인지 허실인지 가망도 없는 공상을 단지 흥미로 보는지, 사실이 아닌 불량의 프로그램을 보고 오판이나 안 할지 손자와 아침밥상을 대하며 그들이 생각하는 머릿속이 궁금하고 작은 저 머릿속에도 항하사보다 큰 수치가 있음이니 대견하고 귀여울 뿐이다.

見小利則大事不成
견소이즉대사불성 — 작은 일에 눈을 돌리면 큰일을 성공하지 못한다. 이제는 아들들이나 손자들마저도 스스로 자기 하나는 책임질 수 있는 나이이다.

걱정이 되나 나 혼자만의 생각이다. 사람은 누구나 남에게 지시 받기를 싫어한다. 아내마저도 자기 살림 자기 마음대로 하면서도 남편의 조그만 잔소리는 거부하면서 살려고 한다. 그러니 잡다한 작은 일까지 신경을 쓰며 잔소리로 변한다.

잘하겠지, 잘되겠지 하며 지켜보면 된다. 내가 걱정하고 내 생각만이 옳다고 생각하는 그 자체가 독선이며 고집이다. 고집을 주장한다고 그 대로 이루어지지도 않으며 오히려 불평만 조성한다.

어린이는 어린이다워야 하고 할아버지는 할아버지다워야 한다. 나 혼자 늙지 않았다 고집해도 소용없다. 늙기는 서럽지만 받아들일 수밖에 없다. 거부한다고 한 번 지나간 어제는 다시 오지 않는다. 우탁의 시詩가 생각이 난다.

한 손에 가시 들고 또 한 손에 막대 들고
늙는 길 가시로 막고 오는 백발 막대로 치려터니
백발이 제 먼저 알고 지름길로 오더라.

流水不腐
유수불부 — 흐르는 물은 썩지 않는다. 그러니 쉬 늙지 않으려면 항상 움직여야 한다. '천유불식川流不息'이라고도 한다. 할 일도 없고 심심하여 짜증난다는 사람들을 보면 이해가 안 간다. 할 일이나 하고픈 일이 얼마나 많은데 심심한가. 그런 사람의 내면을 보자. 세수도 하고 면도도 했는가. 집안 청소는, 그리고 아내는 설거지를 깨끗이 하고 곱게 화장은 했는가. 오늘 할 일을 내일로 미루고 있지는 않는가 방안 청소는 뒤로 미루고 누워서 연속극에 정신을 팔고 있지는 않는가. 오늘 할 일을 내일로 미루면 내일 일은 언제 하려고 하는가. 한 번 지나간 오늘은 다시 오지 않는다. 공연히 낮잠을 자다 귀한 오늘을 소비하고 있지 않는가.

항상 깨끗하게 정돈하고 화장 곱게 하고 편안한 마음을 가져야 급한 일이 생겨도 당황하지 않는 법이다. 사람은 할 일이 없어 심심한 게 아니라 게으름을 피우려 하다 보니 생기는 꾀병이다. 그러니 내가 하면 될 일도 누군가가 해주기를 바라니 서로 눈치나 보고 도와주지 않으면 야속하게 생각하고, 쉽게 할 일도 짜증스럽고 귀찮은 생각이 들어 뒤로 미루다보면 생각지도 않은 작은 일로 자신은 물론 여러 사람이 불편함을 느끼게 되니 이것이 스트레스이다.

糟糠之妻
조강지처 — 술지게미와 쌀겨로 끼니를 이을 정도로 가난을 겪은 그런 어려울 때 생사를 같이 한 사이를 말한다. 지금 나와 아내의 사이도 그런 사이인데 이게 어쩐 일인가. 서로 아픔을 이해하고 고마움은 알고 있지만 신병과 의견차이가 판이하게 다르다보니 충돌이 생긴다. 가는 길은 같으나 방법이 다르니 순탄치 못해 불편할 수밖에 없으니 답답하다. 그래도 기쁠 때 생각나는 사람, 슬플 때 생각나는 사람으로 이 세상에 만만한 사이는 둘뿐이 아닌가. 내가 늘 말했듯이 사랑하는 사람과 같이 있는 오두막집이 싫어하고 미워하는 사람과 함께 있는 궁궐보다 낫다. 오두막집에서 사랑하는 사람과 나물 반찬을 먹어도 좋으니 정성어린 아내의 손길이 아쉬울 뿐이다. 혼자서 하는 여행이 홀가분하리라 여겼으나 밖은 세찬 눈보라가 휘몰아치는 산골 적막한 민박집 여관이다. 쪽 거울에 비친 주름 잡힌 반백의 내 모습을 보니 처량하고 적막하기 그지없으니 누가 있어 나를 보고 어여삐 여길 건가. 내 평생 누구를 원망도 해함도 없고 남의 덕을 보려 한 적도 없이 자신만을 믿고 산 것이 전부인데. 이 가혹한 현실이 스스로 만들었다는 자업자득이라는 것인가.

病入膏肓
병입고황 — 이라고 병이 깊어 치료하기 어려우나 아내를 원망치 않았으며 모질게 한 적도 없고 늘 불쌍한 생각으로 가슴 아파 하였다. 그런데 맘에 없는 말 마구 하면 정말 가슴도 아프고 지쳐서 이제는 여행도 흥미를 잃었으니 되는 대로 살자고 생각하니, 어린 손자들도 보고 싶고 당신 안위도 걱정되나 이도 저도 못함이니 마음만 번거롭고 공허한 그 무엇이 가슴을 짓누를 뿐이구나.

牝鷄之晨
빈계지신 — 암탉이 울어 새벽을 알린다.

옛날에는 여자가 설치면 집안이 망한다 하였다. 그러나 오늘날엔 그렇지 않다. 여자가 잘하여야 한다. 남자들은 그저 월급 버는 기계에 불과하다. 모든 주권은 주부가 가지고 있다. 그래야 집안이 편하고 형편이 나아짐이 사실이다. 여성 입지가 커지고 남성의 위치는 좁아진다.

평균 수명도 여성이 남성보다 7~8세 위이다. 거리에 활보하는 사람 거의 다 여성이다. 어쩌다 병원에 가면 2/3가 여성이다. 특히 물리 치료실은 여성으로 만원이다. 나는 병원을 가기 싫어한다. 그래서 늘 아내에게 핀잔을 받는다. 의료보험은 좋은 제도이다. 그러나 잘들 활용하고 있는지, 너무나 남용하고 있는 것 같다.

몸이 조금만 이상한 것 같으면 으레 병원을 찾는다. 머리가 조금만 아파도 감기가 오려나 하며 병원으로 가서 으레 주사나 한 대 놓아 달라고 한다. 자기 몸 스스로 관리하는데 탓할 사람 없다. 그러나 너무 남용하는 것 같다. 의료보험이 없다면 돈이 아까워서 웬만해서는 병원에 안 간다. 일부 병원도 마찬가지인 것 같다.

영리를 목적으로 하기에 한두 번 치료로 나을 병도 4~5회로 치료하는 것이 아닌가 의심이 간다. 남성보다 여성의 병이 더 많은데 병원을 자주 다녀서 오래 사는 것인지 매일 아프다 하면서도 할일 다하며 오래 산다.

해로동혈偕老同穴

살아서는 같이 늙고 죽어서는 한 무덤에 묻히겠다고 생사를 같이 한 부부사이인데 늙어가며 서로 원망만 쌓여가니 해로동혈 할 수 있겠는가. 시경詩經에 나오는 말이다.

젊어서는 어려움 속에서도 그런대로 즐거움도 있고 평화로웠는데 이렇게 뒤죽박죽의 인생이 될 줄이야 생각조차 못했는데 역시 운명이란 피할 수 없는 것인가 보다.

〈살아서 방을 달리해도 죽으면 무덤을 같이 하리. 나를 참되지 않다지만, 저 해를 두고 맹세하리〉 왕풍의 시詩 마지막 장에 동혈이란 말이 나온다.

生老病死 생로병사 — 요람에서 무덤까지, 태어나서 죽음에 이르기까지를 말한다. 어쩌다 무덤까지라는 말이 아무런 부담도 느껴지지 않고 자유로이 쓸 수 있는 내 자신이 신기하다. 이제는 태어나서 늙음의 늪을 지나오면서 생에 회의를 느끼고 고달픈 삶이라 지치고 둔탁해진 탓이리라. 생에서 로老를 거친 것은 우리가 경험했기 때문에 나름대로 차이는 있어도 말할 수 있다. 그러나 사死나 사후死後를 누가 알리오. 그저 상상뿐이며 두려울 뿐이다.

아무도 죽음과 사후 세계는 모른다. 만약 자기가 언제쯤 죽는다는 것을 안다면 세상의 질서는 엉망진창으로 변할 것이다. 세상에 죽음을 두려워하고 생에 집착을 가짐은 가난과 병마로 고통을 받거나 살만큼 산 노인에 이르기까지 어느 누구도 양보 못할 집착일 것이다.

세상에 세 가지 거짓말이 있다고 한다. 그 첫째가 노인네가 빨리 죽어야 한다는 말이고, 두 번째가 노처녀 시집 안 간다는 말이다. 세 번째는 장사하는 사람이 밑지고 판다는 말이다. 너에게는 한 푼도 안 남기고 본전에 판다 하여 사 가지고 집에 와 보면 아내는 그보다 더 싸게 사 가지고 왔으니, 아는 장사꾼을 믿고 산 내가 바보인가. 안다는 것을 이용하여 나를 속인 그 사람이 사기꾼인가.

인생은 한번 뿐이 없고 지나가면 다시는 돌아오지 않는 과거일 뿐이니 과거에 집착하지 않고 오늘 하루만이라도 후회할 일 없이 살아감이 최상의 선택이 아니겠는가.

自覺 자각 —스스로 깨달음이다. 그것도 누구의 권유나 설교로 이루어진 것이 아니고 내 자신이 뉘우친 것을 말한다. 흔히들 옳은 말을 하면 공자님 같은 소리를 한다고 한다. 이 세상에 옳은 말씀을 하신 분이 공자님뿐이신가. 내가 아는 것은 공자님뿐이니 당연하다고 이야기한들 그 누가 시비하랴. 설령 시비한들 나에게는 소귀에 경 읽기라고 할 수도 있다. 그러나 그것은 나의 고집이며 독선이다.

이 세상엔 성인도 많고 악인도 많다고 생각한다.

예수님도 석가님도 그리고 단군인 우리 조상님도, 아니 그보다 천지를 창조하신 고귀한 하나님도. 이 세상 모든 하찮은 존재들 그리고 나 자신도 옳은 말이나 행동을 할 수 있건만, 별 볼일이 없는 사람의 말은 아무리 옳은 말을 해도 들으려 하지도 않는다. 자기 비위에 맞는 말을 하는 사람에겐 공자님 같은 말이라 칭찬하면서도 자기 비위에 거슬리는 사람들의 생각과 말은 그저 아무런 뜻도 없는 숨 쉬는 숨소리로만 들린단 말인가. 사실을 말하고 바르고 옳은 말을 해도 이름도 권위도 없는 사람이 하면 넋두리고 권력과 가진 자의 말씀은 명언이며 진실인가. 진실과 명언은 누가 언제 어디에서 하였는가에 따라서 이루어지기 마련이다.

성인과 영웅은 시대가 만든다고들 한다. 어려운 시대에 평범한 사람이 할 수 없는 일이나 행적을 쌓으면 성인도 영웅도 되는 것이 당연한 이치이다. 그러니 성인과 영웅은 아무나 하고 싶다고 할 수 있는 것이 아니다. 다만 어려운 처지에도 진실과 옳음을 구별하고 나를 버리고 대를 위한다는 것, 그런 용기와 결단을 내릴 수 있는 이들에게 주어지는 본보기 그것이다.

'내가 나를 알 것 같다'라는 생각이 들어 자각이라는 단어가 생각나서 사실을 사실대로 말할 곳은 없어도 혼자라도 뉘우친다는 것은, 내 순수한 진실은 남이 알아주지 않아도 내가 나를 안다는 것이 아닌가.

人死留名 虎死留皮
인사유명 호사유피 — 나는 이 세상에서 어떠한 존재인가. 흔히 인사유명人死留名이라고 한다. 호사유피虎死留皮라고 호랑이는 죽어서 가죽을 남기고 사람은 이름을 남긴다 하였다. 나는 호랑이 가죽은 남길 수 없으니 이름을 남겨야 하는데 나를 아는 사람이 이 세상에 몇이나 될까? 천쯤, 백도 아니다. 하나도 없을지도 모른다. 큰 뜻을 남겨야 하는데 하고 욕심을 부린다고 되는 것도 아니다. 과욕은 욕심 중의 으뜸이다. 이 세상에 이름을 남긴 사람치고 역사에 이름을 남기고 싶어 좋은 일이나 악행을 저지를 사람은 없을 것이다. 시대에 따라 환경에 피치 못해 하면서 자신을 변명하려 한다. 그러니 사람은 자기만을 위하는 이기주의자이기에 자신만을 유리하게 해석하고 산다.

내가 지금 서 있는 곳이 태백시 황지동 황지黃池 못이다. 내가 왜 이곳에 서있는가. 아내와 같이 여행가자 하였으나 몸이 안 좋다고 거절하니 속으로는 잘됐다고 혼자 여행길에 올라 홀가분한 마음으로 주류천하 하려 했지만 이게 어찌된 일인가. 외롭고 쓸쓸하고 따분하니 혼자는 외롭고 따분한 것이 당연한 것 같다. 즐거워야 할 여행이 오히려 외로우니 처량하다.

좋은 볼거리도 혼자는 외로운 법인가보다. 그러면 이곳엔 혹시 아는 사람은 없을까 하는 생각에 전화번호부를 뒤적여 보았다. 알 것 같은 이름이라 혹시나 하여 다이얼을 돌리니 아는 친구가 틀림이 없다. 예감이나 직감이 이렇게 맞아떨어지다니 참으로 신기하다.

實費食堂
실비식당 — 약속장소로 찾아갔다. 00실비 식당이다. 겉모습은 허름한 소도시의 한우고기집이다.

우리 속담에 뚝배기보다 장맛이라는 말이 있다. 정말로 고기맛이 일품이다. 오랜만에 친구와 이야기도 하고 좋은 음식을 대하니 정말 따봉이다. 내가 제일 싫어하는 말이 되지도 않는 외래어이다. 나답지 않게 볼품없는 말을 사용하는가. 이는 '다시는 안 써도 되는 외래어는 사용하지 말자' 하는 의미일지도 모른다. 한우韓牛, 이것이 국산인가. 아니다. 국내산은 비육우도 우리가 기른 것이니 국산이다. 한우는 고유명사이다. 그래서 특유의 맛이 있다.

특별한 맛에 포식은 했으나 한 끼 식사로 거금을 지불하니 부담이 되나 좋은 걸 어쩌나.

나물 먹고 물을 마시고 팔을 베개 하고 누웠으니, 대장부 살림살이 이만하면 만족하지 했던가. 이 말이 노래가사이기 망정이지 그렇지 않으면 큰 시비가 있을 법도 하다.

사람은 참으로 간사하다. 아무리 좋은 음식이나 환경도 그곳에서 오래 머물면 싫증나고 다른 것을 찾게 된다.

시장하면 음식을 가릴 겨를도 없고 피곤하면 누울 곳만 있어도 잠을 자야 한다. 아무리 좋은 경치도 먹어야 하고 먹으면 식곤증食困症이 생기고 졸음은 당연하다.

친구도 가고 오수午睡가 밀려든다.

친구親舊와 친구親口

사이좋게 오래 지낸다. 이를 벗이라 한다. 동무는 어릴 적 같은 마을 이웃에서 자란 소꿉동무가 으뜸이다. 같이 자란 나이가 엇비슷한 사이다.

그러나 지금은 나이와 자란 환경에 구애받지 않고 폭넓게 사귄다.

五友歌 오우가 — 벗이라 하니 윤선도의 오우가五友歌가 생각난다.

〈내 벗이 몇이냐 하니 수석과 송죽이라. 동산에 달 오르니 그 더욱 반갑구나! 두어라 이 다섯 밖에 더하여 무엇 하리〉

수水, 석石, 송松, 죽竹, 월月을 벗이라 하였다. 그러니 벗은 나이와 자란 환경에 구애받지 않고 변함이 없이 즐거움이나 슬픔마저도 공유할 수 있는 친구親舊라 할 수도 있다. 입에 친숙한 어머니가 만들어주신 입에 맞는 음식같이 내게 맞는 그런 친구가 있는가. 있다면 그가 연상이든 연하든 남녀노소 구분할 필요도 없이 다 친구가 될 수 있다. 이것이 순수한 친구이기에 친구는 나를 즐겁고 편안하게만 하는 존재만이 아니라 나를 괴롭게도 하고 힘들게도 할 수 있는 존재일 수도 있다.

이 세상 모든 것이 나를 힘들게도 하고 즐겁게도 한다. 심지어 부모 자식 간에도 힘들게 하다가 떠나가고 나면 후회가 되니 있을 때 편하게 대하여야 한다.

벗도 사람이기에 변할 수도 있다. 그러면 이 세상에 변하지 않는 것은 무엇인가. 다이아몬드, 금金, 은銀, 동銅인가. 다이아몬드를 보석 중 으뜸으로 여긴다. 이는 탄소덩어리가 수만 년 땅속에서 지각변동으로 강한 압력을 받아 굳어진 덩어리이다. 그런 생성과정의 비밀을 알아냈기에 지금은 인조다이아를 만들어 사용하고 있다. 참으로 기발하고 아이러니한 세상에 살고 있다.

언젠가 해외 토픽뉴스에서 들은 뉴스이다. 사람이 죽어 화장을 하게 되면 한 줌의 탄소를 얻을 수 있다고 한다. 그 탄소로 다이아몬드를 만들면 한줌의 흙이 아니라 영원불변의 보석으로 둔갑할 수 있으니 후손의 손가락에 끼워주면 할아버지, 할머니 돌이라 자랑할까?

공상도 많다 여겨지나 어제의 공상이 오늘의 현실로 바뀌는 세상에 살고 있으니 공상이 공상으로 그치지 않는 새로운 도전의 시작이다.

퓨전Fusion이란 말이 유행이다. 퓨전음식. 무슨 말인가. 양식을 한식과 한식을 일식과 중식을 버무려 새로운 요리로 탄생시켜 개성이 존중된 창의성 있게 개발한 음식을 말한다. 퓨전의 뜻이 융해, 합성, 결합으로 라틴어로 'fuse 썩다'라는 뜻이다. 그래서 음식을 비롯해서 음악도 퓨전음악, 의학도 양학과 한학의 합성의학이 나왔다. 우리는 퓨전을 먹고 마시고 산다.

마음의 퓨전이나 생각의 퓨전은 없나. 네 마음도 아니고 내 마음도 아닌 그저 뜬 구름 두둥실 하고 흐느적거린다고나 할까. 적당히 타협하고 적당히 살아가면 안 될까. 마음의 퓨전이 그립다.

네 맘도 내 마음도 아닌 싫증나지 않는, 심성이 착하지도 악하지도 않는 그런 마음으로 믹서해서 살고프다. 그러면 공감도 울분도 보는 것도 듣는 것도 느낌도 판단도 같으니 서로가 후회도 원망도 책임과 죄책감도 같이 느끼련만. 한순간뿐인 인생, 영원한 젊음도 늙음도 없는 욕심도 없이 살고 싶을 뿐이다.

朝三暮四 조삼모사 — 란 아침에 세 개, 저녁에는 네 개라는 말로 눈앞에 당장 보이는 것만 알고 차이를 모른다는 말이다. 현대 사람들은 우선 쉬운 것부터 취하려고 한다.

아침에 세 개 주고 저녁에 네 개를 준다고 하니 화를 내다가, 그럼 아침에 네 개 주고 저녁에 세 개를 주마라고 하니 기뻐하였다 하는 송나라 조공의 이야기로 '사기를 쳐서 사람을 우롱한다'는 뜻이다. 간사한 지혜로 어리석은 사람들을 교묘하게 속임이다. 나는 남을 속이지도 속지도 않고 살려고 한다. 남을 속이려하면 내가 먼저 속게 된다. 속이려는 마음에 신경을 쓰다보면 시야가 좁아지고 판단력이 흐려져 오히려 속게 마련이다. 기는 자위에 나는 자 있다. 세상에 나만 못한 자가 어디 있겠는가. 그렇게 생각하고 살면 앞이 환히 보인다.

사람은 저 잘난 멋에 산다고들 한다, 다 아는 이야기를 상대방의 기분도 생각지 않고 알았다고 사양해도 끝까지 설명해야 속이 풀리는 사람이 있다. 참으로 피곤한 일이다. 다 들어주려니 짜증스럽고 그만 하라 하면 무시한다 하여 화를 내게 마련이니 난중지난難中之難이다.

대화는 어느 정도 수준이 맞아야 한다. 그리고 모르고 잘못된 것을 깨달으면 화두를 바꿔야 한다. 상대와 원만한 대화를 하려면 상대방의 말부터 잘 들어야 한다. 그의 말의 방향을 알아야 내가 답할 말이 생긴다. 그러지 않으면 대화는 엉뚱한 곳으로 흐른다. 그러면 그 사람과는 다시 대화하길 거리끼며 피하게 된다.

東問西答
동문서답 — 대화가 통하지 않아 피하니 대화는 중단되며 오해가 생기게 마련이다. 말로 인해 큰일을 그르침이 허다하다. 그러니 상대의 말을 정확히 듣고 정확히 대답을 하여야 한다. 현대 사람들은 자기 의사를 확실하게 밝히기를 꺼린다.

"예, 아니오 로 답하시오"라는 말을 자주 듣는다. 질문을 던진 사람은 확실한 답을 즉석에서 들으니 좋고 시간을 절약할 수 있으니 일석이조의 효과를 얻으려 하고, 답을 해야 하는 쪽은 즉석에서 확답하기 어렵거나 싫어도 상대의 입장도 있고 하여 심히 난처할 때도 있다. 그래서인지 주로 외교관계로 사용하는 대화는 "유감으로 생각한다, 고려해보겠다, 희망한다" 등으로 여운을 남긴다. 그래도 "환영하는 바이다" 하면 거의 OK에 가까운 답안지이나 완전한 확답이 아니다.

'말 한마디로 천 냥 빚을 갚는다'는 말도 있다. 나는 확답을 하고 확답을 원한다. 불분명한 것은 질색이다. 불분명한 답을 들으면 가슴에 응어리진 것 같은 그런 답답함을 느끼니 심히 고통스럽다.

확실하고 정직하게 살 수 있는 그런 사회, 그리고 친구, 아내가 그립고 아쉽다.

胸襟
흉금 — 을 털어놓는다고 말한다. 얼마 만에 사용하는 말인가. 흉은 가슴속을 말한다. 금은 마음 생각을 통틀어 가리키는 것으로 가슴속의 마음이다. 사람의 한 치도 안 되는 가슴속에 무엇이 그리 많아 조그만 일에도 참지 못해 가슴이 터질 것 같다느니, 미칠 것 같다는 소리를 심심찮게들 한다. 사람은 똑같다. 다만 참고 있을 뿐이다.

以心傳心
이심전심 — 대화는 마음의 창이다. 많이 알고 모름과 무관심을 떠나, 마음이 통하고 진실함이 있는 곳은 언제 어디서나 즐겁고 시간 가는 줄 모른다.

이렇게 즐거운 대화가 오가야 할 곳이 바로 부부사이이다.

그러나 우리부부도 피차 상대방의 말을 끝까지 들으려고 하지 않고 자기 의사만 앞세우다보니 동문서답은 물론 오해와 불신으로 변해간 지 오래이다. 해로동혈偕老同穴 할 수 있을지 문제이다. 인생이 벌써 황혼기라 생각되어 나름대로 정리할 것은 정리하고, 자녀들의 짐도 덜어주려 선산에 가묘도 설치해 두었다. 사후 일을 누가 알랴, 그저 자식들 걱정이나 조금은 덜어주고 싶어서였다. 그러나 그마저도 뜻이 맞지 않아, 가니 안 가니 다툼이 끝이 없으니 한심함이다. 누군들 알랴, 다 자식들 몫인 걸. 내가 가고 싶은 곳이라고 죽은 내가 어찌 찾아가겠는가.

해로동혈 하고픈 마음인데 이제는 그마저 시들함이로다.

사람은 자기가 아는 것만큼만 남을 이해하려 한다. 자기의 잣대로 상대를 대하니 늘 오해가 생기게 마련이다.

牛耳讀經
우이독경 — 소귀에 경 읽기. 이보다 더 답답함이 있을까. 상대의 말을 들으려고도 들어도 못 들은 척하면 모멸감을 느낀다. 상대의 말이 무슨 말인지 몰라서 하는 행동은 금방 알 수 있다. 그러면 자신의 경솔함을 깨우치게 된다. 그러나 상대의 말과 행동을 고의로 모르는 척하며 들으려 하지 않음은 배신이며 도전이다.

나는 동문서답이니 우이독경이니 하는 단어를 싫어한다. 사람이 사람 마음을 몰라주면 누가 이해하고 알아주나.

百年河清
백년하청 — 아무리 기다려도 소용없다는 뜻이다. 이 말은 정나라의 영왕이 위기에 처해 진나라에 구원을 청하자고 주장했다. 그러나 어느 세월에 진나라의 구원병이 오길 기다리겠는가. 황하강이 늘 흐려있어 말기를 기다리는 것과 다를 바가 없다고 역설한 것이다. 이렇게 해서 정나라는 초나라와 화친하여 평화를 맺고 화를 면했다고 한다. 고집과 아집은 자신을 병들게 하며 상대방까지 지치게 하며 시기를 놓치면 돌이킬 수 없는 상황에 이르게 한다. 국가 간이나 사회나 특히, 가정 그리고 부부간에는 절대로 자존심을 앞세우면 위태로워진다.

인생하처人生何處 불상봉不相逢이니 수원讐怨을 막결莫結마라. 노봉협처路逢狹處면 난회피難回避니라. 명심보감에 나오는 말이다.

사람이 어느 곳에서 다시 안 만나겠는가. 그러니 적을 만들지 마라. 좁은 길에서 만나면 난처해진다.

이렇게 우리 주위에는 좋은 배울 거리가 많다.

그러나 좋은 일이나 행동은 보이지 않고 보아서는 안 될 곳에만 시선을 집중하는지 모르겠다. 하지 말라면 더 하고 싶은 게 사람의 마음인가. 태초 하나님께서 인간을 창조하고 금단의 열매를 만들 때부터 인간은 그렇게 만들어진 것인지도 모른다.

이렇게 억측이라도 늘어놓아야 답답한 가슴이 조금이라도 시원함을 느낄 수 있으니 나도 한심스럽다.

吳越同舟
오월동주 — 서로 상극인 오나라 사람과 월나라 사람이 같은 배를 타고 있다는 이야기이다.

아무리 원수지간이라도 살아남기 위해서라면 목적지에 도착할 때까지는 서로 돕고 운명을 같이 한다는 뜻이다. 이해관계를 같이 하는 사람은 서로 알든 모르든 서로 돕는다. 사람은 서로 알건 모르건 친하건 미워하건 상관없이 위급한 경우를 함께 만나면 서로 도와주게 된다. 동주상구同舟相救, 동주제강同舟濟江과 같은 뜻으로 사용한다.

나와 가족을 위해서는 어떠한 고난과 수모도 감수하고 살아간다. 그러기에 고달픈 직장에서 무수히 받는 스트레스도 참아야 한다. 자존심을 지키기 위해 쓸 데 없는 만용으로, 혼자만 독야청청獨也青青을 내세우다 보면 얻는 것보다 잃는 것이 많다. 가정에서는 부부간의 갈등이 커져만 가고, 직장인은 상사의 미움도 사고 동료들의 눈총도 받는다. 그렇다고 자존심을 다 버려도 안 된다.

잘 조절하여야 되나, 그 조절이라는 것이 참으로 어렵다.

自尊心 正義
자존심과 정의 — 그것을 다 버리면 줏대도 없고 의리도 없는 사람으로 변한다. 처세를 잘 하기란 참으로 어렵고도 힘이 든다. 정의의 자존심이어야 한다. 자존심만 앞세우다 보면 정의를 망각할 수 있다. 망각도 일시적 망각으로 끝나야 한다. 길면 상대는 피곤하다.

自繩自縛 자승자박 — 내가 지금 내 몸을 스스로 꽁꽁 묶고 있는 것인가. 내가 저지른 일로 내가 괴로워하다니.

아내에게 배신당하고 자식들에게 버림받으니 손자들마저 멀어지는가! 내가 이제 무엇을 할 것인가. 아직 할 일 많은데 아무것도 할 수 없으니, 아득하구나! 모나지 않고 좋은 사람으로 남아 있고 싶었는데, 그리고 언제나 가족을 위해 함께하고 싶었는데, 내가 지금 무엇이 잘못되어 이 지경인가. 평생 가족을 위해 헌신했고, 주색잡기에 현혹됨 없이 앞만 보고 살았건만, 결국 외톨이라는 이런 막연한 생각에 빠지게 된다면 이것이 자박이다. 누가 버리고 배신을 했는가? 가족은 언제나 그 자리에 머물러 있을 뿐이며 내 자신이 외톨이라 느낄 뿐이니라.

自暴自棄 자포자기 — 하는 인생이 되어 아무렇게나 되는 대로 살려고 하는가. 눈에 넣어도 아프지 않을 손자들을 잠시라도 잊을 수 있단 말인가. 그도 저도 못할 일이다.

이제 어찌한담. 좋은 남편, 좋은 아빠, 좋은 할아버지가 되어야 한다. 또다시 문제가 발생하여 예기치 못한 사건들이 일어나도 피하지 말자. 운명이나 숙명 같은 피치 못할 그런 일들을 피한다고 피할 수 없다. 불행도 낭만도 한때이다. 오가는 기복의 인생살이는 모질고 긴 것이다.

자신을 이렇게 비굴하고 초라하다 생각하지 말고 행도 불행도 같이 생각하면 누가 알아주든 몰라주든 좋으니, 나는 내 자리만 지키면 만사형통이라 생각하자.

氷炭不相用
빙탄불상용 — 이란 얼음과 숯이 서로 상반되어 서로 용납하지 못한다는 말이다. 그러나 아무리 부부 사이가 상극이라 한들 서로 사랑하고 아끼는 끈끈한 정이 남아 있는 한 가족과 그 인연의 원천인 부부는 영원불변일 수밖에 없다.

四面楚歌
사면초가 — 사방이 적이다. 왜 나에게 적이 있나. 미워할 상대도 더군다나 싸울 의사도 전혀 없는데…. 아군이 등을 돌려 나를 떠나려하니 내가 폭군인가 아니면 가망 없고 치졸한 가장이란 말인가. 나는 나를 안다. 가족에게는 나를 위해 봉사도 희생도 강요하거나 바라지도 않는다. 다만 그들이 고생하고 힘들어할까 걱정할 뿐인 나를 이기주의자로 착각하는지 그것이 궁금하다. 가족이 가족의 속을 모르면 누구에게 호소하여야 하는가.

餘桃之罪
여도지죄 — 사랑이 미움으로 변함이니, 아무리 아름답고 서로 사랑하고 믿는 사이라도 그 아름다움이 사라지고 믿음마저 없어지면 그 사랑도 식어감이 사실이다. 그러나 깊은 정을 맺은 부부는 그렇게 쉬 변하지 않는 것인가. 그래도 안부가 궁금하고 손자가 보고프다.

아내로 인해 자식을 얻었고 자식으로 인해 손자를 얻었으니, 인연치고 이보다 더 깊은 인연이 있을 수 없다.

舐犢之愛 지독지애 — 어미 소가 송아지를 핥으며 사랑한다. 부모가 어찌 자식을 사랑하지 않으리. 사랑은 내리사랑이라던가! 손자가 귀엽고 사랑스러움은 참으로 묘한 것이다. 자식보다 손자가 낫겠는가 한 치 건너 두 치인걸. 다만 자식은 이제 부모의 도움이 필요치 않고 오히려 부모를 걱정하며 너무 커버리니, 오히려 부담이 가는 존재이므로 점점 멀어지고 다 주지 못한 사랑이 아래 손자에게로 감이다.

同夢異相 동몽이상 — 꿈은 누구나 꾼다. 꿈 중에도 길몽과 흉몽이 있다. 다들 길몽을 원한다. 그러나 다 같이 길몽을 꾸고도 길몽인지도 모르고 일을 그르치기 일쑤이다. 서로 생각이 다르기 때문이다. 이상異相 같은 것을 서로 다르게 생각하니 사람이 사람을 피곤하게 하는 것이다.

같은 꿈을 꾸고도 해몽과 생각이 다르다. 옛 말에 사공이 많으면 배가 산으로 오른다고 한다. 산 정상에 오르면 잘못임을 알고 다시 내려오면 되련만, 되돌릴 생각은 안하고 하늘 끝까지 가려는지 버티다 보면 결국 추락하여 난파하기에 이르지 않을까 걱정이다.

共感
공감 — 같이 듣고 보면서도 생각과 느낌이 같아야 하나, 사람마다 개성이 다르고 이해관계가 상반되고 느낌이 다르니 불행한 일이 아닐 수 없다.

이 세상 모든 사람들이 사랑과 존경을 받고, 보살핌을 받으며 살기 원하나 마음대로 되지 않으니 문제이다.

사랑은 받음보다 줌으로 기쁨을 느낀다고 한다. 다 자기가 할 탓이다. 사랑 받고 존경 받길 원하면 먼저 베풀어보자. 사람이란 간사한 동물이다. 예쁜 짓만 하여도 밉게 보이기도 하고 미운 짓인 줄 알면서도 귀여울 때가 있다.

사랑을 하면 울고 찡그려도 귀엽게 보인다고들 한다. 부부는 일심동체라고 한다. 그러니 누구보다 서로를 잘 안다. 조그만 일에도 티격태격 다투기도 하고 화해도 빠르다. 부부는 믿음과 신의가 생명이다. 항상 의지하고 도움을 원하면서도 상대를 사랑하고 아낀다.

남편은 늘 직장에서 고달픈 업무에 시달리다가도 퇴근길은 가볍다. 아내가 해놓은 된장찌개에 소주 한 잔 하며 하루의 스트레스를 풀려고 집으로 온다. 그러나 부인은 부인대로 가사에 시달리고 외로움을 남편에게 위로와 보상 받으려 한다. 남편의 스트레스나 부인의 지치고 외로움 이 모든 일들은 당연한 것이다. 그러나 투정과 찡그림 그것은 절대 금물이다. 알면서도 자제할 능력을 상실할 때가 있다. 처음에는 그런 대로 이해하며 "밥이나 줘, 알았어"로 끝남이 보통이다. 쉬 토라지고 다투다가도 금방 화해하는 것이 부부이다. 그러나 점점 횟수가 잦고 세월이 흐르면 이해에 앞서 자기주장이 앞서게 된다. "나는 너를 위해서 이

집에 시집왔어"하며 말다툼 하다보면 서로간의 자존심 상하는 말들이 나오게 마련이니 피차 상처가 커지면 남편의 귀가시간이 늦어지고 이에 비례로 아내의 불만은 늘고 남편도 피곤하다 불만이 커지게 마련이다.

구화지문口禍之門

입이 화를 불러들인다. 아무리 흉허물 없는 부부사이지만 말을 조심함이 좋다.

항상 예로써 인격을 존중하여야 한다. 웬만하면 참는 것이 좋다. 옛날에는 다들 그렇게들 하고 살았다. 참는 것을 미덕으로 생각하며 살았다. 그러니 자녀들은 그런대로 행복할 수 있었고 가정도 평화로웠다.

결혼結婚, 남남으로 자라 한 식구가 된다는 것이지만 어려운 일이다. 서로 좋아하는 사이끼리 하는 것이 최상이다. 그러나 내가 좋아하는 사람보다 나를 좋아하는 사람과 하여야 행복을 오래도록 유지할 수 있다.

우리가 결혼하면 불행할 수도 있다고 생각하는 사람은 하나도 없다. 다들 행복하리라 믿고 맺은 인연, 함부로 이혼을 운운하면 천벌을 받는다. 우리 조상님들도 그리고 나도 그렇게 살았다. 성격이 안 맞아 이상형이 아니라 헤어진다고들 한다. 그렇다고 그들이 다 행복을 찾을 수 있을까. 자녀들과 그들로 인해 생긴 인연들에게 불행해선 안 되며 인생 최대의 비극이며 고통일 것이다.

過則勿憚改
과즉물탄개 — 잘못을 알면 즉시 고쳐야 한다. 성실과 신의를 존중하며 잘못을 알면 고치는 데 주저하지 말라. 공자께서 하신 말씀이다. 사람은 신이 아니다. 그러므로 잘못도 저지르게 된다. 잘못을 알고도 고치려 하지 않으면 같은 잘못을 두 번 저지름이다.

상대가 밉다고 보기 싫다고 그를 미워하고 원망하면 할수록 내 자신만 초라해진다. 내 자신을 위해서라도 상대를 원망도 미워도 하지 말아야 한다.

나는 평생을 살면서 나와 무관한 상대로부터 모함을 당한 적도 많다. 지금도 생각하면 치욕스럽고 부끄럽다.

그러나 참기 어려워도 참았고 이해하려 애도 썼다. 그때 그 수모를 내가 어찌 참을 수가 있었을까. 지금도 생각난다. 그때 그 일을 참은 것이 정말로 다행이라는 온갖 잡다한 생각이 꼬리를 문다.

내 나이 일곱 살 때인가. 해방되던 해이니 1945년 일이다. 다들 해방의 기쁨으로 들떠 있는데, 같은 마을에 살던 선머슴 같은 무리가 집으로 들이닥쳐 아버지에게 폭언과 심한 몸싸움을 하는 것을 목격했다. 철없을 때라 그저 무섭기만 했다. 그 후 어느 정도 철이 들어서 알게 된 일이다. 갈 곳 없이 떠돌던 사람들이 마을에 찾아 들어 도움도 주고 거처도 마련해주고 살 터전을 마련해 주었다. 그들은 어르신, 아저씨들 하면서 갖은 아양을 다했다 한다.

근본도 모를 그들에게 살길을 열어주고 도움도 주었지만 해방이 자기들만을 위한 세상인양 마구 설치며 자기들이 도움 받은 것은 생각지 못하고 친일파 운운하며 불미스런 언행을 다해가며 남의 재산을 탐하여 행패를 부리고 난동을 부렸다. 그래도 사람들이 상대하지 않으니 투서, 고발, 고소 등 못된 수법을 다 동원하여 행패를 부려 억울하게 아버지께서 연행될 뻔하였으나 지방 유지분들과 독립운동을 하시던 분들이 자기들을 도와주고 숨겨 준 은인이라는 해명으로 무혐의로 끝이 났다. 그러나 그 후 6·25 사변이 일어나자 그들은 다시 보도연맹이라는 단체에 가입하여 다시 기회를 만난 듯 설치며 혈안이 되어 우리 가문을 악덕 지주라는 굴레를 씌워 파탄시키려했으나 후퇴하는 국군에 의해 사살되고 혹은 도주하여 일단은 위기를 묘면 할 수 있었다. 그러나 수복 후 그들 일부가 경찰 군인으로 변신하여 다시 나타나, 이번에는 인공 때 부역을 했다고 누명을 씌워서 형님이 수감되어 여러 날 고초를 겪다 무혐의로 끝났다.

勸善懲惡
권선징악 — 착한 행실은 권장하고 악한 행실은 징계한다. 선을 베풀면 오는 화도 물러가고 악을 품으면 오는 복도 돌아간다는 진리를 모른 그들은 지금은 다들 자멸하여 생사도 알 수 없는 잊어진 존재일 뿐이다. 지금 내 주위에는 나로 인해 피해를 보는 사람이 혹시라도 있지 않나 생각해 볼 일이며, 나와는 무관한 일이나 내 주위 가족이나 친지 혹은 친구라도 잘못된 길을 걸으면 그들이 바른길을 갈 수 있게 도와주어야 한다.

自家藥籠中物
자가약롱중물 — 자기 수중에 있는 물건이나 사람들을 잘 길들여 자기편으로 삼는 사람을 가리키는 말이다.

사람들은 내 잘못을 모르고 시대를 탓한다. 내 불행을 남에게 전가하려 한다. 내 불행은 그저 내 불행이다. 내 불행이 너로 인해 생긴 것이 아닌데 왜 너를 원망하리. 너로 인해 생긴 불행이라 한들 어찌 너를 탓하겠는가. 남을 원망하기에 앞서 나를 먼저 돌아보자. 너를 잘못 관리하여 내편으로 만들지 못한 내 책임인 걸. 이러한 마음의 여유가 있어야 내 자신이 편하고 상대가 편하다는 것을 알면서도 실천하기는 어려우니 말만 앞서고 실천은 따르지 않으니 어찌할까.

偃鼠之望 언서지망 — 쥐는 강물을 마셔도 자기 배 하나 가득 채울 수밖에 더 마실 수 없다. 사람은 자기에게 주어진 분수가 있으니 거기에 맞도록 행동하여야 한다. 살다 고달프면 세상을 한탄하고 원망한다. '시대를 잘못 타고 났어'라며 하나마나 한 후회를 한다.

事必歸正 사필귀정 — 이라고들 한다. 하루 길을 가다가 보면 소도 보고 중도 본다고 한다. 그런데 평생을 살려면 무슨 일이 생길지 누가 알랴. 그저 가만히 집에서 쉬면 될 일을 공연히 쏘다니다 교통사고를 당해 피차 곤욕을 치르든지, 가만히 있는 것이 도와주는 것이라고 하며 자기 위주의 잣대로 상대를 대하면 안 된다.

어릴 적에 보았던 일이다. 아는 친구들이 그의 친구 집에 놀러 갔는데 비가 많이 와 그곳에서 잠을 자다 산사태로 목숨을 잃었다. 그러나 친구의 여동생은 오빠 친구들에게 밀리어 이웃집으로 가는 바람에 목숨을 구했다. 이게 사필귀정인지 운명인지 지금도 영원히 모를 수수께끼이다.

三人成虎

삼인성호 — 세 사람이 똑같이 호랑이가 나타났다고 하면 믿게 된다. 거짓말도 여러 사람이 같이 하면 믿을 수밖에 없다. 여러 사람이 한 사람을 바보로 만들기는 쉽다.

예나 지금이나 금력과 권력 앞에 정의는 맥을 못 추니 우리가 바라는 진실, 정의사회 구현이라는 위정자들의 구호가 빛을 볼 날이 올지, 우리가 갈망하는 진정한 민주주의가 그것을 가져다줄지 그마저 의심스럽다.

국회는 늘 자기들 밥그릇 싸움만 하니 다수가결의 원칙인 민주주의가 다수의 이기주의 국회의원이 작당하면 전 국민을 대변치 못하고 특수계층, 혹은 특정지역으로만 치우치는 법을 만들어 잘사는 곳은 더 잘 살고 소외된 곳은 더욱 쓸쓸하게 하지 않을까 걱정이 앞선다.

유행가 가사처럼 "잘 살고 못사는 것 타고난 팔자"라 했던가. 고달픈 팔자를 타고 났기에 그곳을 탈피하려고 노력하면 노력의 대가를 받을 수 있는 그런 사회가 오겠지 하면서 기다리는 사람들도 많음을 정치인들이 알았으면 하지만 그런 시대가 올지 심히 걱정된다.

西施嚬目

서시빈목 — 서시라는 월나라에 빼어난 미인이 있었는데 서시가 눈을 찌푸리는 것을 아름답게 본 어느 못생긴 여자가 그 흉내를 내니 더욱 밉게 보인다는 이야기이다. 우리는 해방과 동시에 선진 미국으로부터 고도의 과학기술과 개방된 문명이 여과되지 않은 채 마구잡이로 들어와 물질과 정신문화를 혼동의 수렁에 빠뜨려 버렸다. 서양 것은 다 좋다는 선입감 때문에 마구잡이로 흉내를 내다보니 진짜 내 것은 어디로 가버렸나. 신토불이, 이제야 내 것의 소중함을 알게 되니 다행이다.

溫故而知新
온고이지신 — 옛 것을 익힘으로써 새로운 지식과 도리를 안다는 뜻이다. 이는 위정論語편에 나오는 공자의 말씀이다.

고전의 근본을 잘 헤아려 현대와 접목해 나가야 한다.

"우리 것은 소중한 것이여!"〉 참으로 지당한 말이다.

이제 우리나라도 국력이 신장되고 세계 제일을 꿈꾸며 발전을 거듭하고 있다. 지금 각국에서 한류 열풍이 일고 있다. TV 드라마에 '서울1945'라는 드라마가 방영된 적이 있다. 8·15해방, 6·25, 4·19, 광주민주화운동, 5·6공, 문민정부, 준비된 대통령의 정치, 개혁정치 다 겪었다. '서울1945'와 같은 시나리오는 이번이 마지막이어야 한다.

歲月不待人
세월불대인 — 세월은 사람을 기다려 주지 않는다. 시간은 쉬지 않고 지나가 버리니 일각이라도 소홀히 하여서는 안 된다는 말이다. 도연명의 잡시에 나오는 글귀로 어려서 배운 것이다. 그러나 내 젊은 세월을 덧없이 허비하고 말았으니 지금 와서 생각하면 무엇 하리. 다만 후회는 나 하나로 족하니 후대의 아들손자들은 같은 길을 가지 말라는 노파심으로 일깨워 주려하나 들으려 하지 않고 잔소리로 치부하니 다 소용없다.

사람이 오래 살다보면 생활의 지혜가 저절로 생긴다. 그러니 몰라서 지나친 잘못은 못 배워 안타깝고, 알고서도 행하지 못한 것은 오랜 세월이 지나도 두고두고 후회되니, 이 뜻을 어떻게 전하여야 할지 모를 일이다. 다만 스스로 터득하고 그만큼 배웠으면 알아서 하겠지라고 생각하니 마음만은 편안하다.

青出於藍
청출어람 — 쪽藍에서 나온 푸른 물감이 쪽빛보다 더 푸르다는 뜻으로, 제자가 스승보다 더 나음을 비유하며 이르는 말로 배움이란 잠시도 그쳐서는 안 된다. 다만 아비보다 자식이, 자식보다 손자가 낫다. 이것이 발전이며 진보라 생각하며 살자.

청출지예靑出之譽 라고도 하며, 얼음은 물로 이루어졌지만 물보다 차가운 것과 같이 더 나음을 말한다.

예譽는 기리다, 칭찬하다, 바로 잡다, 가상히 여기다.

아버지의 뜻을 자식이 그리고 손자가 기리며 칭찬하고, 어긋나지 않게 바로잡으며 살아오고 그리고 살아간다. 이것이 가문의 풍속이고 전통이고 역사이다.

誠中形外
성중형외 — 마음속에 이루어진 것이 없으면 반드시 겉으로 나타난다. 마음속에 들어있는 참된 것은 숨기려 해도 성어중誠於中 성어외誠於外라고 밖으로 나타나기 마련이다. 나는 지금도 옛일을 생각하면 혼자 있어도 얼굴 붉힐 일이 많다. 숨기고 싶은 과거나 철없고 어리석은 행동들은 지금도 후회가 된다. 그런데 가까운 사람이 과거 잘못을 들추면 참을 수 없는 모멸감과 배신을 느끼게 되니, 가까운 사이일수록 상대를 배려하여 상대의 약점은 들추지 말아야 함은 상식이다. 다들 아는 일이지만 실천하기는 어렵다. 고의로 상대를 비방하고 모략이 아니더라도 좋지 않은 대화가 오갈 때 으레 상대의 약점을 들추기 마련이다. 이는 사태를 점점 악화시킨다는 점을 명심하여야 한다. 특히 가까운 사이일수록 상대의 약점을 들추어서는 안 된다, 작은 것 같지만 사소한 일로 피치 못할 큰일이 발생한다는 점을 알아야 한다. 진리는 멀지 않은 내 주위에 있다는 것을 항상 기억하자.

一言不中 千語無用
일언불중 천어무용 — 첫마디 말이 옳지 않으면 천 마디 말도 쓸 데가 없다.

말은 그 사람의 인품을 대변한다고 본다. 그러니 대화는 항상 신중을 기하여야 한다. 엎질러진 물은 다시 담을 수 없고 입에서 떠난 말은 다시 되돌릴 수 없다.

사람이 항상 행동거지를 바르게 하고 살기가 어렵다고 한다. 도나 예는 어려서부터 몸에 배야 한다. 그래서 어려서 교육이 필요하다. 조그만 실수지만 자주 되풀이 한다면 신용을 잃게 되어 따돌림을 당하게 된다. 특히 술이라도 마시고 저지른 실수는 그를 술주정꾼으로 만들 수 있어 더욱 신용을 잃게 된다.

주酒

술이란 사람을 즐겁게도 슬프게도 하며 약도 되지만 삶을 파멸로 만들기도 한다.

술은 사람을 취하게 하는 것이 아니라 사람이 스스로 취하는 것이다. 색이 사람을 매혹시키는 것이 아니라, 사람 스스로 미혹하는 것이다. 술과 색은 자제 할 줄 알아야 한다. 알면서도 일단 술좌석에 들면 술이 술을 먹는다고, 그 유혹을 뿌리치지 못하고 과음하게 되며 과음하다 보면 자제할 능력을 상실하여 횡설수설하게 된다.

술 먹는 사람 치고 악인이 없다고 한다. 그 말은 상당한 이유가 있다. 술은 어리석은 바보가 마신다. 독한 사람 즉, 자기 몸만 아끼는 이기주의인 사람은 술도 안 마신다. 마음이 여린 사람은 권유도 뿌리치지 못하고 괴롭고 외로움을 술로 달래려다 보면 술이 술을 먹게 된다.

똑똑하고 독한 사람, 술 좋아하면서도 참는 사람은 정말 무서운 사람이다. 그런 사람과 거래하면 반드시 한 번은 손해를 본다. 나도 술을 너무 많이 마신다. 모든 스트레스를 술로 풀려 한다. 그러니 나 또한 어리석은 바보임에 틀림이 없다.

다만 술을 먹는 방법이 다를 뿐이다. 술은 나와 격이 맞는 친구나 친지와 같이 마시며, 말이나 뜻이 맞지 않는 사람과는 절대로 자리를 같이 하지 않는다.

어쩌다 어색하다 생각되는 자리를 같이하다 보면 사소한 일로 다툼이 생기어 일을 그르치고 만다.

酒逢知己千種少 話不投機一句多
주봉지기천종소 화불투기일구다 — 술은 나를 잘 아는 친구를 만나면 천 잔도 적고, 말은 뜻이 맞지 않으면 한마디 말도 많으니라.

뜻이 맞으면 남녀노소 구분 없이 친구로 만들어 주는 것이 술이다. 한두 잔으로 족한 주량도 자리에 따라 상대적으로 변하여 간다. 오가는 대화도 진지하여지고 끝이 없다. 술이 술을 먹는 게 아니라 기분이 좋아져서 마시게 된다. 말이 많은 게 아니라 말을 하고파서 하는 것이다.

그러니 술이 취할 리 없고 대화는 즐거워진다. 남들은 술고래라 여기지만 그 기분은 그들만이 알리라.

酒肆擧盃
주사거배 — 주도酒道와 술자리에도 예가 있고 도가 있다. 제멋대로 방자하고 소란을 피워 주위 사람들에게 피해를 주어서도 안 된다.

"내 돈 내고 내가 마시는데" 라는 관념을 가진 사람과는 절대로 술을 먹어서는 안 된다. 그런 생각을 가진 사람은 주도를 떠나 인간의 도리도 모르는 자기 자신만 아는 속물이기 때문이다.

우리의 음주는 농경사회에서 일하기 위하여 허기진 배를 채우기 위한 수단으로 막걸리라는 발효식품이 탄생한 것으로 안다. 그래서 막걸리를 농주農酒라고 한다.

서양의 술은 포도주를 시초로 시작했으며 한대지방은 발효증류주醱酵蒸溜酒로 주도가 높다. 우리가 흔히 대하는 소주燒酒도 발효증류주에 속한다. 소주는 주정을 만들어 물에 적당한 도수로 희석시키어 대량으로 생산하는 우리나라 최대 소비 주이다.

술은 종류도 다양하다. 과일을 발효시킨 과일주에서 곡물이나 동·식물 등도 술의 원료로 사용한 수천 아니 수만 가지는 되리라. 이 많은 종류의 술이 있듯이 맛과 주도 그리고 사람의 기호와 용도에 따라 쓰임이 다르고 계절과 장소, 그리고 지방에 따라 생산과 소비의 방법도 다르다. 술은 적당히 마시면 약이다. 그러나 과음하면 독이 된다.

술을 마시면 용기가 생겨 도모하고자 하는 일이나 심한 스트레스도 풀 수 있으며, 사교적이고 교제적인 반면에 충동적이고 만용을 일으켜 피치 못할 사고를 저지르기도 한다. 그래서 약주藥酒, 독주毒酒라고 하는가 보다.

玩物喪志
완물상지 — 쓸데없는 데 정신이 팔려 놀다 보면 소중한 자기 의지를 망각하고 만다. 귀한 물질에만 너무 집착하다 보면 마음속에 빈곤이 생겨 본심을 잃어버린다는 이야기이다. 술과 도박에 너무 깊이 빠지다보면 나를 망각하여 사물을 직시할 수 없어 오판 할 때가 많아 그릇됨도 옳은 것으로 생각하여 독인지 약인지도 모르고 지나치기 쉽다.

矮子看戱
왜자간희 — 라는 말이 여기에 부합되는 말인지 모르겠다. 난쟁이가 키가 작아서 구경은 못하고 남들이 보고 이야기하는 소리만 듣고 자기가 보고 아는 체한다는 말이다. 아무것도 모르면서 남이 하는 말만 듣고 아는 척하고 떠드는 사람을 가리키는 말이다.

말은 신중을 기해야 한다. 자기가 직접 보고 느끼고 판단해도 늘 허점은 있는 법이다. 그런데 남의 말을 액면 그대로 믿고 말 전달을 함은 오해와 불신으로 와전될 수 있다. 그러니 술좌석에서 한 말은 사실이라 여겨도 액면 자체대로 믿어도 안 된다. 주중불언 진군자酒中不言 眞君子라 하였다.

술좌석에서는 대게 거짓 없는 말이 오갈 수도 있고 횡설수설하여 진의를 종잡을 수 없음이 사실이다.

말의 본질이나 진의를 떠나서 다정한 친구 간에 오가는 정담을 주고받는 그 대화는 진실이고 참으로 알고 피차 주고받아야 한다. 상대의 말에 토를 달던가, 상대를 반박하여 대화를 중단시키는 행위는 진정한 친구가 아니며, 그런 벗은 벗이 아니라 술이라는 매개체를 이용하여 상대로부터 정보를 얻으려는 무뢰한에 지나지 않는다.

妻城子獄
처성자옥 — 아내는 성城이고 자식은 감옥이라는 뜻으로 처자가 있는 사람은 거기에 얽매여 자유롭게 활동할 수 없음을 이르는 말이다. 이 말은 가장은 엄처시하에서 자녀들을 양육하느라 조금도 한눈 팔 여유가 없이 매인 몸을 말한다. 집안일에 얽매여 다른 일은 생각조차 하지 못하고, 직장과 집만을 오가다 정년퇴임을 당해 이제는 자유의 몸이라 생각하나 그게 아니다.

어느 정도 가정도 안정되고 주위 사람들이나 가족들도 편히 쉬라고들 입버릇처럼 한다. 듣기 좋은 말이다. 그러나 말로만이지 사실과는 정반대이다. 쉰다는 것 그것은 노동과 노력을 하고 난 다음 잠시 쉬는 것이 쉼이지 오늘도 내일도 언제나 쉬고 싶을 때 쉬는 것은 쉼이 아니라 고역이다. 직장에 출근 할 때는 고통스럽고 짜증나 직장을 버리려고도 했다. 젊어서는 직장이 맘에 안 맞으면 버려도 다시 구하면 되니 희망과 기회가 있었었지만 나이가 차면 만사가 다 끝이니 쉬고 싶지 않아도 쉴 수밖에 없다. 그러다보면 모든 것에 규제와 제지가 따르기 마련이니 자연 소외되고 위축되어 자기가 힘들여 모은 돈도 아내나 자식들 눈치를 살펴야 한다. 수입원이 없다보니 마음대로 쓰기가 민망하고 얼마 되지 않는 돈도 떨어지면 어쩌나 걱정이 앞서니 어디 친구들과 맘 놓고 술인들 기분 좋게 먹을 수 있는가.

정말 내가 이렇게 작은 그릇인가. 갈 곳도 없지만 가고 싶은 곳도 꼬치꼬치 묻는 아내의 말에 답변하기도 귀찮고, 아들들에게도 공연히 눈치가 보여 매사가 부자유스러운 것이 사실이다. 그러니 눈치 아닌 눈치를 보아야하고 마음대로 하려니 마음이 불편하다.

安貧樂道
안빈낙도 — 구차하고 궁색하면서도 그것에 구속되지 않고 평안하게 즐기는 마음으로 살아감을 말한다. 가난에 구애받지 않고 도를 즐긴다. 가난한데, 당장 의식주가 문제인데, 무엇으로 편안히 도를 즐기란 말인가. 옛 선비들의 억측이다. 가난을 부끄럽게 여기지 않았다는 말은 옛날이나 지금 세상에서나 이해할 수 없다. "수염이 석 자라도 먹어야 양반 행세를 할 수 있다"라는 말이 있다. 특히 자본주의 세상에서는 경제력이 없으면 인격이나 학식도 빛을 잃는다. 그러니 사람들은 누구나 부를 위하여 모든 노력을 다한다.

지금 세대들은 남편 혼자서는 가정을 부유하게 만들기 어렵다. 그러니 맞벌이 부부라는 말이 보편화되어 여자도 사회생활에 동참함이 당연하며 권리라 여긴다.

二人同心其利斷金
이인동심기이단금 — 두 사람이 마음을 합하면 무쇠도 녹일 수 있다는 말이다. 남녀가 서로 자기 할 일을 분담하여 동등한 위치에서 공동으로 한다. 가정의 풍속도가 바뀐 지 오래이다. 남편이 옛날만 생각 하며 고집하면 밥도 못 얻어먹고 따돌림만 받는다. 아내도 마찬가지이다. 모든 것을 남편에게 의지만 하다 보면 소외되며 점점 외로운 외톨이로 변한다. 인생사 모든 것이 그렇다.

因果應報
인과응보 — 원인과 결과는 서로 오고 간다.

좋은 일에는 좋은 결과가, 나쁜 일에는 나쁜 결과가 따르게 마련이다. 베푼 만큼 답이 있기 마련이다.

사람은 멀리까지 바라보고 깊이 생각하지 않으면 반드시 피할 길 없는 근심이 생긴다. 다른 사람이 자기를 알아주지 않는다 해도 성내지 않고 마음을 다스리면 마음이 편안해진다. 한 마리 개가 짖으면 온 동네 개가 다 짖는다고 했다. 가족 한사람에게 미움을 사게 되면 전 가족에게 따돌림을 받는다. 따돌림, 그것은 단지 그를 대하면 피곤하니 억지로라도 피함을 말한다. 무관심도 따돌림이다. 상대로부터 무시당하는 것은 크나큰 치욕이다.

妄自尊大
망자존대 — 자기 잘못을 모르고 자기 생각만이 옳다고 자기 자신을 높이고 상대를 무시하면 안 된다. 그러면 상대로부터 자연히 무관심한 존재가 되어 무의무탁無依無托하여 의지할 곳이 없어진다.

어려서 의지할 곳이 없는 것보다 나이 들어 의지할 곳이 없어지면 처량하기 짝이 없다. 어려서는 그저 희망과 용기로 참고 버틸 수 있지만, 나이가 들면 희망도 능력도 다 상실되어 고달픈 몸과 마음 지탱키 어려우니 서럽고 처량할 뿐이다. 사람은 늦팔자가 좋아야 한다는 말을 많이 들었다. 무슨 말인가 의아해한 적도 있었는데 지금 처하고 보니 사실이다. 초년고생은 사서도 한다.

처음부터 늙어죽을 때까지 근심걱정 없이 살다간 인생이 어디 있겠는가. 있다한들 그 사람이 근심걱정 없는 평안한 삶이라 생각하고 살았는가. 지나고 나면 알 일이다. 아무리 고통스럽고 또 즐겁고 행복했어도 지나고 나면 과거일 뿐이다. 지나간 과거와 나쁜 기억은 잊어버리고 좋았던 기억만 하자. 그래야 나머지 인생도 즐겁고 보람이 있으리라.

家貧思良妻
가빈사양처 — 집안이 가난해지면 아내를 생각하게 되고 궁핍

한 일이 생기면 아내는 훌륭한 관리자가 된다고 한다. 그러나 그런 아내가 있어도 도움 받을 형편이 못되고 불편한 부모 사이에서 괴로워하는 자식들을 대하자니 쑥스럽기 그지없다.

望雲之情 망운지정 — 이라고 뜬 구름만 바라보는 심정이라고나 할까. 자식은 직장 찾아 타향에, 아내는 고향집에 혼자이며, 나 역시 방향 잃은 나룻배 되어 표류하니, 옛일이 생각나고 오늘을 반성해도 매듭은 풀리지 않는다.

산다는 게 무엇인가? 아내와 남편과 자식들은 다 같은 식구食口이다. 한솥밥을 먹고 한 집에서 아내와 한 방에서 하나의 침대에서 잔다. 그래서 하나의 입이라는 단어가 생겨난 것이 아닌가. 그런 식구끼리 의견이 안 맞고 작은 실수나 혹은 오해로 반목하여 의심하고 미워하면 할수록 점점 멀어지는 것이다. 식구 간에는 사랑과 이해라는 단어가 꼭 필요하다. 그러나 사소한 일로 그런 단어로도 치유할 수 없는 고질병으로 변하면 큰일이다. 왜 이리 되었는지 나도 모른다. 별다른 큰 이유도 없다. 아내에게도 나에게도 책임져야 할 만한 과오는 없다. 피차의 오해도, 잘못도, 판이한 성격차이도, 고집과 자존심도 서로가 한 치씩 양보하면 아무리 옹고집이라도 자신과 식구들을 힘들게 하는 바보는 없기 때문이다.

어디에 있든 지금쯤은 무엇을 하고 있는지 나는 안다. 그래서 서로 필요로 하는 둘이 될 수 없는 하나이다.

하나가 되기 위하여 나는 무엇이든 하여야 한다. 그러나 할일을 찾지 못해 방황한다. 방황도 헛된 방황이다.

臨農奪耕

임농탈경 — 가진 농토를 다 빼앗기고 농사를 지으려 해도 경작할 농토가 없다는 말이다. 내가 지금 그 심정이다. 이것저것 다 버리고 땅을 파고 농사나 지으려 하나 가진 농토도 없고 오랫동안 다듬고 단련된 일마저도 정년으로 찾아주는 곳이 없다. 할 일이라고는 그저 자연히 산수를 거니는 것이 전부니 억지라도 팔자 좋다 생각하자. 자연은 와도 좋고 가도 좋고, 산은 산이라 좋고 물은 물이라 좋다. 그러니 산 좋고 물도 좋아라. 지금 이대로 살아감은 낭만인지 고역인지 무료를 달래려는 넋두리를 하고 있는 것인가.

華胥之夢

화서지몽 — 꿈속에서 낙원인 화서에서 놀았다. 즉, 무심코 꿈속에서 큰 뜻을 깨달았다는 이야기이다.

사람은 만족하면 그 만족을 모르지만 불행하면 자기 혼자만이 불행하다 탓하니 더 불행해진다. 자기만족을 위해 자기에게 복종하고 자기만을 위해주고 자기 뜻에 순응하여야 만족해 한다. 누군들 욕심이 없어서 자연 그대로 살아가는가. 나만을 생각하고 남을 얕잡아보면 예도 법도 모르고 사랑도 받는 것으로만 알면 그를 좋아하랴.

利害得失

이해득실 — 이라는 관념도 없이 자가 도치에서 헤어나지 못하며 자신을 파멸시킴은 물론 사랑하는 사람과 친구도 다 잃게 된다. 흔히들 사랑은 받는 것이 아니고 주는 것이며 인정도 남으로부터 받음보다 주는 것이 좋다고 한다. 그러나 다들 알면서도 외면하고 행하지 않으며 나만 편하려다 오히려 불편과 불행을 자초하게 된다. 꿈은 꿈으로 끝내야 한다. 허망된 꿈을 알면 일찍 버려라. 꿈속에서 일어난 일은 모두가 허망한 신기루인 것이다. 신기루의 헛됨을 보고 감탄하는 어리석음은 되풀이 하지 말자. 길몽선몽吉夢善夢 흉몽악몽凶夢惡夢, 이는 항상 교차하기 마련이다. 다만 좋은 꿈을 꾸면 기쁘고 나쁜 꿈을 꾸면 불쾌하다. 항상 좋은 꿈만 꿀 수 없듯이 인생사 마찬가지로 길흉화복이 교차하는 것이다.

다만 꿈은 꿈으로 끝나야 한다. 길게 생각지 말아야 한다.

화조월석花朝月夕

꽃피는 아침과 달 밝은 저녁의 경치를 가리키는 말이다. 화조는 음력 2월 5일이고, 월석은 7월 15일로 봄, 가을 두 계절 좋은 시절을 말한다. 지금 나는 좋은 봄날에 살고 있다. 그러나 마음은 봄이 아니니 그게 문제이다. 나도 자기도취에서 벗어나지도 못하고 찌는 해 따가운 여름을 거쳐야 가을을 알 것인가.

지금 시각이 밤 12시가 지났으니 자정인가 삼경인가. 창문을 열고 밖을 보니 유난히 달이 밝다. 도심에서는 보기 힘든 밝은 달이다. 산사 쪽에 벚꽃이 유난히 희다. 오늘따라 마음이 더욱 울적하다. '이럴 때는 두견새 소리가 멀리서 들려와야 하는 건데' 라는 생각이 드니 나도 한심하고 아직 철이 없는 칠십 어린이 인가, 아니면 지금의 처지를 알고 있으면서도 모르는 척함인가. 옛 시가 생각난다.

이화梨花에 월백月白하고 은한銀漢이 삼경三更인제
일지춘심一枝春心을 자규子規야 알라마는
다정多情도 병丙인 양하여 잠 못 들어 하노라.

이조연의 시다. 아직 이런 시구도 잊지 않고 월 줄 안다. 그런데 억지로 늙으려 하니 너무나 세월이 야속하다.

曠日持久

광일지구 — 오랫동안 세월을 헛되이 보냈다.

긴 세월을 허비했는데 나에게 무엇이 남았는가. 이제 정신이 드는가. 정신을 차리고 나니 몸도 마음도 만신창이가 된 후구나. 만신창이의 마음과 몸을 회복할 수 있을까.

나이 칠십이면 노老라 하여 늙었다 한다. 일곱 살을 도悼라 하여 7세와 늙은이는 비록 죄가 있어도 형벌을 가하지 않는다고 했다. 약관弱冠 나이에 결혼하여 노老에 이르기까지 식구들에게 조금도 부담스럽다든지 미워한 적이 없다. 다만 잘못되지나 않을까 하여 걱정하면, 그것을 잔소리라 여겨 무슨 소리든 들으려 하지 않는다는 그릇된 고집 때문에 지금의 나를 불행하다 생각하게 한다.

내 일생을 돌아보자. 어린 시절 너와 함께 하지 않은 날들은 접어두고, 20대 약관弱冠에서 30대 장壯이라 하여 아내와 자녀를 두었다. 40대 강彊이라 하여 직장에 충실했고, 50대 애艾라 하여 진급도 하였다. 60대 기耆라 하여 남을 시켜가며 돈도 벌었다. 이제 70대 노老에 이르니, 앞으로 8·90대 모耄가 오고, 100세 기期라는 때가 돼야 봉양을 받을 것인가. 꼭 봉양을 받으려면 기를 쓰고라도 100세를 살고프나 인명은 재천이고 고통 속에 쓸데없이 수명만 연장한들 그것이 삶인가 고역이지….

답답한 심정이라 예기禮記에 실려 있는 글을 인용한 것뿐인데도 지금 이 시간만은 마음이 편안하다.

修道之謂教

수도지위교 — 자신에게 주어진 명을 파악하여 본성을 다스려라. 수도어행水到魚行이라고 물이 흐르면 고기가 그 길을 따라 가게 되고 무슨 일이든 때가 되면 이루어지리라. 이제 남은 시간도 많지는 않지만 그렇다고 늦은 것도 아니다.

산전수전山戰水戰 다 겪고도 앞이 보이지 않아 망설이는 것인가. 얻을 것이 없음을 알면서도 미련을 버리지 못함인가. 아니면 쓸데없는 자존심 때문이라면 버림이 옳지 않는가.

쨍 하고 해 뜰 날만 기다리지 말고 그저 모르는 척 지나치면 되는 것이 인생사 아니더냐. 해는 다시 뜬다. 어제 진 해는 다음날 반드시 다시 뜬다. 아주 오래된 영화제목이다. 헤밍웨이의 "The sun also rises" 영화 내용이 어슴푸레 기억은 나지만 확실히 표현할 수 없어 아쉽다. 지는 해 다시 뜨듯이 나의 해도 뜨리라.

水至淸則無魚
수지청즉무어 — 물이 너무 맑으면 고기가 숨을 곳이 없으며, 사람이 너무 야박하거나 지나치게 똑똑하면 다른 사람들이 그를 두려워하여 피하려 한다. 사람은 자기 자신이 중요하지만 나를 위해서라도 남을 배려함을 잊어서는 안 된다.

各得其所
각득기소 — 모든 것은 그 있어야 할 곳에 있어야 한다. 원래 사람은 자기 분수에 맞게 하고 싶은 일을 하여 적성에 맞게 적절하게 살아가게 마련이다.

세상에 내 마음대로 마음에 맞는 일이나 하고픈 것만 하고 살 수 있다면 무엇을 더 바라겠는가.

내 것 내 마음대로 할 수 있는 것이 무엇이 있는가. 내 것과 우리들의 것, 내 것도 우리 것이라고 내 마음대로 하여서는 안 된다. 모든 것은 그 위치에서 그 목적과 용도에 맞는 제몫을 하여야 하기 때문이다.

所有權
소유권 — 세상에 내 것이라는 개념을 어디까지로 보아야 하나. 순수한 내 것이라는 것은 내가 관리하고 내 마음대로 움직이게 하고 가지든 버리든 내 생각대로 행동해도 불평하지 않고, 주위사람들로부터 비난 받지 아니하고 마음에 자유로운 물건이나 물질이어야 하나 엄격히 말한다면 그러한 내 것은 존재할 수 없다. 다만 소유권이 있다고 할 수 있을 뿐 순수한 의미의 내 것이 아니다.

다만 관리하고 아끼고 사랑하고 보호하여 오래도록 유지하려면 많은 노력을 필요로 한다.

幸福
행복 — 내 소유라도 우리 것이라는 테두리를 벗어나지 않아야 행복을 느낄 수 있는 것이다. 그래서 행복이란 주어진 게 아니고 만들어 가는 것이다.

힘들여 만든 행복도 한 번 잃으면 다시 찾기 힘들 뿐 아니라 영원히 다시 찾을 수 없게 된다. 그러니 사람은 항상 따뜻한 마음으로 우리들의 것을 내 것같이 보살피고 아끼고 사랑해야 한다.

溫情
온정 — 따뜻한 정이 있는 사람. 나는 따뜻한 사람인가? 누가 뭐래도 나는 악의 없고 따뜻한 사람이라 자부한다. 그러니 그것이 나의 장점이며 단점이다. 사람은 항상 따뜻하고 온화하면

약하고 박력이 없어 결단력을 잃어 일 처리가 확실하지 못하다. 인정에 사로잡혀 중대사를 그르치기 쉽다는 말이다. 대게 성공했다는 사람들을 보면 무서우리만치 차갑던지 지나치게 뜨거운 사람들이 많다. 펄펄 끓는 용광로 같은 사람, 얼음 녹은 계곡 물 같이 차디찬 사람, 그런 사람을 피도 눈물도 없다 손가락질하지만 자신의 안위를 위해서는 어떠한 고통과 수모도 참고 견딘다. 한마디로 모질고 독하다. 그리고 결단력이 강하다. 반면에 온화한 사람은 남들에게는 일시적으로는 좋은 사람이라 여겨질지 모르나 나약하고 박력이 없어서 맺고 끊음이 불분명한 것이 흠이다.

強者弱者
강자약자 — 온화하든 뜨겁든 차갑든 다들 나름대로 장단점을 지니고 살아간다.

너무 강하면 부러지고 연하면 쉬 구부러진다는 평범한 원리 앞에 각자의 쓰임새가 있기 마련이며, 다들 사회를 구성하고 가정과 가족을 이루고 살아가기 마련이다.

그런데 각자의 사람들은 자기의 약점은 숨기고 장점만을 내세워 자신만을 과시하려 하니 성격과 생활 방법이 다른 상대로부터 빈축을 사게 되고, 잦은 의견충돌로 피치 못할 사건들이 발생하기마련이다.

甘呑苦吐
감탄고토 — 달면 삼키고 쓰면 뱉는다.

개인적 이익이나 욕심을 위해서는 믿음이나 의리는 생각지 않고 필요할 때는 쓰고 필요치 않을 때는 가차 없이 버리는 세상에 우리가 살고 있다.

옛정을 생각하고 남을 한 번 쯤 생각하는 온정이라는 따뜻한 마음을 가진 그런 사람이 많은 세상이 그래도 살기 좋고 행복하고 희망과 꿈이 있는 세상이 아닌가.

己所不欲勿施於人
기소불욕물시어인 — 자기가 하기 싫은 일은 남도 하기 싫을 것이니 남에게 시켜서는 안 된다.

혼자서도 할 수 있는 일이면 직접 하는 것이 좋다.

내가 조금 편하려고 싫어하는 사람에게 일을 시키면 상대가 짜증스러워 하고 불평을 하면 서로 불편하고 힘이 든다. 조금 편하려다 더 불편하고 곤욕스러운 경험을 한두 번쯤 경험해 보지 않은 사람 없으리라. 그런데도 스스로 해도 되는 일을 귀찮은 것만 생각하고 남에게 일을 맡기어 손해를 보거나 상대에게 비난 받은 일을 무수히 경험했다. 나 이외는 전부 남이다. 남을 위해 봉사함은 소득이 따르든지 원하는 것을 얻고자 할 때가 아니면 누구도 그 일을 하기 꺼리고 싫어하는 것은 당연하다.

알면 직접 해보자. 그러면 확답을 얻을 수 있다.

老當益壯
노당익장 — 사람은 늙을수록 기운을 내야하고 뜻을 굳게 해야 한다. 마음은 청춘이고 하고 싶은 일은 많은데 뜻대로 되지 않으니 심사가 편안치 않다.

아랫사람이 어렵게 여겨 가까이 하지 않으면 소외되고 무시당하여 서럽고 서운해진다. 자녀들이 정성으로 보살피는데도 노파심이 앞서 소홀하게 대한다고 여긴다.

老來之戱
노래지희 — 이 말은 노魯나라 지희자가 나이 70에 화려한 옷을 입고 어린아이 재롱을 부려 부모를 즐겁게 해드렸다는 고사이다. 부모는 나이가 들어도 자식에 대한 마음은 똑같이 변함이 없고 자식의 효도 변함이 없어야 한다. 자식 사랑하는 부모의 마음이나 부모를 공경하여야 한다는 자식들의 마음은 예나 지금이나 변함이 없겠지만, 지금의 핵가족 생활구조로는 마음만 앞서지 실제로 효를 다하기 어렵고, 부모 역시 자녀들이 보고파도 마음대로 볼 수 없는 사회로 변하고 말았다.

그러니 부모 자식지간이지만 멀어져 가게 마련이다.

籠鳥戀雲
롱조연운 — 새장 속에 있는 새는 구름을 그리워한다. 사람이 늙어 가면 몸과 마음이 자연히 속박당한 사람이 되어, 누가 구속하지 않아도 막연하게 자유의 몸이지만 망상의 자유를 갈망하게 된다. 새장을 탈출한 새가 하늘을 날고 구름을 마음껏 보고 느끼는 것처럼 말이다.

樂而思蜀
낙이사촉 — 타향의 생활이 즐거워 고향에 가지 못하고 눈앞의 즐거움에 취해 근본을 잃음인가.

아무래도 좋다. 타향에서 생활을 즐긴다니 어불성설이다. 집 떠나면 고생이 된다는 것을 알면서도 할 일이 없으니 여행이나 하자며 안이한 핑계로 여행을 택했다.

속 모르는 남들은 나를 보고 팔도강산 유람하며 인생을 즐기는 팔자 좋고 자기만 아는 이기주의라 오해도 하리라. 아니면 용기도 없고 비겁하다 조롱도 하리라. 아무렇게나 생각하라. 나에겐 남은 것이라곤 아무것도 없다.

평생 어려운 삶을 같이 살아온 아내도 내 마음을 모르고 바람난 망아지라 오해하고 있는데, 가족인들 오죽하며 남 말하기 좋아하는 사람들의 입방아야 무슨 대수일까. 이해할 사람은 이해하고 하지 않아도 할 수 없다.

그러니 해명해도 점점 더 오해만 쌓일 것 같고 참는다고 무슨 필요가 있으며 변명한들 무슨 소용이 있겠는가.

내 평생을 살면서 병마로 시달리는 아내와 늘 다툼이 끝이 없는 것 같다. 한 번 맺은 인연, 그로 인해 이루어진 인연들도 너무나 고통이 심함을 나는 안다. 아픈 사람이 정말 싫어서 피하는 내가 아니다. 다만 잠시라도 피하지 않으면 내 성격으로는 더 이상 버틸 수 없기 때문이다. 아내는 모른다. 가족들도 모른다. 가족을 지키고 살림을 보존하는 것은 혼자만의 노력으로 되는 것이 아니다. 그렇다고 나만을 생각하는 옹졸한 사람이 아니다. 우선 나를 구하여야 하기에 누구를 탓할 필요도 없이 방법을 찾으려고 할 뿐이다. 같이 책임져야 할 일이라고도 않는다. 다 내가 할 일이기에 지금 나를 변명하려 하지 않는다. 다만 아내가 그토록 집요하게 불신하는 막말들이 진실이 아니기를 바랄뿐이다.

아무래도 좋다. 오해든 사실이든 45년을 나는 과오 없이 살았으며 지금도 그렇게 살아간다.

오늘같이 외롭고 적적할 때는 과거 잘 나갈 때 좋은 인연 하나

만들지 못한 것도 후회스럽다고 억측도 해보고, 지금이라도 나만을 위해 살자 해도 생각과 행동은 따로따로 움직이니 부끄럽고 창피한 망령인 것 같다.

주색잡기 酒色雜技

영웅은 본시 주색잡기를 할 줄 알아야 한다고들 술좌석에서 어른들이 하는 말을 많이 듣고 그 말을 나도 자주 하면서 즐거워했다. 쉽게 말하면 술, 여자, 도박을 할 줄 알아야 장부라 했다.

지금이 어느 때라고 이런 말을 아무런 거리낌 없이 하나, 지탄받을 일이 아니라 몰매 맞을 일이다.

과거에는 이런 말을 하여도 별 시비를 걸 사람이 없었다. 그러나 지금은 다르다. 세상이 변한 게 아니고 발전한 것이다. 남성상위시대에서 스스럼없이 사용하던 말도 지금은 가려하지 않으면 봉변을 당한다. 남녀평등의 세계도 지나가고 있다. 여성상위시대가 도래하는데 주색잡기도 남성 전유물이 아닌 여성에게 물려줄 시기가 도래하고 있다.

잡설하고 지금 내가 할 말은 옛날 내가 살아온 과거에 대한 이야기를 하고 있으니 세대가 변한다 한들 과거에 있었던 일마저 없었든 일로 변할 수 없으니, 옛 이야기한다고 바쁜 세상에 탓할 사람이 있으면 탓해도 할 수 없지 않나.

내 나이 30대였을 때, 그때도 술을 무척 즐겼다. 회사 주 업무를 처리하는 관리계장 시절, 회식 자리에서 직장 주인 되시는 사장님의 말씀이시다.

김 계장은 다 좋은데 술을 너무 좋아한다 하시며 들려 준 말씀이 주색잡기에 대한 이야기로 지금도 기억한다.

“장부는 주색잡기를 다 할 줄 알아야 한다. 다만 세 가지 다 즐기면 잡놈이고 한 가지라도 자제할 줄 알아야 한다. 술이 좋으면 술과 오락, 색이 좋으면 색과 술 혹은 오락 중 택하고, 하나 정도는 자제할 줄 아는 사람이 진정한 장부이다. 그리고 술을 즐기되 해장술로 속을 풀지 말고, 도박을 해도 본전 생각을 하지 말며, 색을 즐기되 오래 간직하지 말라. 그리고 항상 여유 있는 마음가짐을 가져라. 술병에 술이 얼마 남지 않았다고 ‘술이 없네’ 하지 말고 ‘아직 남았는데’ 하는 여유를 가져야 한다.”

공감이 가는 말이 아니라 큰 깨우침이며 교훈이라 지금도 잊지 않고 실천하며, 살아오면서 많은 술좌석에서 똑같은 이야기를 수도 없이 전했는데 기억하는 사람이 몇이나 되며 실천하는 사람은 있으려나 궁금하다.

재산은 남에게 나누어 줄 수 없어도 좋은 진리는 서로 나누어 주면서 살았으면 한다.

南船北馬
남선북마 ― 남쪽은 배로 북쪽은 말로, 갈 곳도 머무를 곳도 없이 정처 없이 헤매면서 무슨 즐거움과 낙인들 있겠는가. 다만 할 일을 찾지 못해 헤맬 뿐이다.

서해 바닷가 포구에서 생긴 일이다. 고단도 하고 갈 만한 곳도 없다. 관광도 둘 아니면 셋 이상이여야 흥이 난다. 혼자 보고 혼자 느끼고 감상한들 고독할 뿐 흥취라곤 없다. 포구에선 낚시꾼이 즐비하다. 나는 낚시를 할 줄 모른다. 성격 탓이리라. 지렁이를 바늘에 꿰어 물에 던져 놓고 고기와 신경전을 벌이고 기다리는 사람들을 보면 신기하다. 낚시하는 사람들은 그보다 더 좋은 스포츠가 없고 정신수양이 없다고 자부한다. 조사釣士라는 사람들은 철학을 이야기하고 인생을 운운하며 자부심이 대단하다.

이른 봄 강원에서 있었던 일이 기억난다. 그날도 저수지 가에 차를 세우고 쉬고 있으려니 물가에서 낚시하는 분이 있어 고기 잡는 구경 좀 할까 하여 다가갔다. 통성명하고 나도 퇴직으로 직장도 없고 심심해서 바람 쐬러 다니니 취미 삼아 낚시 좀 배울까한다며 다가가니, 그 역시 조사답게 낚시 예찬이 대단한 분이었다.

조금만 기다리면 월척을 낚을 수 있으니 시간이 괜찮으면 매운탕 끓여 소주 한잔 하자 한다. 듣던 중 반가운 소리이다.

옆 가게에서 소주, 라면, 물 등을 사 와서 준비하고 있는데 얼마를 기다려도 월척은 고사하고 피라미 한 마리 안 잡힌다.

기다리기도 지루하고 그도 큰소리 쳤는데 고기가 안 잡히자 피차 난처해했다. 어디 이런 일이 낚시뿐이랴. 인생사 곳곳에서 일어나는 일인 걸, 크게 기대는 안 했으니 미안할 것도 없고 많이 서운치 않았다.

꿩 대신 닭이라고 라면이 있으니 공기 좋은 야외에서 소주 한잔 하면 이만하면 낙이 아니겠소. 그와 나는 초면인데도 친구같이 술잔을 기울였다. 여러 병을 비우고 나니 천하가 다 내 것 같고 크나큰 저수지도 작은 시냇물 같이 보일 뿐이다. 술이란 참으로 묘한 마술을 지닌 신비의 물이로다.

차 문을 열어 놓고 얼마가 지났는지도 모르고 잤다.

그 후로는 낚시라고 하면 하고 싶지도 않고 가까이 가지도 않았는데 오늘은 이상하게도 가까이 가 보고 싶어 다가갔다. 낚시 바늘에 미끼도 안 꿰고 바다에 던지어 널을 감으니 팔뚝보다 더 큰 숭어가 낚이어 올라오니 신기하다. 그것도 미끼를 먹으려다 입이 걸리는 것도 아니고 배며 등이 마구 걸려 올라오니 그야말로 물 반, 고기 반인가. 이 넓고 넓은 바다에서 조그만 바늘에 걸리다니 어지간히 재수 없는 숭어로구나 생각했는데 자세히 보니 숭어 때가 지나는 사이를 잘 보고 있다 재빠르게 그곳으로 낚시를 던져 채어 올리는 일종의 고도의 기술로 초보자는 계속 실패만 하니 직업도 생활 방법도 살아가는 모습도 다르구나 생각한다.

그뿐이 아니다. 또한 무리는 팔뚝에 투망을 들고 바닷물을 주시하고 있다 기미를 포착하여 투망을 던지어 고기를 낚는다. 참으로 순식간에 이루어지는 행위이다. 숭어, 은빛 찬란한 참으로 보기 좋은 깔끔한 고기이다.

그런데 바닷가 사람들은 맛이 없다고 외면한다. 바다가 먼 곳에서 자란 나에게는 신기한 생선인데 그곳에선 푸대접을 받는다. 숭어는 맛을 떠나 선입감이 좋아서 나는 즐긴다. 회를 뜨면 한쪽 부분이 유난히 붉어 신선하게 보여 좋다. 건설회사 다닐 때 서해안 간척공사를 하느라 5~6년 바닷가에서 생활하였기에 웬만한 생선은 다 보고 먹어도 보아 생선에 대하여는 많이 아는 편이다.

동해안은 해안선이 곧고 깊고 맑다. 그러니 생선도 깨끗하다. 서해안은 갯벌이 많아 지저분한 감이 있으나 굽이굽이 아기자기하다. 남해안은 어종이 다양하여 생선의 종류도 많고 먹는 방법도 특이하다.

회사에 근무할 때 거의 안 가본 곳이 없을 정도로 동분서주 했다. 그때는 업무로 다녔다. 이제 관광으로 다닐까 하는데 여유롭지 못하다. 기름 값이며 물가고에 마땅한 수입원이 없으니 경제적 제약이 앞선다.

內省不疚
내성불구 — 마음속에 조금도 부끄럼 없이 어려운 일이 일어나도 신중을 기하여 처신하며 살아가려 한다. 아무리 양심에 거리낌 없이 살면 된다고 하지만 남이 인정하지 않으면 나도 모르는 사이에 남으로부터 사이코 소리를 듣는다. 사이코는 정신분열증환자로 흉측한 말이다.

정신분석 좀 하자. 내가 상대를 이상타 하니 나를 이상히 여기니 말이다.

樂而不淫
낙이불음 — 자유로이 즐기기는 하나, 음탕하고 속되게는 살지 않겠다는 자신과의 약속은 아직은 잊지 않았으니 내성불구의 결백함이리라. 좋은 생각, 좋은 말, 머리로 생각하고 입으로 말하면서도 행동으로 옮기지 못하면 아무 소용이 없다.

사람은 정신적이라 생각한다. 특히 남녀상열지사男女相悅之詞이다. 그것이 사랑이다. 생각하지 않으면 사랑이 아니다. 사미인곡思美人曲을 미인을 생각하는 노래라 해석하고 보자. 사思도 곧 생각인 동시에 사랑이다.

子愛父母愛
자애부모애 — 자녀의 사랑도 부모의 사랑도 생각으로 일어나는 사랑이다. 부모는 오직 자식이 병이 날까 걱정이다. 그러니 자식은 부모에게 걱정 끼칠 병이 나지 않게 조심하여야 한다. 그러지 않으면 불효이다. 효성스런 자식은 함부로 나쁜 짓을 하지 않는다. 부모로 하여금 걱정하게 할 뿐이므로 건강이 효이다. 잠시 공자의 말씀이 생각나 내 주관에 맞추어 해석해 보았다. 정확한 해석은 아니라도 일맥 뜻은 통하겠지 하니 위안이 된다.

談笑自若
담소자약 — 위험이나 곤란에 직면해 걱정이나 근심이 있을 때도 평상시와 같은 태도를 가져라.

하늘을 원망하지 않고 다른 사람도 원망하지 말자. 나 자신의 처지를 알았기 때문에 아무도 원망할 수 없다.

怒蠅拔劍
노승발검 — 하찮은 파리 한 마리 때문에 칼을 뽑을 수 없다. 견문발검見蚊拔劍이란 말과 같다. 모기 잡는데 칼이 필요 없다. 하찮은 일에 허둥지둥 덤비면 손해만 본다는 점 명심하고 살자.

小說多做
소설다주 — 적게 말하고 많이 생각하자. 말이 많으면 옳은 말도 말에 가리어 빛을 잃는다. 말을 함부로 함이라. 앞뒤 좌우 생각지 않고 직설적으로 일시적인 생각을 표현하는 행위이다. 조심성 없고 경솔한 행동으로 피치 못할 과오로 큰일을 그르칠 때가 많다. 생각이 깊은 사람, 그런 사람은 일시적으로 답답한 감을 주어 오해를 받을 수 있으나 행동과는 달리 사려가 깊고 실수가 없어 최종에는 존경과 참신한 사람이라 평가된다. 직설적인 사람과 반대되는 사람이다. 직설적인 사람은 사교적이고 진취적이어서 그 자리를 리드하여 일시적인 호평을 받을 수 있어 좋으나 그 장소를 떠나면 악평도 따르는 약점을 많이 남기게 된다.

진취적이거나 차분하며 꼼꼼한 꽁생원이거나 장단점은 다 가지고 있다. 그러면 이들을 믹스한 합성체는 없을까. 이는 인위적으로 만들어짐이 아니라 자기 스스로의 약점과 성격을 깨달음에 따라 보안하고 수정하고 배우고 익혀서 감정도 자제할 줄 아는 갈고 닦음이 있어야 얻을 수 있는 힘든 길이라 본다. 수행하고 노력하여 처음과 다른 하나의 새로운 인격체를 만들어내는 것은 참으로 어렵고 먼 길이다. 그러나 그 길을 가야 한다. 사람이 세상에 태어나 아무 보람도 없이 그저 먹고 즐기다 갈 때 되면 가는 것으로 끝을 맺으면 금수와 다를 바 없다.

적게 말함은 모름이 있어서가 아니라 많이 생각함이요, 말이 많음은 생각할 줄 모르고 말만 앞세우는 사람이다.

隙駒光陰
극구광음 — 세월이 참으로 빠르다. 흘러가는 세월이 얼마나 빠르면 달려가는 말을 문틈으로 보는 것과 같다는 말로 표현했는가. 이와 같이 인생 또한 덧없고 짧은 것이거늘 할 말 못 할 말 가리지 못하고 일시적인 감정이나 서운함을 참지 못하고 서로가 상처 받고 괴롭고 불편한 심기로 아까운 세월을 허비하는가. 늘 듣고 사용하는 일촌광음불가경一寸光陰不可輕이라는 말을 하면서도 지키지 못하는 어리석은 사람들이여, 현재의 적은 불편을 감당하지 못하면 앞으로 닥칠지 모르는 크나큰 폭풍우가 온다면 무슨 수로 피할 수 있으랴.

人生旅路

인생여로 — 인생을 여로旅路라 했다. 필요한 사람끼리 만나 무에서 유를 창조하고 새로운 삶을 창출하여 감동과 꿈의 미래를 설계하고 풍요로운 생을 영위하여 서로가 즐거움을 만끽하여야 한다고 했다. 부부 그리고 가족은 같은 배를 타고 가는 여행객과 같다. 그러니 서로 관심을 가지고 서로 돕고 공감하며 같이 행동하여야 한다.

觀心

관심 — 을 가지게 되면 보게 되고, 보면 알게 되고, 알게 되면 느끼게 되고, 느끼면 행동으로 옮겨라. 성공의 열매를 맺기 위해서는 항상 책임의식을 가져라. 부부간에도 책임과 예의가 있다. 서비스를 원하면 먼저 서비스를 하라. 세상에는 공짜가 없는 법이다. 항상 책임의식을 가지자. 부부이기 전에 하나의 인간임을 잊지 말라. 부부생활은 체험도 경험도 전무한 초년생들의 만남이다. 그러면 창의력과 순발력만이 순탄한 가정생활로 이끌 수 있다. 지금 내 넋두리가 참말인가 거짓인가 나도 모르겠구나.

상가지구喪家之狗

상갓집 개가 주인은 죽고 돌봐 줄 사람 없으니 처량하구나. 내가 왜 이런 말을 하나. 사람은 자기 좋은 대로 살려고 하면 안 된다. 흔히들 내 마음이라 한다. 그러면서도 상대가 "나도 내 마음이야" 하고 나오면 자기 잘못은 잊은 채 상대방을 원망한다. 내 기분, 내 생각대로 하면 상대의 기분은 어떠할까. 화나고 얄미울 것이다. 자기가 미치겠다고 남도 같이 미치란 말인가. 살아도 같이 살고, 죽어도 같이 죽자는 소설 같은 이야기이다. 예나 지금이나 체면이란 것을 앞세운 말장난이다. 나는 난데 왜 너와 같이 죽어, 요사이 말로 난센스라 할까.

세대가 변한 것이 아니라, 말 못한 것을 지금은 말함이다. 오늘날이 가기 전에 황당한 사연을 기록하려 한다. 황당한 일이 너무 많지만 다시 이런 일을 되풀이해선 안 되니 생각하기 싫은 기억이지만 적어본다.

그래도 사랑이 있기에 참을 만한 아픔으로 산다. 죽기가 서러워서 발버둥치는 자는 결코 죽지 않는다. 죽음에 이르는 아픔을 나는 보고 들어 어느 정도는 안다. 인생 칠십을 살았으니 볼 것 못 볼 것 다 보면서 살았다. 질병으로 신음하는 사람, 산업현장에서 사고로 다치거나 죽음에 이르는 수많은 사건들, 그들은 하나같이 처음은 고통과 분노로 발버둥치다가도 죽음을 목전에 두면 한결 같이 조용해지고 차분함을 볼 수 있었다. 그렇게도 고통스러워하던 삶도 마음이 정리되면 차분해지는 것이다.

나는 10여 년 전 매형의 병문안을 간 적이 있다. 피골이 상접해 차마 눈뜨고 볼 수 없을 정도였다. 손을 잡아도 아무 감각도 반응도 없다. 그저 바라보고 있을 수밖에…, 얼마간의 시간이 흘렀다.

약간의 감각을 느낄 수 있다. 힘없는 눈이지만 그와 나는 느낀다. '고맙다, 죽기 전에 너를 보아서?' 잠시지만 그 눈빛과 약한 손마디의 힘은 평생 그이가 나를 내가 그분에 대한 정을 말하지 않아도 느낄 수 있다. 찾아오지 말 것을, 차라리 안 봤으면 좋았을 것을.

"이제 다 잊으세요. 그리고 정리하세요. 편안한 마음으로 저 세상으로 잘 가세요. 누구나 다 거쳐 가는 길이잖아요."

그날 밤 그분은 아주 조용히 가시었다. 인생을 허무하다고들 한다. 그렇지도 않다. 생이 얼마나 값있고 고귀한 것인지는 그의 업적에 따라 좌우된다. 죽음으로 그의 세계는 끝이 났으나 그 안에 새로운 삶들이 보다 화려하고 풍요롭게 전개될 것이다. 죽은 자는 말이 없지만, 그의 업적은 살아가는 사람들의 뇌리 속에 오래도록 남아있을 것이다. 그리고 기억하리라, 단점들은 점차 잊어버리고 좋은 점, 본받을 점은 영원히 기억하면서, 우리들의 조상처럼 그리고 우리 다음 다음도 가고 오고 또 가리라.

心淸夢寐安
심청몽매안 — 명심보감에 나오는 말로 기억한다. 음식이 깨끗하고 정갈하면 마음이 상쾌하고 편안하며 마음이 상쾌하고 맑으니 잠 또한 편안히 잘 수 있다. 나도 이따금 밤잠을 설쳤다고 투정한다. 마음이 맑아지게 노력함이 부족하니 마음수양부터 하여야 할 것 같다.

입춘立春, 벌써 절기상 봄이다. 머지않아 우수, 경칩이 지나면 꽃피는 계절이 오리라. 봄에 씨 뿌리지 않으면 가을에 거둘 것이 없다 하였다. 일 년의 시작은 봄이요, 하루의 시작은 아침이다. 아침 일찍 서두르지 않으면 하루가 허사이다. 그러나 다들 옛날 이야기이다. 요사이는 밤과 낮을 바꾸어가며 사는 사람이 늘고 있다. 직업상 어쩔 수 없지만 많은 무리들이 할 일 없이 밤과 낮을 혼동하며 산다. 나는 늘 그들에 싸여 살다보니 고통스럽고 불편하다. 과거 직장을 잃고 방황할 때 고통스럽던 밤과 낮들의 기억 때문이다. 밤새워 고민하다 날이 새면 허탈하고 피곤하여 할 일도 없지만 그저 침상에서 세월을 보내야 하니, 본인은 물론이고 보는 가족들은 고통이 이만저만이 아니다. 아내는 초저녁잠이 많다. 아들딸들은 밤잠이 없다.

나는 건설회사에서 다년간 근무하느라 늦잠 자는 것이 없어지고 나이가 들다보니 자연히 일찍 일어나기 마련이다. 많지 않은 식구가 이렇게 다르니 피차 고통스럽다. 항상 따로따로라 같이 식사하고 청소며 정리정돈 등 행동일치란 있을 수 없다. 어쩌다 동행하여 외출하려면 많은 문제가 발생한다.

衣食住
의식주 — 이는 생의 기본이다.

옷은 그 사람의 인품을 말함이다. 깨끗하고 품위 있게 입어야 한다. 야하지 않고 너무 화려해서도 천박하다.

나는 옷을 화려하지 않은 밝은 색상을 즐겨 입는다. 무늬도 복잡하고 혼란스러운 것은 질색이다. 단색을 좋아한다. 어려서 어려울 때는 이것저것 가릴 겨를이 없었다. 지금은 적은 돈으로도 개성에 맞게 품위 있는 차림을 할 수 있다. 유명 메이커가 아니라도 좋은 디자인이 많다. 물론 유명 메이커가 디자인도 좋고 품질도 좋지만 그러나 격에 맞아야 한다. 옷은 물론 남이 보아도 좋은 인상을 주어야 한다. 자기에게 어울리는 옷이 있다. 유명 탤런트들이 입었다고 해서 내가 입어서 어울리지 않는다.

다음은 '식'이다. 이것이 옷보다 중요하다. 옛날에는 의를 제일 중요시 했다. 벗은 거지는 굶어 죽어도 입은 거지는 얻어먹고 산다고들 했다. 어느 것이 더 중요함이 아니라 어떻게 조달하고 해결함에 있다. 음식은 정갈하고 균형이 있어야 한다. 나는 음식을 눈으로 먹는다고 표현한다. 보기 좋은 떡이 먹기도 좋다고 하는 속담처럼 시각이 미각을 자극하여 식욕을 자극한다. 나는 혐오스런 식품에 거부 반응을 일으킨다. 아무리 몸에 좋다는 탕 종류라든가, 지나치게 붉고 탁한 종류는 맛을 떠나 식욕이 동하지 않는다.

천성과 습관은 바꾸기 어렵다. 그런데 남의 이야기를 끄집어낸다. 나는 남들을 끌어들여 남들을 운운함을 제일 싫어한다. 왜 나의 일, 나의 가문의 일을 남에게 맞추려 하는가. 그 집만의 전통과 습관이 있는 법. 사소한 것같이 생각하지만 상대의 자존심에 심한 모독이 아닐 수 없다. 어찌하여 내 가족의 성격과 식성도 모르면서 남들이 어떻게 사는지 그리 쉽게 단정하여 말할 수 있나. 성격상 이해하고 협조하지 못함은 서로가 어쩔 수 없는 비극이나 남들을 운운함은 더 큰 불신과 불행을 초래한다는 것을 그는 정말 모른단 말인가.

성격과 식성 같을 수 없다. 한 형제간에는 어려서부터 같은 환경과 어머니의 음식에 길들여졌기에 식성도 같다. 그러기에 어디에 가서든지 입에 맞는 음식을 대하면 으레 고향에서 먹던 어머니의 솜씨 같다고 한다. 이럴 때는 나도 한없이 어머니의 솜씨가 그립다.

暖衣飽食
난의포식 — 따뜻한 옷을 입고 배부르게 음식을 먹을 수 있음을 말한다. 난의포식만으로는 행복할 수 없다. 바람도 끝이 없다. 집이 필요하다. 집은 피곤할 때나 기쁠 때나 항상 필수불가결의 공간이다. 집은 아담하고 청결하여야 한다. 사람이 살아가면서 제일 오래 머무르는 곳이다. 그러니 아늑하고 포근하여야 한다.

나는 건설회사에서 근무하느라 이곳저곳으로 옮겨 다니며 생활했다. 그런데도 웬만하면 잠은 집에 와서 잔다. 일주일 이상을 집을 비워본 적이 거의 없다. 군 생활을 할 때도 훈련 기간 동안은 매인 몸이라 할 수 없었으나 부대 배치를 받고는 매주 집에 왔다. 왜 그리도 집에 집착했는지 나도 모른다. 거처할 곳이 없음도 아니다. 집에서 한두 시간을 자도 그것이 편하니 병인가 싶다. 서울에 직장을 두고도 소도시에서 고속버스로 출퇴근을 십여 년이나 했다. 복잡하고 시끄러운 것이 싫어서이다. 남들은 서울로 가지 못해 안달인데 직장을 두고도 그곳으로 가지 않고 시골을 고집하다 보니 지금은 많이 후회가 된다.

지가地價가 열 배 차이도 더 되니 평생 고생해 모은 재산이 너무나 보잘것없다. 수도권의 아파트 한 호 값어치도 안 되는 단독에서 근근이 살아가는 내 자신이 한심하다. 이런 나의 고집스러움 때문에 아내나 아들딸들이 고생했음을 잘 안다. 그러나 그것은 내가 지내온 내 인생이다.

삶의 의식주衣食住

삶의 기본基本인 의식주衣食住와 행동거지行動擧止를 바르게 하면 사람의 마음이 평화平和로워져 이루고자함을 이룰 수 있고 무병장수無病長壽하여 가화만사성家和萬事成 하리라. 의식주衣食住가 해결돼야 공·맹자의 예禮, 도道 락樂도 행할 수 있다.

脣亡齒寒 순망치한 — 입술이 없으면 이가 시리다고 한다.

나의 옹고집이 가족에게 피해가 된다면 가슴 아픈 일이다. 지나간 일을 후회해도 소용이 없다. 그러나 돌이킬 방법 또한 없으니 그저 허탈하고 허망할 따름이다.

前車覆後車誡 전거복후거계 — 앞차가 지나간 바퀴자국은 뒤에 오는 차의 좋은 경계가 된다는 뜻으로, 좋은 삶을 보여주지 못하여 자식들에게 누가 될까 걱정이다.

覆車之戒 복차지계 — 이다. 먼저 간 차가 넘어짐을 보고 경계하라는

뜻이니 곧 먼저 간 사람이 실패한 것을 보고 뒤에 오는 사람은 경계하라는 뜻이다. 우리 아들딸들은 잘 하리라 본다.

흔히들 나는 아버지, 어머니와는 같이 안 산다고들 한다. 얼마나 부모에게 염증을 느꼈으면 그런 말이 나올까 생각하니 인생사가 너무 허무한 것 같다.

獲罪於天 無所禱也
획죄어천 무소도야 — 하늘에 죄를 얻으면 빌 곳이 없단다.
내 전생에 무슨 크나큰 죄를 졌기에 환생하여 70년을 살면서 무슨 잘못을 그리 많이 하였으며, 잘못이 있다한들 어디에다 어떻게 빌어야 하는 건지 빌 곳마저 없음이니, 이것이 다 하늘의 뜻인가.

結者解之
결자해지— 매듭을 맨, 내가 풀어야 한다.

내가 맨 매듭이지만 풀 길이 없다. 얽히고설키어서일까. 원인을 제공한 사람이 풀어야 할 숙제이다. 타인과의 오해와 실책은 매듭을 풀 수 없으면 그와 상대하지 않으면 되지만, 가족 간에는 매듭을 매듭짓지 않으면 불행의 연속이다. 누가 먼저 매고 누가 먼저 풀어야 할 문제가 아니라 매지도 말아야 하며 푸는 것도 순서도 없이 스스로 풀어야 한다.

'응어리진', '한 맺힌' 이런 단어는 절대로 가족 간에는 사용하여서는 안 되는 단어이고 말 할 줄도 몰라야 평화롭고 화목한 가정이다.

나는 가족 간에 평화와 화목을 위해 무엇을 했으며 얼마만큼의 노력을 했는가. 답해보자. 80점? 90점? 안 된다.

가족에게는 만점 인생을 살아야 한다. 99.9도 0.1이라는 과오로 전 가족이 불행할 수 있다는 점을 유의하면 행복한 가정이 오기 전에 내 마음부터 행복해지리라. 말은 잘한다. 생각도 깊다. 실천이 문제이다. 행한다고 믿어주고 고맙게 여겨줄 사람이 없다고 하지 말고, 상대를 의식하지 말고 행하면 된다. 남에게 인정받기를 바라고 하는 행위는 올바른 길로 갈 수 없고 진리가 아니다.

언젠가 한적한 고찰에서 들은 고승의 말을 인용했으나 그때 그 말과 뜻은 아직도 기억에 생생하나 행동으로 옮기려 하니 쉽지 않고 수양이라는 것이 필요한가보다.

巧言令色 鮮矣仁
교언영색 선의인 — 교묘하게 말을 잘하고 표정을 잘 짓는 사람치고 인자한 자가 드물다고 한다.

나는 아부할 줄 모른다. 맘에 없는 말이라도 하여 상대의 환심을 살 수 있으면 좋으련만, 그것을 못하니 항상 남들로부터 본의 아니게 오해를 받을 때가 많다.

말을 안 하면 모른다고 한다. 특히 가족 간에도 마찬가지인 것 같다. 이해하고 다 알 수 있는 것들도 꼬치꼬치 따지면 피곤하다. 믿고 이해하면 좋으련만 아쉽다.

아내나 아들에게 적은 일을 당부했을 때도 귀담아 듣지 않았는데 큰일을 부탁했으면 어찌할 뻔했나.

논어에 나오는 이런 말이 기억난다. 어진 이를 대하기를 아름다운 여인을 좋아하듯 하라. 부모를 섬길 때는 있는 힘을 다하여야 하고, 임금을 섬길 때는 그 몸을 다 바쳐라. 친구를 사귈 때는 믿을 수 있는 말만 하라. 그러면 비록 배우지 않았다 하나 그를 배운 사람같이 대하리라.

교언은 교묘하게 꾸며대는 말을 말하며, 색은 느낌의 복합적 시각적인 것이며, 어른 즉 부모의 얼굴을 살피는 것이 어렵다는 뜻이다. 부모는 자식에게 하고픈 이야기를 다 못하고 산다. 자식이 걱정하게 되면 부모의 마음이 더 괴로운 법이다. 그러니 자식은 항상 부모의 안색을 살펴야 한다.

楊布之狗 양포지구 — 겉모습이 변함을 보고 속까지 변해버렸다고 판단하는 사람을 말한다. 상대가 나를 이해하지 않으려 하고 자기 판단으로만 상대를 대하면 오해가 쌓여 점점 어려워진다.

자기 위주인 사람을 나는 정말 싫어한다. 대개 자기 위주인 사람이 남을 더 의심하고 이해력이나 인정미가 없다. 그러면서도 자기는 소중히 여기며 지나치게 남들로부터 이해와 사랑을 받으려고 한다.

인간은 복합적複合的 감정의 동물이다. 현재가 중요하지 과거의 동기나 미래의 지향적인 것까지 측정할 수 없다. 머리로는 앎도 있고 깨달음도 있으나, 행동으로 옮기려면 잘 안 된다. 입에 발린 말과 자신의 양심을 속여 가며 좋은 말과 표정을 짓는 사람을 보면 처량하기도 하고, 한편으로는 나는 못하는 것을 아무런 거리낌도 없이 하니 부럽기도 하다.

輾轉反側 전전반측 — 이리저리 뒤척이며 잠 이루지 못한 날이 몇 날,

아니 몇 년인가. 세상 사람들이 다들 나를 모르고 이해할 수 없어도, 가족은 그것도 아내만은 이해에 앞서 가정의 평화를 위해 협조하지는 못할망정 반목과 반항하면 가정의 평화는 요원할 수밖에 없다.

不安焦燥
불안초조 — 불안하다. 초조하다. 현대인은 늘 불안하다고 여기며 산다. 이유 없이 그저 마음의 안정을 갖지 못하면서 서성거린다. 불안과 초조가 지나치면 병으로 변한다.

우울증憂鬱症은 병 중에 아주 고약한 병이다. 이는 자기 스스로를 파멸시킴은 물론, 주위사람에게도 피치 못할 고통을 준다. 일종의 신경성은 나쁘게 말해 정신병이다.

옛날에는 별로 없어 들어보지도 못한 말이 현대에는 일종의 병명으로 병원에서도 별도의 전문의사만이 치료할 수 있는 병이니 물질문명의 발달로 생겨난 신조어라 할까. 과거 어려운 시절에는 살기가 어려워 불안 초조한 생활의 연속으로 살기 위해 동분서주하느라 우울할 틈이 어디 있으며, 배부른 소리라 하여 하찮게 생각했고 우울할 틈도 없었다. 지금은 다들 배부른 소리이다. 생활에 여유가 생기니 자아라는 나를 생각하고 나만을 생각하다 보니 모든 것이 남을 위하고 가족과 남편을 위해 자신을 희생하였다는 생각만 앞선다. 그리하여 가장 가까워야 할 남편도 공연히 멀리만 느껴지고 미움과 오해가 쌓여 점점 멀어지고 외로워진다.

우울증은 반드시 원인과 상대가 있다. 그 원인과 상대가 진실이든 아니든 본인이 이해하지 않으면 아무 소용이 없다. 상대를 대하든 떨어져 있든 그에 대한 불신과 분노는 국한된 것이다. '너로 인해, 너 때문에 내 모든 것을 허비했는데, 지금 나는 무엇인가? 외롭고 억울하다.' 이렇게 자꾸 억지생각만 하다보면 상대만 생각해도 머리가 아프고 안 아픈 곳이 없을 정도로 마음의 중병을 앓다가도 마음에 맞는 사람, 즉 아들이나 사랑하는 손자가 오면 다 죽어가던 사람도 금방 털고 일어나 환한 웃음으로 그들을 반기며, 그들을 위해서 정성을 다하며 신기할 정도로 아주 건강하고 행복한 사람으로 변한다. 그리고 그들을 위해서는 정성을 다해 좋아하는 음식도 만들어 먹이려고 정성을 다한다. 언제 저 사람이 아픈 적이 있었던가, 착각이 들 정도니 이것이 정신력인가 꾀병인가 알다가도 모를 일이다.

그러다가도 좋아하던 사람, 맘에 맞는 사람이 가고 나면 다시 우울해지고 자리에 누워 더욱 심한 고통으로 자신을 학대하며 신세를 비관하고, 죄 없는 사람을 원망하며 깊은 병 아닌 병마 속으로 빠져버린다. 우울증이라는 병도 아무나 걸리는 병이 아니다. 낙천적이고 긍정적인 건전한 삶을 사는 사람은 절대 걸리지 않는다. 특히 이기주의이고 소극적인 자기도취에 취한 사람일수록 발생 확률이 높다.

욕심을 버리고 자신만을 생각하기 전에 남을 먼저 생각하면 상대가 보이며, 그러면 내가 누구인가를 알 수 있어 나만 외롭지 않음을 알면 우울치 않아 우울증 같은 병은 오지 않는다. 그러나 타고난 천성과 오해로 발생했든, 상대편이나 주위 환경으로 힘들고 지쳐서 생기는 우울증이든 고달프고 짜증스럽기는 마찬가지니, 마음의 수양을 쌓아 스스로 물리치려고 노력하지 않는 한 치유하기 어렵다. 우울증은 일종의 스트레스이다. 발단원인이 주로 외부로부터 오는 물리적인 것보다 내부에서 생기는 일종의 정신적인 화병인 마음의 병이라 볼 수 있다. 특히 이 병은 남성보다 여성이 많다. 남성은 활동적인 반면 여성은 내성적이기 때문에 가정에서 살림만 하던 여성에게 많이 나타난다고 한다.

내가 잘 아는 친구도 늘 괴로워하는 것을 보았다. 참으로 착실하고 가정적인 친구였다. 그러나 그의 부인은 지병도 없고 건강하나 신경성 병마로 고생한다며 늘 불편한 심기를 하소연하였다. 나는 오래 전부터 아내가 입원했을 때 의사로부터 들은 이야기이다. 지금 아내가 앓고 있는 병은 담낭염보다도 신경성 치료가 필요하다고 한다. 지금 내가 알고 있는 우울증에 대한 적은 상식도 그때 의사에게 들어 안 것이지 내가 의학적인 상식이 있어 이야기하는 것이 아니다.

堂狗風月
당구풍월 — 이라고 병원을 자주 가고 갈 때마다, 본 병인 담석증 이외에 거론되는 것이 약방에 감초 격으로 빼놓지 않고 등장하는 말이 '신경성'이라고 운운한다. 환자와 의사의 견해가 다르고 보니, 본 병에 대한 정확한 처방을 기할 수 없어서 의사도 난처해하고 환자 본인은 물론이고 보는 가족들은 피가 마를 노릇이다.

神經性
신경성 — 질환은 본인이 아프다 생각하면 무조건 아픈 것이어서 본인 자신만이 고칠 수 있는 병이다.

흔히들 말하는 일종의 공주병의 일종이다. 같은 병실에 3기 암환자가 수술을 받고 몇 개월도 살 수 없다고 신음하는 환자의 고통보다 더 괴로워하는 모습을 보고 있노라면 죽음을 목전에 둔

말기 환자보다 더 괴로워하니 어디에 어떻게 초점을 맞추어 병간호를 할지 난감하고 황망하다. 정말 저러다가 잘못되기라도 한다면 하는 걱정과 불안 초조할 때가 몇 십번인가.

不信憤怒
불신분노 — 이는 사회생활에서나 가정에서나 파탄으로 행하는 첫 단계이다. 불행不幸을 알고도 행하지 못하여 불행을 자초했는가.

나는 지금 많이 불행하다. 남들은 모른다. 나만이 느끼는 불행이다. 다들 나를 팔자가 좋은 사람이라 한다. 그러니 더 할 말이 없다. 다들 내 잘못이라 하며 점점 나를 궁지로 빠트린다. 안다. 이렇게 되어 가는 원인과 앞으로의 과정까지 짐작한다. 내 뜻과 처세는 건전한데 상대는 오해가 심해간다. 그렇다고 해명하고 싶지 않다.

잘못도 없고, 빌 일도 없고, 또 해명하려 해도 들어주려고도 않으니 시간 낭비라 생각되고 불신은 커가기만 한다.

經濟權
경제권 — 은 주부에게 있어야 가정이 편하다.

나도 그렇게 생각했다. 그러나 다른 경우도 많다. 주로 고정적인 직업을 가진 직장인에게만 어울리는 말이다. 정규직이 아니고 개인 사업이나 수시로 지출·지급하는 직업에 종사하는 사람은 급히 사용할 급전도 아내가 꼬치꼬치 캐물어서 지급이 늦어지고 거절이라도 당하게 되면 만사가 허사로 끝난다. 아끼고 확실하게 하려는 부인이나 우선 급하게 지급치 않으면 많은 손실을 감수할 수밖에 없는 둘 사이에는 소수이긴 하나 피차 불신과 불행이 누적되어 간다. 나도 젊어서 그러한 경험을 많이 했다. 직장이 정규직이 아니고 계약직에다 수시로 좀 나은 곳이면 언제라도 직장을 바꾸다보니, 그때마다 경제적으로 어려움이 많았다. 어렵게 마련한 직장이나 거래처가 단돈 몇 푼 혹은 교통비마저 못 구해 시간을 놓쳐 그르친 적도 허다했다. 이는 아끼고 절약하려다 불신으로 바뀌어 더 큰 손실을 가져온다.

信賴信用
신뢰신용 — 나는 신뢰와 신용을 지키지 않은 기억이 없다. 약속約束을 어기는 사람과는 상대를 하지 않는다. 제일 싫어하는 말이 알고도 고의로 어기고 몰랐다 변명하는 사람이다. 다 알고 있는데 변명을 들으려면 공연히 짜증나고 불쾌해진다.

"미안하다, 생각이 짧아서"라고 한 마디면 족한데 왜 속이려고 하나 알다가도 모를 일이다.

거짓말도 잘하면 약이다. 그런 거짓은 귀여운 짓이다. 상대방을 생각해서 싫어도 내색 않고 미워도 사랑한다 하면 진실이 아니라도 싫지 않아 다툼이 일어나지 않고 서로를 신뢰할 수 있다.

경제권經濟圈, 이는 내게 속한 경제적인 한계를 말한다. 나 이외는 믿지 못한다는 관념 때문에 늘 부부는 다툼이 있는 것 같다. 너무 자기위주로 실속만 취하려 하다보면 나 이외 상대의 장점을 모르고 단점만 보인다.

내가 알지 못하고 생각하지 못한 것이 상대에게 있을 수도 있다. 그러니 주어진 영역 외는 너무 간섭하면 안 된다.

아주 오래된 이야기이다. 그때는 다들 어려워서 경제권이 누구에게 있고 없고가 없었다. 단지 하루 살기가 바쁘다. 그때도 장기 실직이 되어 직장도 구해야 하고 생활비도 바닥나 직장 구할 경비도 없을 때였다.

이곳저곳 부탁해놓아 기다리고 있는데 먼 곳에서 취업이 됐으니 빨리 오라고 한다. 그러나 문제이다. 준비할 것도 있고 당장 그곳까지 갈 교통비조차 없다. '어디서 어떻게 구한담! 그래도 아내에게 말하자.' 그러나 그도 생활에 지치고 너무나 경제적인 사람이라 첫마디로 모른다며 거절이다. 아무리 어려워도 융통성이 여자가 나은 법인데 냉정히 거절하며 속수무책이다. 자기도 지쳤고 돈 구할 길 없다니, 이해보다 야속하기만 하다. 이럴 때는 부부가 합심해도 어려운데 서로 자기 입장만 생각하니 더 어려워진다. 할 수 없어 아는 친구를 찾아다니며 부탁해도 안 된다. 하루 지나 이틀 후 찾아가니 기다려도 안 와서 다른 사람을 채용한 후였다. 이런 기막힌 일이 이뿐만이 아니다. 이후로는 내 생활관이 바뀌고 나 이외엔 어느 누구와도 돈 거래는 물론 생활비까지도 적정량만 지급하겠다고 맹세했다.

경제권, 그것을 잃으면 죽음이다. 나는 벌써 30년 전에 죽음을 당했다. 그러기에 지금의 내가 있다. 사회생활 하는 동안 정말 열심히 살았다. 그래도 아이들 원하는 대로 가르치고 풍족함은 없지만 궁하지는 않게 키웠다고 자신한다. 그러나 이제 경제권이란 단어가 내게서 사라졌다. 소득이 있어야 경제권도 있는 법. 이제 아무런 힘도 권한權限도 나에게 없다. 직장을 잃은 후부터 모든 것을 박탈당했다. 이제는 존경심 같은 것은 바라지도 않는다. 다만 조용히 살고 싶을 뿐이다. 그러나 주위 분위기가 편이 쉴 형편이 아니다. 누구의 도움이라도 받아야 할 나이이다. 그러나 손수 해결하지 않으면 안 된다.

아내는 늘 몸이 불편하다 하니 기대는 안 하지만 하는 일도 부담이 가며 오히려 불편하다. 하기 싫은 일을 억지로 하면 하는 사람이나 그것을 보는 사람 다 고통스럽다. 차라리 내가 직접 하자. 그러나 실지로 하려면 수월치 않을 뿐 아니라 남들 이목도 있고 가족들의 눈치도 보아야 하니, 나나 상대의 마음에 맞게 처신하기가 참으로 어렵고 불편한 점이 한두 가지가 아니다.

葛藤
갈등 — 얽히고설킨다는 뜻이다. 사람은 서로가 가는 길이 같아야 한다. 목표가 같다 해도 가는 길과 방법이 다르다보면 적지 않은 갈등과 마찰이 발생함은 당연하다. 나와 가정을 지키기 위하여 서로 방법을 달리하나 최종 목표를 위해 남의 의견도 존중하고 따라야 함이 당연하다.

理解尊重
이해존중 — 가족을 이해하고 의견을 존중함은 가족도 위함이고 자신을 위함이다. 바로 이것이 남과 가족의 차이이다. 가장은 그 집의 최고 어른이다. 어른의 지시는 잘못이 있다 생각이 들어도 면전에서 반박하면 안 된다. 가장의 잘못 판단으로 손실을 볼 수도 있다.

다만 가장은 자신보다 가족의 안위를 먼저 생각한다는 점을 잠시도 잊으면 안 되며, 의견은 절대 존중돼야 한다.

老馬之智
노마지지 — 젊은 사람들이 아무리 잘난 체해도 그 지혜가 늙은이만 못할 때가 있다는 말이다. 아무리 하찮은 인간이라도 자기 나름대로의 장점과 특징을 지니고 있다. 가장家長은 경험도 있고 가족을 사랑한다.

한비자韓非子에 나오는 말로 경험이 많고 숙달된 지혜이다.

한비는 중국 전국시대 한나라의 공자이다. 현명한 군주가 신하를 다스리는 수단은 두 가지인데 하나는 형刑으로 과오를 범한 자는 처형하고, 다른 하나는 덕德으로 법치주의를 주창하고 있다. 한비를 처음에는 한자韓子라 불렀는데 당唐의 한류韓愈도 한자韓子라 불렀기 때문에 혼돈을 피하기 위해 한비자韓非子라 하였다.

家長
가장 — 은 항상 부지런하고 자애로써 가족을 보살펴야 한다. 그러면 가족들도 가장을 본받아 참신한 삶을 살 것이다. 이런 말을 하는 나는 부지런하고 참신한가. 혼자만이 부지런하고 참신하다 함은 자신을 속이는 기만이다. 내 자신보다 가족에게 인정을 받아야 한다. 혼자서 아무리 독불장군처럼 아는 척해도 가족이 인정치 않으면 다 소용이 없다. 그러니 가족을 위하여 무엇을 할까, 그것이 숙제이다.

태백太白 고원도시

태백시, 이곳은 해발 750의 고원도시이다. 시청이 자리 잡고 있는 위치의 고도를 말한다. 그래서 여름은 시원하고 겨울은 유난히 춥고 눈이 많이 오는 곳이다. 아들이 사용하던 아파트가 비어 있어 한 달쯤 머물며 좋은 공기 마시며 눈꽃도 보고 등산도 하면 고질병인 기관지병에도 도움이 될까 하여 큰마음 먹고 찾았는데, 올해 들어 자주 오던 눈도 오지 않고 강추위로 매일 영하15도를 오르내리니 등산도 하기도 어렵고 오히려 감기 걸리기 십상이다. 서해 남부 해안지방은 매일 폭설로 수천억의 재산 피해가 발생하는데 일부러 눈을 찾아온 곳이 눈은 없고 무서운 강추위와 메마른 공기로 바깥출입도 어려우며 눈꽃축제를 한다고들 분주한데 눈이 없어 걱정이다. 오늘은 눈은 없지만 등산이나 하자. 태백정상은 그래도 파란 주목 나무에 눈꽃이 피었겠지 기대하며 등정길에 올랐다. 앙상한 가지에 세찬 바람소리, 오르고 올라도 끝은 없고 찬바람에 숨쉬기조차 어렵다. 산에 오른 지 사십여 분 검푸른 거목이 앞을 가로막는다.

朱木
주목 — 이것이 살아서 천년, 죽어서 천년이라는 천연기

념물天然記念物이다. 팔구분 능선 오르는 길목마다 각자의 자태를 뽐내며 매서운 칼바람 속에서도 독야청청獨也靑靑 서 있는 나무 꼴이 참으로 보기 좋다. 소복하게 하얀 눈 쌓인 위로 당당히 서 있는 너를 보지 못해 서운하다. 다음 눈 내리면 다시 올라 너를 보러 오려하니 그때는 하얀 눈꽃 함박 피어 반겨다오.

太白頂上 태백정상 — 주목을 뒤로하고 오르다보니 정상이다. 이곳이 단군신화에 나오는 '태백산하'라는 곳인가.

참신대에 묵념하고 하산 길을 서둘렀다. 날씨가 건조하고 바람이 너무 세차게 부니 몸도 지탱키 어려우며 입도 얼고 눈도 제대로 뜰 수 없으니 하산 길도 쉽지가 않다.

쉬지도 않고 한 시간 이상 걸어 도착한 곳이 석탄박물관이다. 며칠 후면 이곳에서 눈꽃축제를 연다고 준비가 한창이다. 볼거리도 있을 법한데 너무 춥고 지쳐서 아무 생각도 없다. 다만 따뜻한 난로가 있는 곳에서 커피라도 한 잔 하면 좋으련만 사방을 둘러봐도 맘에 드는 곳이 없다. 어찌한담? 오른 길과 내려온 길이 다르니 차가 있는 곳으로 가려면 택시를 타야 하는데 택시도 없다.

잠시 망설이다 옆을 보니 포장마차같이 꾸민 곳에서 고기도 굽고 술도 파느라 난리법석이다. 아! 저곳이다.

망설임도 생각할 겨를도 없이 그곳으로 들어섰다. 시뻘건 연탄불 위에서 돼지고기가 구어지고 있고 민속주 병들이 즐비하게 놓여있다. 값도 알아볼 필요도 없다.

"고기하고 술 주세요." 시커멓게 그을린 삼겹살, 그 맛은 내가 지금까지 먹어본 그 어느 음식보다 맛있었다. 시장이 반찬이라

하지만 추위와 피로에 지치고 허기진 사람에겐 저 감로주가 생명수다.

民俗酒 민속주 — 강원도 토속주인 강냉이 막걸리이다. 연탄불에 구운 돼지고기에 한 잔의 막걸리. 그것도 추위와 허기에 지친 타향의 나그네에겐 더 이상의 풍요와 성찬이 있을 수 없다. 그래서 마구 먹고 마셨다.

금강산도 식후경이라 했다. 등산도 잘하고 배부르게 고기도 먹고 그리고 민속주로 기분 좋을 정도로 거나하게 취했다.

人無遠慮必有近憂 인무원여필유근우 — 라는 말대로 사람이 앞을 생각하지 않고 일을 처리하면 금방 근심할 일이 생긴다. 주위에 아는 사람도 아무도 없고, 어디로 어떻게 차 있는 곳으로 가야 하며, 음주운전은 더욱 안 될 일이니 어찌한담. 시내 같으면 대리운전도 있고 택시를 타면 될 일이나 시외니 막막하다.

우선 택시를 타자. 택시기사에게 부탁하자. 그리고 사정사정하여 택시기사에게 대리운전을 부탁하여 무사히 숙소로 왔지만 생각지도 않은 경비가 지출되어 조금 아깝게 생각되었지만 현명한 판단이라 여겨진다. 오늘 일은 오늘로 끝을 내자. 오늘의 실수는 피치 못할 일이었으니 후회하지 말고 다음에는 같은 실수를 하지 않으면 된다. 나 좋은 대로 생각하니 마음은 편하다.

樂山樂水
요산요수 — 산이 좋아 산을 찾고 물이 좋아 물가를 찾는다. 산수를 즐기고 싶은 사람이 어디 나 뿐이랴. 사람은 즐기고 싶고 하고 싶은 일을 다 하고 살 수 없다.

다만 경제적 시간적 여유도 없지만 있는 자도 주위의 환경과 이목이 두려워 자기관리를 하여야 하므로 꺼린다.

智者樂水 仁者樂山
지자요수 인자요산 — 이 말을 '요산요수'로 줄여 쓴다. 지혜 있는 자는 통달하여 물과 같이 막힘이 없음으로 물을 좋아하고, 어진 자는 의리에 밝고 산과 같이 중후하고 변하지 않으므로 산을 좋아한다.

나도 40여 년 직장생활로 변변한 관광 한 번 못하고 살았다. 직장을 따라 다니느라 전국 웬만한 곳은 다 다녔다.

그러나 그것은 관광이 아닌 근무의 연장이며 생활이다. 노동은 운동이 아닌 것과 같은 이치이다. 마음에 부담이 없이 즐김이 운동이며, 관광이며, 휴식이라고 하면 억측이라 할지 몰라도, 분명한 것은 힘든 노동 후 한두 시간 즐기는 운동이야말로 피로를 풀어주고 정신을 맑게 하는 건강한 삶의 원천이다.

이제 직장도 없고 할 일도 없다. 친구들과 만나 술자리도 갖고 담소도 나누었다. 그러나 서로의 살아온 길이 다르고 취미도 같지 않아 자주 어울림도 서로가 부담이 간다. 아무리 친한 친구도 서로의 입장과 그들의 환경 때문에 만나고 싶어도 만날 수 없을 때가 있고 아무도 없이 혼자만이 있고 싶을 때가 있다. 내가 바로 지금 그런 심정이라 이곳 산골로 왔다.

過勞過慾
과로과욕 — 무리한 등산으로 심한 몸살로 3일을 꼼짝 못하고 방안 신세를 졌다. 등산도 무리하면 건강을 해친다. 과로해선 안 된다. 다 때가 있다.

어제가 옛날이라는 말이 있다. 평소와 별로 무리하지 않은 것 같은데, 다만 심한 강추위 때문이라 여겨진다.

그래도 기다렸다. 눈만 내리면 다시 태백산에 오르리라.

文化院
문화원 — 저녁식사 후 산책코스이다. 매일 한 번씩 돌던 산책도 몸살로 못했다. 오늘은 몸도 찌뿌듯하고 답답하여 산책을 나섰다. 매일 한산하던 문화원 광장에 불이 환히 밝혀 있고 많은 사람들이 몰려 있다. 무슨 행사가 있나 하고 가까이 가니 태백 눈꽃축제 행사의 일환으로 영화 상영을 한다고 한다. 영화관에 가본 지가 얼만 만인지도 기억이 없다. 이것도 다 내게 주어진 기회이니 지나치지 말자. 인파에 휩쓸려 컨베이언 홀로 갔다.

객석을 꽉 매운 관객은 손자뻘 되는 아이들이고 이들을 동반한 젊은 부모들이다. 사방을 둘러봐도 나이든 사람들은 없다. 좀처럼 쑥스럽고 부자연스럽다. 그냥 온 것이니 모르는 척하고 시간이나 보내자. 몇 년 만에 대하는 영화관인데 나도 동심으로 돌아가 보자. 오늘 이러한 기회가 없었다면 감히 영화관을 찾을 용기가 있었겠나.

잠시 후 안내방송이 있은 후 조명이 꺼졌다. 지난날에 노래가사가 생각난다. "…sad movie all ways make me …!"

'웰컴투 동막골'이라는 영화이다. 대형화면에 펼쳐지는 산골마을 순박한 시골에 때 묻지 않은 순수한 인간미. 이에 순화되어 적과 적 사이가 하나로 합쳐지는 순수한 인간본연으로 돌아갈 수 있는 희극戱劇으로 풍자한 영화이다.

내가 영화를 본 기억으로는 여의도 63빌딩 개관식 때 본 입체영화로 기억하니 20년은 지난 것 같다.

잠시나마 동심의 세계를 느낄 수 있어서 좋았으며 지금 느끼는 이 분위기를 오래 간직하고 싶을 뿐이다.

疾風知勁草
질풍지경초 — 바람이 세게 불고 지나간 다음에야 강한 풀을 알아본다는 말로 위급하거나 곤경을 겪어봐야 비로소 좋고 그름을 안다.

아들이 사는 아파트지만 산도 설고 물도 선 고장에서 감기 몸살에 보살펴 줄 사람 없이 지내기가 힘들고 어려운 일이다. 아내의 아픔도 자녀들의 푸념도 이 외로움보다는 행복이라 여겨진다. 마음고생이 줄어들면 육체적 정신적 고생이 찾아오는 법, 그러려니 하고 살자.

知足知富
지족지부 — 족한 것을 알고 현재의 만족을 알면 지금의 처지가 몸은 고단해도 행복한 부자임에 틀림없다는 것을 지나고 보면 다 알게 되리라.

밤바람이 매섭게 분다. 그러나 느낌은 시원하고 머리가 맑아진다. 사람의 고뇌와 번뇌라는 것도 다 마음에서 오는 것이라 깨달으니 '오늘은 단꿈을 꿀 수 있겠지?'하고 잠자리에 들었다.

白雪
백설 — 모처럼 잘 잤다. 유난히도 창 밖은 고요하다. 그렇게도 요란하게 흔들어 대는 바람소리는 어디로 간 것인가. 커튼을 밀고 창 밖을 보니 온 천지가 백설이다. 많은 적설양은 아니지만 산도 나무도 모두 눈꽃으로 단장하고 있다. 오늘은 날씨도 포근한 것 같고 바람도 멈추었으니 태백산 산정에 올라 눈꽃의 장관을 보리라.

서둘러 준비를 갖추고 태백산 국립공원으로 갔으나 입구부터 교통대란이다. 눈꽃축제를 한다고 모여든 인파로 초만원이다. 차를 댈 곳도 돌릴 곳도 없다. 며칠 전 고생한 기억이 난다. 꼭 오늘이어야 하나, 한가할 때 여유 있게 편안한 마음으로 산에 오르자. 이젠 무리하지 말자.

급할 것도 없다. 언제라도 시간을 낼 수 있는 몸이며, 산은 언제나 그 자리에 그대로 머물고 있으니 오늘을 고집할 아무런 이유도 조건도 없다. 다만 준비하느라 소란을 떤 자체가 쑥스럽다. 기왕 나온 김에 꿩 대신 닭이라고 태백산은 다음 기회로 미루고 조용한 앞산으로 산행이나 하자.

玉女峰
옥녀봉 — 꽤 높고 험한 산이다. 강원도 산들이 다들 보기보다 골이 깊고 험하다. 지리를 잘 모르고 접근하면 길을 잃게 마련이다. 오늘은 등반이 아니고 그저 산행이다. 거닐고 거닐다 싫증나면 돌아오면 된다.

계곡 입구에 들어섰다. 인적도 하나 없고 밤새 내린 적은 눈 위로 오르내린 발자취 몇 개가 전부이다.

등산로 따라 오르고 오르니 음산한 소슬바람이 가슴 가득히 스며든다. 이렇게 조용하고 한적한 곳을 두고 왜 복잡하고 시끄러운 곳을 택하려 했나. 너무 조용하고 적막하니 들리는 것은 소슬한 바람소리와 작은 산새 소리뿐이다. 다만 음산한 분위기가 너무나 적막하여 금방이라도 옆에서 산 짐승이라도 튀어나오면 어쩌나 생각이 드니 이마엔 한기가 서리고 온몸에 소름이 돋는다. 태고의 신비랄까, 고사된 아름드리나무, 썩어 쓰러진 나무, 파란 줄 대나무 위에 살며시 얹어진 눈 위로 스치고 지나가는 소리 없이 하늘거리는 바람뿐이다.

福在積善 禍在積惡
복재적선 화재적악 — 복의 근원은 선이다. 선을 쌓으면 복을 받고 악을 쌓으면 화를 면하기 어렵다. 내 평생 살아오면서 선을 쌓은 것은 없으나 악하게 남에게 피해 준 적 없으니 짐승이 나타나도 두렵지 않고, 설마 모진 산도적이 나타난들 가진 것 없고 살 만큼 산 늙은이를 무엇에 소용되어 해코지하겠는가. 그저 자연의 섭리에 맡기자. 산에 오른 지 한 시간이 지났을까. 갑자기 어두워지며 눈발이 날린다. 나는 어려서부터 눈 오는 날을 무척 좋아했다. 특히 시골 장독대에 소복이 쌓인 눈을 한 움큼 집어 입에 넣으면 너무나 시원하고 상쾌했다.

그 좋아하든 눈도 싫을 때가 있었다. 오래된 일이다. 건설회사는 출근 장소가 수시로 변한다. 그 날도 많은 눈이 왔다. 차량운행이 어려워 망설이다, 차를 운전하고 출근 할 수밖에 없어 고속도로를 조심스레 운전하고 가다가 갑자기 어두워지며 앞을 분간할 수 없을 정도로 눈이 오므로 2차선으로 서행운전을 했으나 앞에 차들이 벌써 서로 추돌한 상태였다. 갓길로 빠지려는 내 차를 뒤에서 달려오는 탱크로리 차가 내차 후래들을 치며 앞으로 돌진하여 사고 중인 앞차 여러 대를 추돌하고 뒤따르던 차들도 연속 추돌, 10여 대가 뒤엉킨 사고를 당했다. 내차는 갓길에서 트럭에 앞 범퍼가 끼고 뒤에 오던 차가 옆문을 막아 탈출할 길도 없는 급박한 상황의 교통사고를 당한 후로는 눈만 오면 운전하기가 겁이 난다.

산행을 하다보면 힘들고 위험하기도 하나 많이 생각하고 많이 느낄 수 있는 마음의 여유가 생겨 좋다.

이제 그만 오르고 하산하자 목표가 있는 것도 아니고 운동 겸 정신수양인 산행이 내 체질에 맞는다.

급하게 서둘다 보면 항상 위험이 따르고 손실이 있음을 많은 세월을 살아오면서 경험해 왔다. 급할수록 돌아가라는 우리의 속담이 아무 뜻 없이 생긴 말이 아니다. 다 음미하고 생각해보면 깊은 진리가 담겨 있는 명언이며 철학이다.

이곳이 7부 능선쯤 될까. 댓잎을 깔고 앉아 가지고 온 음료수 병을 여니 아직도 온기가 있다.

눈 내리는 적막 산간 그 속에 앉은 작은 인간, 무엇 때문에, 또 무엇을 얻으려고 고행인가 고생인가. 얻음이 무엇이며, 잃음은 무엇인가. 행인가 불행인가.

浩然之氣
호연지기 — 천지간에 가득한 크고 넓은 정기를 말함이다. 무엇에도 구애됨이 없이 떳떳하고도 유연함이 흔들림이 없는 도덕적 용기 있는 마음을 키우기 위함인가. 지금 호연지기를 기른다고 무엇이 달라지나.

다만 마음의 번뇌라도 일시적으로 잊으려는 얄팍한 심사인가. 내가 행하면서도 정의를 내리기가 어렵구나.

다 행복이다. 삶이란 괴로움 속에서도 기쁨이 있고 슬픔 속에서도 즐거움을 찾아야 한다. 삶이 기쁨만이 있다면 어찌 즐거움을 알리. 괴롭다 슬퍼하지 말며 슬프다 걱정 말자. 즐거움이 오고 있다. 괴로움이 기쁨 되고 슬픔이 행복 된다. 나는 이런 생각을 하면 나만이라도 늘 즐겁고 행복해 보려고 노력하며 산다.

나는 자존심을 버려야 할 사정에 처했다. 그것은 아주 중하고 귀한 것을 잃지 않고 살아가야 하기 때문이다.

가족을 지키기 위해 택한 결단을 어찌하리. 나도 가족이 좋다. 사랑하는 사람들의 의견도 존중하자. 이제 다투는 것은 너무 초라하다.

우리라는 단어單語

이 단어만은 계속 사용할 수가 있어야 한다. 늘 사용하는 말이지만 사람에게서 우리라는 이 말을 쓸 곳이 없어진다면 얼마나 처량하고 불쌍한 존재인가. 우리 집을 내 집으로 불러 보라. 우리손자이지 내 손자인가. 내 것은 단순한 물건에 국한된 것이다.

내 옷, 내 신발과 같은 물건은 싫어지면 버리고 다시 구하면 되지만 우리라는 것은 싫증난다고 버릴 수도 버려서도 절대 안 되는 필수 불가결한 존재이다.

우리라는 인연을 맺기까지 얼마나 많은 세월동안 공을 들이고 정성을 다했는가. 아무리 화가 나고 삶이 고달파도 우리라고 부를 수 있는 존재끼리는 절대로 말을 잘라서 해서는 안 된다. 우리라는 사이에서 받는 상처는 남들에게서 받는 어떤 상처보다 크고 깊음을 알아야 한다.

나에게 가장 가까운 우리 순으로 적으라는 답안지를 받았다면 첫 번째로 우리아내, 우리아들딸, 우리손자들, 그리고 우리 며느리, 사위, 다음이 우리 집이라 적겠다.

非禮勿動
비례물동 — 예가 아니면 행동으로 옮기지도 말라는 말이다.

하나 마나한 말을 하니 잔소리라고들 한다.

옳은 말을 듣고도 옳은지도 모르고 그냥 지나치다가 망신을 당하는 많은 사람들을 보았다. 조금만 참고 양보하였으면 피할 수 있는 사소한 일을 돌이킬 수 없는 일로 저질러 놓고 후회한들 무슨 소용이 있겠는가.

비례물동非禮勿動, 예가 아니면 행동으로 옮기지 말고, 비례물시非禮勿視, 보지도 말고, 비례물언非禮勿言, 말하지도 말고, 비례물청非禮勿聽, 듣지도 말라.

APT, 지금 머물고 있는 곳이다. 복잡한 도시 그리고 단독주택에서 살다 APT 7층에서 혼자 기거하니, 너무나 조용하고 한적하다. 밖의 날씨가 너무 차갑고 또 갈 곳도 마땅치 않아 하루일과를 거의 방에서 보낸다.

그저 TV도 보고 컴퓨터 자판기나 두드리다 싫증나면 낮잠 자는 것이 전부이다. 단지 불편함이 있다면 끼니를 해결하여야 할 식사가 제일 큰 문제이며 불편하다.

이럴 때면 아내가 생각나나 그도 늘 신병으로 고달프니 이렇게 떨어져 생활할 수밖에 없으니 다 소용없지 않나.

畵中之餠
화중지병 — 그림의 떡이라는 말이다. 그림 속에 보기 좋고 먹음직스런 떡이 무슨 소용이 있겠는가. 이렇게 떠돌아다녀도 묵묵히 집만 지켜주는 것만으로도 고맙게 여겨야지 하는 생각으로 사니 미안하고 고마울 뿐이다.

夏爐冬扇
하로동선 — 여름에 난로가 소용없고 겨울엔 부채가 필요 없다 는 말이다. 그러나 가족이나 부부는 필요할 때 서로 돕고 의지할 수 없는 난로와 부채라고 하더라도 버릴 수 없는 필요 불가결한 존재들이기 때문에 영원히 같이 하여야 한다.

會者定離
회자정리 — 불가에서 쓰는 말로 안다. 모인 자는 반드시 헤어진다고 간단히 해석하자. 뜻이 깊어서 해석하기 어려워 사용하기가 거북한 단어이다.

우리도 만났으니 언젠가는 헤어지리라. 당연한 진리이나 그런 생각은 하지 않고 살았는데, 왜 이런 생각을 하는가. 나도 이제는 늙었다는 증거일까 아니면 망령인가. 아내는 지금 무슨 생각을 하며, 나를 어떻게 생각하며, 진실이 무엇이며, 바람이 있다면 그것이 무엇인가.

다 안다, 알고 있다. 하지만 모르는 것이 너무 많은 것이 인생이며 안다 해도 알 수 없는 것이 사람 마음이다.

苦悶煩惱
고민번뇌 — 고랭지 고층 APT에서 쓸데없는 고민으로 고민과 번뇌를 하여본들 앎이 무엇이며, 깨달음이 무엇이며, 얻음이 있겠는가. 그저 고민과 번뇌로 밤잠만 설쳤다. 날밤만 세우니 건강만 해친다.

너무 방에만 있으니 답답하고 몸과 마음이 피곤하다. 갈 곳도 마땅치 않지만 차에 시동을 걸었다. 동이든 서든 좋다. 신호등 따라 가는 데까지 가보자. 산골길 따라 얼마를 갔다. 산촌 좁은 골짜기에 외로운 민가가 눈에 띈다. 더 갈 곳도 없고 차 돌릴 여유도 넉넉잖은 곳이다.

갑자기 찾아온 방문객이 의아한지 노부부가 나와서 바라본다. 너무 미안하여 차에서 내렸다. "실례합니다. 지나가다 길을 잘못 들었습니다. 잠시 쉬었다 가도 되겠습니까?" 하였다.

康衢煙月
강구연월 — 평화스런 거리의 풍경과 저녁 짙은 굴뚝의 연기가 달을 향해 피어오르는 풍경, 살기 좋은 평화로운 태평시의 산촌의 고요한 동양화 같고 그림 같은 산등성, 그런 그림 속에 내가 들어와 있다. 그리도 매섭던 찬바람도 잠잠해지고 겨울 햇볕이지만 제법 따스한 감을 주는 산촌의 고요한 오후이다.

山村老夫婦
산촌노부부 — 그들은 의아하게 생각하면서도 낯선 방문객에게 호감을 보인다.

어디서 무얼 하러 다니는 사람이냐 묻기에 직장 다니다 정년퇴임하고 이곳저곳 구경 나왔다 하니, 혼자 다님이 이상한지 왜 혼자 다니느냐고 물으니 답이 궁해진다.

늘 느끼는 것이지만 많은 시간을 주로 혼자 지내고 여행도 주로 혼자 다니다 보니 오해를 살 때가 많았다.

그들 노부부는 첫인상부터 금실이 좋은 잉꼬부부였음이 틀림이 없다. 얼굴에 잔주름이 가득하나 피부에는 건강미가 넘치고 꾸밈이란 찾아볼 수 없다.

인사를 마치고 이것저것 묻고 답하다보니 금방 친근감이 든다. 진심은 서로 알아보는 것이다. 그들도 아들딸들을 다들 훌륭하게 키워 지금은 서울서 직장생활 하며, 아들 하나는 캐나다에 가서 산다고 하며 자식 자랑에 바쁘다.

이것이 우리 농촌의 현실이다. 젊은이들은 생활의 터전을 찾아 도회로 떠나고 농촌을 지키며 외로이 살아가지만 그나마 자식들 자랑으로 기쁨을 삼으며 살아간다.

주고받는 말이 길다보니 시간 가는 줄 몰랐다. 갈 곳도 기다리는 사람도 없는 나그네에겐 이럴 때는 한 잔의 소주가 꼭 필요하다.

"아저씨, 약주 드세요" 하니 웃으면서 "나보다 저 사람이 더 잘 한다"며 쑥스럽게 웃으면서 "그런데 술이 떨어져 어쩌지?" 하며 부인의 눈치를 본다.

"아 그러세요. 그러면 잠깐만 기다리세요. 저도 할 일도 없고 하니 제가 가서 술을 사가지고 오지요"라고 차를 돌려 나오니 기대를 함인지 환하게 웃는다.

酒池肉林 주지육림 — 술로 연못을 이루고 고기로 숲을 이룬다는 뜻으로 호화스러운 생활과 계속 되는 진수성찬의 술잔치를 말한다. 주지육림은 아니지만 이따금, 아주 이따금, 삼겹살에 소주 한 잔 하며 피로도 풀고 열심히 건전하게 살면 그것도 행복한 삶이리라.

큰길로 나와 얼마를 가니 작은 마을이 나온다. 가게에서 페트병에 든 소주 서너 병과 조그만 푸줏간에서 돼지고기도 사 가지고 왔던 길을 되짚어 급히 찾아갔다.

별 실없는 사람 다 보았다고 반신반의하고 있다가 정말로 나타난 나를 보고 의아하고 신기하다는 눈으로 나를 반긴다. 고기를 구울 세도 없이 우선 김치 안주로 몇 잔 씩 마셨다. 그분도 술을 무척 즐긴다.

산촌 오두막에 인적이라고는 노부부와 나 그리고 그 집에서 기르는 누렁이뿐이다. 산 설고 물도 선 곳, 처음 보는 사람들과 이렇게 가까운 사이가 될 수 있는 것은 술이라는 조화로운 매개체가 있기 때문일까.

모처럼 마음 편히 마시고 인생 이야기 하니 처음은 피차 자식 자랑이, 다음은 자식들도 다 필요 없고 외로운 존재들이라, 지난 세월을 원망하는 한풀이장으로 변했다.

술도 취하고 음주로 운전도 할 수 없다. 해는 진 지 벌써 오래이다. 겨울 날씨답지 같지 않게 포근하던 날씨가 밤이 되니 바람도 세차게 불고 날씨도 차다.

아직도 산골 인심은 다정한 이웃같이 포근하고 따스하다. 아들 손자들이 오면 기거한다는 방으로 안내한다. 잘 정돈되고 깔끔한 방이다. 남의 집에서 잠을 자는 성격이 아닌데 이곳은 분위기가 조용해서인가 술도 취하고, 외로워서일까 아니면 성격이 변해서일까. 노부부의 고맙고 착한 인정일까. 모처럼 산촌에서 깊은 수면으로 빠졌다. 사랑과 인정은 억지로 만들어지는 것이 아니다. 피한다고 피할 수 없으며 찾는다고 찾아지는 것이 아니다. 그저 자연스럽게 샘이 솟듯 생겨나는 것이다.

지금 나는 단돈 만 원으로 값진 인생을 체험하고 있다. 객지에서 점심 한 끼를 해결하려고 해도 만 원은 족히 든다. 술과 고기를 합쳐서 이만 원도 안 되는 돈으로 장시간 취하고 행복한 시간과 마음의 안정을 취할 수 있었으니. 돈이란 값있게 사용하기가 쉽고도 어려운 것이다. 단돈 만 원의 행복, 쓰기에 따라 느낌과 가치가 다름을 알았다. 나도 즐겁고 상대에게도 진실로 즐거움과 도움을 줄 수 있는 곳에만 써야겠다고 결심했다.

囊中取物 낭중취물 — 없는 것을 사방에서 구하려 하지 말고 주머니 속에 있는 것을 꺼내 씀과 같이 쉽고 편리함을 말한다. 참으로 좋은 세상이다. 어디 어느 곳에서나 얻고자 하면 얻을 수 있고 구할 수 있는 편리한 세상이다. 그러나 이 편리한 세상도 자기의 분수를 판단하고 행동하여야 한다. 자기 주머니 사정을 고려치 않고 남에게 뒤질세라 행동하고 허세를 부리다간 크나큰 망신을 당한다.

신용信用이 생명이라는 말을 자주들 한다. 특히 현대인은 신용을 잃으면 제기하기가 어렵다. 무분별하게 신용카드를 사용하다 보면 자신도 모르는 사이에 신용불량자로 낙인이 찍힌다.

신용카드, 편리한 제도이다. 그러나 무분별하게 사용하다보면 신용불량자로 전락하기 십상이다. 한때는 월부 판매가 유행한 적이 있다. 지금은 분할 상환이라 한다. 한마디로 말해 외상거래를 말한다.

옛 말에 외상이면 소도 잡아먹는다고들 했다. 우선은 급하니 발등에 불부터 끄고 보자고 현명한 판단이라 생각할 수 있으나 잘못하다가는 들돼지 잡으려다 집돼지마저 잃는다는 속담처럼 되기 쉽다. 나는 평소 월부니 외상거래는 거의 하지 않고 살았고 가족들도 외상 거래함을 원치 않았으니 때로는 마찰도 많은 것으로 안다. 현대인은 나 혼자만의 힘으로는 성공도 부도 이루기 어렵다는 것을 알고 있다. 그러나 남을 이용하려면 내 양심을 속이고 상대의 약점을 이용하거나, 억지로라도 그의 비위를 맞추며 나를 속여야하지만, 그런 용기가 나에게는 없으니 하나 주고 하나 받음이 나의 생활 철학이다.

他尚何說
타상하설 — 한 가지를 알면 다른 일도 알 수 있다. 너무 세밀하고 빈틈이 없으면 상대편이 불편해하며 자신도 피곤하다. 내가 언제부터 이런 옹고집으로 변했는지 나도 모른다. 내 성격상 그렇지 않은 것이 나이련만 성격과 너무나 차이가 나니 내가 나를 모를 일이다. 아무래도 좋다. 가진 것은 족하지 않아도 마음에 숨긴 것이 없으니 불안하다든가, 부담 가질 일이 없으니 마음만으로는 늘 자유롭고 부자임에 틀림없다.

自由人
자유인 — 사람은 누구나 남들로부터 간섭받기를 싫어한다. 남편이 아내에게 하는 싫은 말을 잔소리라 하고 아내가 남편에게 말을 많이 하면 바가지를 긁는다고 하여 싫어한다. 심지어는 부모의 보살핌도 거부하며 사랑으로 대함도 잔소리로 들으며 못마땅하게 여겨 거부 반응을 일으키기 마련이다. 스스로 자유를 갈망하면서도 남에게는 관심과 보살핌을 받으려 한다. 자유란 내가 하고 싶은 대로 하는 것만이 자유가 아니다. 자유를 누리려면 그만한 대가를 지불해야 한다. 자기가 할 책임과 의무를 다하지 않고는 자유를 누릴 자격이 없을 뿐 아니라 자유를 누리려 해도 몸은 자유로울지 모르나 마음이 불안하니 자유가 아닌 불안한 삶이다. 책임과 의무를 다하고 맞이하는 여유 그것이 진정한 자유이며 자유인으로 살아갈 수 있는 길이다. 그럼 지금의 나는 아무도 간섭하지도 잔소리 할 사람도 옆에 없으니 자유인이라 말인가. 자유인인데 왜 불안하고 불편하며 가슴이 답답한가.

自然人 자연인 — 억지로 자연인이 되었다고 다 자유롭지 않음을 안다. 내 스스로 자연인이 되려고 해서 자연인이 된 것이 아니니 자유를 누릴 수 없음이다. 불안한 자연인, 이런 단어도 있을까. 없다. 없어도 나를 위해 내가 만들어 나만이 사용하는 단어이다. 지금의 내 심정을 더 이상 무슨 말로써 표현할 단어가 없으니 이것도 내 마음이고 내 자유이다.

이렇게 억측이 심한 나는 내 할 일 다 했다고 정말로 주위 사람들이나 가족들에게 정당한 평가를 받을 수 없음을 알지만 방법이 없어 억지로 자연인이 될 수밖에 없지 않는가.

다툼보다 피함이 좋다. 대개 사람은 그 하나만 알고 그 밖의 두 개는 알지 못한다. 이렇듯 모든 일은 용기만으로는 되지 않는다. 용기도 신중한 검토와 대책을 강구한 후에 행함이 앞서야 하지 않나?

平地風波 평지풍파 — 고요한 땅에 바람과 물결을 일으켜 뜻하지 않은 분쟁을 일으켜 사태를 더욱 어렵게 만들어 가고 있지 않나. 지금 이 심정을 우리 장남에게는 알리고 싶은데 방법이….

나도 안다. 피한다고 될 일도 아님을. 또한 피하지 않고 맞섰으면 어떠했을까. 상상만 해도 끔직한 생각이 드니 심히 가슴 아프다. 주어진 숙명이라 생각하고 누구도 원망할 수도 후회해도 다 부질없는 일 같다. 다만 바람이 있다면 지금 이대로 더 진행하지 말고 멈추었으면 하는 바람뿐이다. 간사한 인간은 감정을 자제할 수 없는 동물이라, 앞일을 알 수가 없어 늘 불안하고 마음 아프다. 다만 하늘을 두고 약속하마. 나는 나 살기 위해 가족을 배신하고 곤경에 처하게 하지 않으려 노력한다. 다만 나의 아들 손자에게 심적 고통이 있었다는 점 가슴 아프다.

내 심정 이해하고 위로해 달라 하지 않겠다. 모든 것이 다 자업자득이라 생각하나 헛살아온 내 과거가 처량하여 허탈할 뿐이다. 후회할 일도, 그렇다고 해결책도 찾지 못했으니 돌아갈 곳도, 머물 곳도, 만사가 오리무중이구나. 내가 너희들에게 방향을 제시하지도 못하고 이해하라, 잘하라고 말은 못하겠다. 다만 너희들보다 많이 산 경험으로는 모든 것이 남가일몽南柯一夢 잠시 왔다가 지나가 버리는 것이다. 고통도 잠시고 기쁨이 온다 해도 잠시이다. 고통과 기쁨이 서로 교차하는 것이니 항상 마음을 편안히 가지고 스스로 몸과 마음을 다스림이 최선이다. 일몰도원日沒道遠이라고 해는 지는데 아직 갈 길은 멀고 할 일이 많이 남았는데 할 수 없음이 안타깝다. 아무리 어려워도 아이들에게는 최선을 다하리라. 그것이 부모의 도리이다. 아무리 모진 부모도 자식에게는 정성을 다한다. 내 생각이 부족하여 평지풍파를 일으켰으니, 내가 해결해야 마땅하나 해결책을 찾지 못해 안타까울 뿐이다.

敗軍之將不語兵
패군지장불어병 — 싸움에서 패한 장수가 어찌 병법을 말할 수 있겠는가. 가정을 화목하게 이끌지 못한 내가 지금의 처지를 무슨 명목으로라도 변명할 수 없다는 것을 잘 안다. 다만 이대로라도 이 시점에서 더 이상 진행을 멈추지 않으면 끝이라는 것을 알기 때문에 더 이상 대화나 타협은 기대할 수도 없다.

지금 벼랑 끝, 나는 지금 벼랑 끝에 서 있는 것인가?

내 가족은 누구라도 나로 인해 불행해선 안 된다.

'나는 너희들 때문에 불행치 아니하다'라고 그렇게 생각하며 산다. 그렇게 살면 그것이 다 행복이다.

'나는 너희들 때문에 불행하다'라고 그렇게 생각하며 살면 우리 모두 불편하고 모두 다 불행하다.

나 지금 벼랑 끝에서 너희들 손만을 잡고 있다. 너희들은 잡은 내 손 놀까 말까 망설이고 망설인다. 나도 너희들 손을 놓을까 말까 망설이고 있지는 않나.

그러나 나는 너희들의 손을 놓치지 않으려고 안간힘을 쓴다. 선택은 너희들의 자유이다. 그러니 너희들이 택할 일이다. 책임도 너희들의 것, 선택도 너희들의 자유이다.

우리 서로 잡은 손을 놓고 싶어도 놓지 않겠다고 약속하자.

고질병痼疾病과 고집固執

좋지 않은 단어이다. 질병의 고통은 물론 삶의 모든 것을 힘들게 하며 심하면 모든 것을 앗아간다. 인간은 행복의 기준을 무엇으로 정하는가. 부도 명예도 아니다. 건강을 잃으면 생의 전부를 잃기 때문이다. 사람은 태어날 때부터 건강하게 태어나기도 하고 때로는 허약하며 불구로 태어나기도 한다. 그러나 살아가면서 자의든 타의든 관리 여하에 따라 건강한 삶인가 불행한 삶인가가 결정될 수 있다. 그러나 가정에 우환이 끊이지 않으면 피차가 짜증스럽고 힘들어한다. 그것을 알면서 나만을 위하여 모른 체 하며 아무 말 없이 멀리 떠나려 하는 나는 정당한가.

緘口無言
함구무언 — 이럴 때 쓰는 말인가. 입을 다물고 아무 말도 할 수 없는 처지인 사람. 지금의 내 처지이다. 이해도, 해명도, 용서도, 그리고 협조란 더 이상 기대하지 않는다. 편안하게 사는 것이 무엇인가. 더 이상 어떻게 하여야 편안하고 잘 사는 것인가. 나도 하고픈 말이 많아도 못하고 살뿐이다. 내가 싫어하는 말들, 그 말을 이제는 마지막으로 다시 듣지 않았으면 하지만 다시 들을 수밖에 없는 것이 인생인데, 갈 곳도 없고 가진 것도 없이 여행자가 되려 한다. 변명도 해명도 필요가 없이 일시의 잘못된 생각이 아니고, 하고 싶은 대로 행동하는 나 하나의 자존심을 지키려고 있지도 않은 일을 혼자의 추측과 상상으로 귀찮아서 피하는 것은 더더욱 아니라. 나는 지금 죽음에 이르는 병을 앓고 있다. 마음의 병은 참으로 고치기 쉽고도 어려운 무서운 병이다. 스스로 고치지 못하면 죽음에 이르게 할 수 있기 때문이다.

오늘도 할 일이 없음이 아니라 할 수가 없다. 마음이 정리되어야 하나 평탄치 않다. 친구가 찾아왔다. 자주 만나는 친구인데 내가 불편하고 오래 떠나 있어 4개월을 못 보아 궁금하다며 왔으나, 혼자 썰렁한 모습을 보고는, 나의 아픔을 아는지라 나가서 바람도 쏘이고 소주도 한 잔 하자며 손을 잡아끈다. 고맙다. 술 마실 기분은 아니지만, 그의 집 근처에서 소주 몇 잔을 했다. 빈속이라 마구 취한다. 나도 모르게 서럽다. 아무 하고라도 끌어안고 울고 싶다고나 할까. 이렇게 허탈한 것은 처음이다.

내일은 우리 막내손자 초등학교 졸업식이다. 참석하여야 하는데, 그놈들 좀 보았으면 좋겠다. 늘 아쉽고 아쉽다. 이럴 때는 가족이 꼭 필요하다. 그러나 병원이라는 곳에 서 사경을 헤매는지 고달픔에 나만을 원망하고 있지 않은지 참담할 뿐이다.

가까이 사위가 살고 있으니 만나보자. 늘 처가 때문에 힘겨우니 위로라도 하고 싶어 만나보련다. 그는 착하다. 그러나 전후사정 모르고 장모가 병원에 입원했고 병원에 오지도 않는 장인을, 더군다나 술 취한 나를 이해하기 어려우리라 나는 안다. 그러니 그와의 대화도 말을 안 해도 뻔한 일이다. 만남이 잘못이다. 피치 못할 상처만 입었다. 이해하려고 하나 피차 오랜 시간이 걸릴 것이다.

조그마한 일 같아도 사소한 오해로 얼마나 큰 상처를 줄지는 아무도 모른다. 다만 나를 이해하여 달라 호소하며 살기가 싫을 뿐이다. 그저 세월이 흐르면 자연히 알리라. 그러니 꼭 해명을 들으려 하는 사람하고 늘 오해가 있기 마련이다. 말을 하여야만 아나, 스스로 판단하겠지 하는 내 생각이 모자람인가. 나도 나를 모르는데 구차하게 설명한들 무슨 소용 있나. 이것이 다 나의 업業이라 생각하고 그저 받아들일 수밖에 없지 않는가.

도道, 길이다 바른길

깨달음이다. 나 자신을 위하여 생각하자. 흥분하지 말고 천천히 생각하자. 한 가지 고통을 버리려 하니 열 가지 외로움이 찾아드는구나. 그러나 길이 있을 것이다. 정도를 걷는다면….

오늘, 오늘이 무슨 날인가. 어제 다음날이 오늘이다.

어린 아이도 안다. 그러나 사연은 각각이다. 오늘은 어저께 죽은 사람이 그렇게 살기를 갈망하던 날이다. 그러니 얼마나 기분 좋고 보람 있는 날인가. 오늘이라는 날에 살고 있는 우리는 축복받은 사람이다. 나도 오늘을 살고 있어 축복 받은 사람이다.

모든 사람이 오늘의 삶을 다들 고맙게 생각하면 근심 없고 걱정도 없는 지상낙원으로 변할 텐데, 간사한 욕심으로 얼룩진 인간들이라 행복도 불행이라 여기고 산다. 나도 간사하고 불행하다 못해 불쌍한 사람이긴 마찬가지이다. 오늘의 고마움을 모르고 관광이니 나들이니 하며 핑계 삼아 집을 떠나 할 일 없이 이곳저곳을 방황하니 고통과 불행 그리고 원망만이 커간다.

그저 답답하고 지루하고 초조함이 내 주위를 맴돌 뿐이다. 나는 아내도, 자식도, 손자도, 그리고 가까운 친척도 많은 친구들도 있다. 다들 내가 사랑하고 좋아한다. 다만 아내의 병마와 그로 인한 잦은 다툼으로 아들딸과 멀어지고 손자들 보기도 쑥스러워지니 자연 친구들과도 만나기 싫어져 자주 보지 못했다. 그리고 모든 일에 의욕을 상실하니 몸마저 해치고 마는 것이다.

아내는 남남으로 만나 오해든 이해부족이든 성격 탓이든 서로 싫어지면 멀어진다고 치자. 그러나 그와 나로 인해 파생된 버리지 못할 아니 버릴 수 없는 인연들을 어떻게 하란 말인가. 울며 겨자 먹기라는 말과 같이 참는다고 될 일이면 얼마나 좋을까.

오늘도 또 참고 이해하고 용서를 빌자. 그러면 되리라. 날밤을 세워가며 얻은 최상의 결론도 전화 한 통화서부터 충돌이 생기니, 만나서 대화하기란 기대할 수 없음은 불을 보듯 뻔한 일이다. 중요하고 소중한 오늘이지만 내게 무슨 소용이란 말인가.

井中之蛙 不之大海
정중지와 부지대해 — 물 안 개구리에게 바다를 이야기한들 알지 못함이니, 이 얼마나 답답함인가. 어떻게 설명하여야 한단 말인가.

이는 미물인 개구리를 인간에 비유함을 말함이다. 인간은 지혜를 가지고 태어났다. 모르면 알려 하고 노력하고, 의심나면 생각하여 판단하여야 한다.

누구나 처음에는 다 우물 안 개구리이다. 알고 배우려고 노력한다고 다 대해大海를 알 수 없다. 같은 시간에 같은 것을 보고 배웠는데, 이해력과 판단력의 차이로 서로 다른 생각을 가지고 있을 수 있기 때문이다.

식견이 좁은 사람에게는 도를 말해도 알아듣지를 못하거늘 도를 모르고 식견도 좁은 사람이 상대를 우물 안 개구리로 착각하여 가르치려고 함은 더욱 어리석음이다.

대해大海, 큰 바다. 나는 바다를 좋아한다. 망망대해를 대하면 응어리진 가슴이 시원하다 못해 시림을 느낀다.

나는 유년기를 산촌 좁은 개울가에서 자라 울창한 숲과 바윗돌 틈 사이로 흐르는 맑은 물을 좋아하면서도, 바다를 동경하면서 살았다. 그래서 지금도 시간만 있으면 산촌 아니면 바다를 찾는다.

마음이 평온할 때는 산촌을 찾는다. 지난 일들을 뒤돌아보며 옛일을 생각한다. 혼자 얼마나 서러웠을까, 혼자서 얼마나 외로웠을까. 이런 생각 저런 생각 하다보면 하루해가 간다. 그러다 보면 한줄기 소슬바람이 분다. 바람은 멈춤이 없다. 나의 고뇌도 걱정도 남김없이 흔적도 없이 다가지고 가버린다. 그래서 산간 계곡이 좋다. 항상 이곳 산골에 오면 미소도 짓고 새롭게 각오도 생기고 마음이 평화로워진다.

반면 마음이 무겁고 머리가 복잡할 때는 바다가 좋다. 산촌 좁은 개울에서 나와 큰 바다를 바라다보면 응어리진 가슴이 펑 뚫린다. 그러니 자연히 보잘것없는 내 자신을 돌아보게 된다. 참으로 한심한 인간과 인간들이다.

滄海一粟
창해일속 — 인간이란 저 넓은 바다에 비하면 그 적음이 저 바다에 뜬 좁쌀알에 비함이니 수긍이 간다.

바다는 너무나 웅장하고 끝이 없어 적막하다. 그리고 외롭다. 그래서 오래 머물 수 없다. 다정하고 포근함이 없어 2~3일로 족하다. 아내는 나보고 싫증을 잘 낸다고 한다.

識字憂患
식자우환 — 글자를 아는 것이 오히려 근심을 사게 된다. 사실이다. 덤벙덤벙 이곳저곳에서 얻은 서투른 지식 때문에 실수할 때가 많다. 머리만 앞서다보면 다리가 따라주지 않아 곳방아 찧기 십상이다.

'아는 길도 물어서 가라' 하는 우리 속담이 나에게 필요한 말 같다. 알면서도 행하지 못하고 지나치다 시간낭비를 떠나서 지루하고 짜증이 난다. 남이 하는 일과 말과 행동이 같이 보조를 맞추어 가면 될 일인데, 내 머리는 저만치 앞서다보니 일과 대화에 흥미를 잃게 마련이다.

왜 쉬운 일을 저렇게 어렵게들 하는가. 참으로 답답하다. 나만이 아니다. 상대도 마찬가지이다. 서로 많이 알고 많이 배웠다고, 다들 상대나 자신을 이해하지 못한다.

對話 信賴
대화 신뢰 — 서로가 사랑과 믿음만 있다면 배움의 많고 적음에 관계가 없다. 상대를 믿으니 그의 모든 말과 행동이 거짓이 아니며 진실로 사랑한다는 마음이 앞서니, 모름도 실수도 다 사랑스럽고 귀여우니 자연히 대화는 즐겁고 지루하지 않고 오히려 행복하다.

그러면 믿음과 사랑은 무엇인가. 기독교에서 사용하는 말을 빌리지 않아도 될 만큼 간단하다. 상대의 말과 행동을 파악하고 한번쯤 생각하면 그의 진실이 보인다.

그런데 일방적으로 그의 말과 행동이 끝나기도 전에 상대방의 말 사이를 끼어들며, 내 주장만 내세우다보면 대화는 중단되고 상대의 마음을 알 수도 없다. 서로 하찮은 오해가 생기고 누적되면 서로 대화도 적어지고 서로 대화에 흥미를 잃으면 믿음과 사랑이 멀어지게 마련이다. 사랑과 신뢰는 받고 싶다고 받고 주고 싶다고 주는 물건이 아니다. 다 자기가 할 따름임을 모르고들 산다.

萬事休矣
만사휴의 — 어떤 일에 직면해서 그 일에 대해 어떤 방법을 강구하지 않으면 실패함으로써 되돌릴 수 없게 되어 절망과 체념을 맛보게 된다.

지금 나에게도 만사휴의의 기로에 직면해 있다. 나는 안다. 알아도 아무 소용이 없다. 나 혼자서 해결할 일이 아니다. 상대인 아내가 그리고 자식들과의 불신과 신뢰를 어떻게 풀어야 하나. 서로 아무 잘잘못도 없이 서로 아쉬워하고 마음 아파하면서도 서로 다가가서 해결하지 않고 좁은 생각으로 아직도 오기가 남아 있는가.

螳螂在後
당랑재후 — 손해 볼 것을 생각지 아니하고 한갓 내 자존심만 생각하면 닥쳐올 손실과 불행을 어떻게 감당하려고 하는가. 이런 것을 가지고 고사성어로, 당랑거철螳螂拒轍이라 하던가. 사마귀가 팔을 벌리고 달려오는 수레를 막는다니, 사마귀라 하는 놈은 본성이 나아갈 줄만 알고 물러설 줄 모르니, 제 힘만 믿고 적을 가볍게 여기다 큰일을 당한다. 제발 분수를 좀 알자. 나만 옳다고 생각하지만 말고 나의 생각이 잘못된 것은 아닌가 한 번 되짚어 보면 물러설 구실이 생기리라.

내가 세상에 널리 알려지지 않고 평범한 인간으로 여러 사람이 기억할 리 없어도 인품 있고 능력 있고 앎이 많다 하나 그것이 끝이 아닌 반면, 능력도 없고 야비한 필부라 한들 알아볼 사람도 없는데 무슨 대수냐 여기어, 자책함도 그 자책이 스스로를 공상과 부당한 자기도취를 일으켜 자신을 파멸시킬 수 있다.

남이 알아주든 무시하든, 알든 모르든 그것에 신경 쓰다보면 나와 다른 나로 변하여 나를 잃는 것이다.

荒唐無稽 황당무계 — 말로도 행동으로도 허황하여 도저히 참을 길이 없다. 피함도 참음도 이해도, 그렇다고 대화로 풀 수는 없음인가. 최악의 상태를 피해보려고 모든 것 다 버리고 혈혈단신孑孑單身 나만을 생각하여 여행이라는 길을 택했다.

이제는 나에게 남은 것은 아무것도 없다. 쓸모없이 늙은 몸 그것이 서러울 뿐이지만 좋은 아버지, 할아버지라는 인상은 남기어 주지는 못할망정 후대에게 누가 되고 치욕스럽고 불명예를 남기지 않는 길을 택하려 방법을 강구 중이나, 뜻대로 마음먹은 대로 되지 않고 오점과 과오만이 늘어나 나 역시 안타깝고 답답하다.

寸鐵殺人, 촌철살인 — 한 치의 쇠붙이로도 사람을 죽일 수 있다는 뜻으로 간단한 말로도 남을 감동시키거나 남의 약점을 찌를 수 있음을 이르는 말이다. 사람의 세 치도 안 되는 혀끝에서 나오는 말과 가슴속에서 뿜어 나오는 알 수 없는 독소로 상대를 죽음에 이르게 할 수 있다는 것이다. '여자가 한을 품으면 오뉴월에도 서리가 내린다'는 속담이 있다. 때문에 아무리 미운 사람이라도 한이 되는 말이나 행동을 해서는 안 되련만, 특히 가족 간에는 조금이라도 서운한 소리나 행동을 보여서는 절대로 안 된다.

살인殺人. 이는 죽음을 말한다. 남으로 인해 죽음을 당하는 것만이 살인이 아니다. 지기자신의 옹졸한 생각에서 벗어나지 못하고 잘못된 옹고집 때문에 자기 스스로 죽임을 당하는 것이다. 지금 내가 그렇다. 나를 해칠 사람은 아무도 없는데 혼자서 옹졸한 생각으로 나 자신을 학대하고 있다. 병마에 시달리는 아내가 무슨 잘못인가, 아픔을 참기 어려워서 저절로 나오는 한숨소리가 그리도 못 마땅한가. 이렇게 반문하고 있는 지금의 내가 정상인인 것 같은데, 다시 아내를 대하면 아프다 못해 절규하는 아내로 인해 나도 모르게 머리가 터질 것 같은 그런 표현으로는 설명할 수 없는 좁아서 터진 옹졸한 가슴속을 어찌할까. 높은 혈압 때문인가, 인정이라는 그 정이 없어서일까. 참으로 내 자신도 모를 일이다. 그래도 나에게는 큰 방패가 있다. 어린 손자들이 있기에 어떠한 난관과 어려움이 있어도 그들이 방패막이가 되어 주었기 때문에 참을 줄도 알고 반성이라는 것도 알기에 이렇게 버틸 수가 있는 것인가.

보통 사람들의 생각으로는 사람을 죽임에 있어 흉기나 둔기 등 인위적인 물리적 힘을 가함으로 인하여 생기는 죽임만으로 생각하나 세 치도 안 되는 혀끝으로, 그리고 그의 가슴속에 품은 원망으로 사람을 힘들게 하고 그로 인해 죽음에 이르게 하면서도 자기의 모름을 잊은 채 오히려 상대 때문에 자기가 죽을 지경이라고 여긴다.

語不成說
어불성설 — 말도 안 되는 말이다. 누가 죽이려 하고 누가 죽음을 당하고 있는가? 촌철살인이란 칼로 사람을 죽이는 것이 아니다. 자기 마음속의 속된 생각을 끊어버리지 못하기 때문에 정신의 집중이 부족하고 깨달음을 이루지 못하여 속된 생각을 끊어버리지 못하고, 나를 망각하고 남에게 책임을 전가하려는 쓸 때 없는 고집과 자존심만이 존재하는 정신집중력이 부족하기 때문에 일시적으로 일어나는 충동이나 충격으로 어처구니없는 행동으로 피치 못할 수렁으로 빠져들게 하는 것이다.

지금 내가 무슨 생각을 하고 무슨 말을 하고 있나. 생각이 자유라면 행동도 자유라 생각하는가. 생각이 자유라고 착각도 자유가 아니다. 행동은 더더욱 자유일 수 없다. 내일 날이 맑게 갤 줄 알면서도 오늘을 참지 못하고 일을 그르치는 어리석음을 반복하려는가. 내일은 오늘보다 더 흐리고 짜증스럽고 고통스럽다 하여도 혹시 밝은 날이 될지도 모르리라 생각하고 살면 안 될까.

轉禍爲福
전화위복 — 세상만사란 돌발 상황이라는 변수가 있다. 기대는 않지만 혹시 올지도 모른다. 늘 그렇게 살지 않았는가. 재앙이 바뀌어 오히려 복이 된다는 그런 행운 말이다. 그러나 너무 기대하지는 말자. 그렇다고 포기함도 금물이다.

지금도 내 주변에는 나보다 불행한 삶이 많으리라. 나는 그들보다 조금은 더 부자이며 좀 더 행복한 사람이리라.

나의 전 재산, 나는 부자이다. 마음만은 참으로 부자였다. 동산이나 부동산은 없으나, 착하고 귀여운 아들딸 그리고 손자들 때문이다. 그들은 오늘 그리고 내일 또 내일을 살아가고 내가 죽음에 이른 그 후라도 변함이 없이 내일 내일을 이어가리라. 그러니 내게서 그들을 빼고 나면 필요한 것이 무엇인가.

낡은 승용차 한 대에 실린 것이라고는 낡아서 고장이 잦은 10년 넘은 노트북 컴퓨터에 입고 있는 등산복이 유일한 재산이다.

한 권의 책도, 기거할 거처도, 소식이라도 전할 아는 사람도 없다. 그래도 마음은 편하다. 지금 내주머니 속에는 이천여만 원쯤 예치된 신용카드가 있기 때문이다.

우선 주유소에 가면 기름도 넣어주고 식당에 가면 식사도 자유로이 할 수가 있다. 경제적으로 살면 1년쯤은 살 수 있으리라. 오늘을 걱정하고 살아온 내가 1년을 생각할 수 있는 여유를 가진 것은 참으로 신기할 정도이며 내가 변했음에 나도 놀랄 일이다. 만사휴의萬事休矣라는 말을 다시 빌려 쓰자. 어떤 사건에 직면해서 아무런 방법도 강구하지 못하는 상태로 절망과 체념의 상태에서 벗어나지 못할 처지에도 1년을 생각할 수 있는 나를 발견할 수 있으니, 어제의 급박함이 어디로 가고 1년까지 생각할 여유를 가질 마음에 여유가 생겼단 말인가.

自我發見
자아발견 — 내가 내 자신을 처음 돌아볼 대견함인지 처량함인지 가슴이 미어지게 아프다는 표현보다 가슴속에 장기라고는 하나도 없이 어디로 가고 텅 빈 동공에 바람마저 없어진 허공인 것이다.

무엇으로 이 공간을 채울 수 있을까. 채우려 한다면 채워지기나 하려나. 나는 처음부터 인생을 넋두리하고 자기 잘못을 남에게 전가하려는 사람을 싫어했고, 나도 나의 잘못을 남에게 전가하지 말자 노력했다. 그래서 앞만 보고 살았으며 남에게 싫은 것은 하지 말자 하였으나 아무리 나만 바르게 살려고 해도 뜻을 이룰 수가 없다.

자신을 희생한다고 이루어지지 않고 남이 자기를 위한다 한들 그것이 진실인지 거짓인지 알 수가 없다.

잘 하려고 하다가 그렇게 됐다 하면 끝이고 다음부터는 안 그러마 하면 그것으로 그만이지, 다음에 같은 잘못을 당해도 항의하여도 다 소용이 없다. 내가 지금 지나오고 그때마다 느끼고 생각나는 대로 적어 가는 내 자신의 일기도 처음 의도와 다른 방향으로 변질되어 넋두리로 변하니, 어디 이것이 일기인가, 글인가, 그저 낙서일 뿐….

斷腸
단장 — 창자가 끊어지는 아픔을 당하고 있다는 말이 있다. 이 말은 자기 새끼를 빼앗긴 어미원숭이가 새끼를 애타게 쫓다가 쓰러져 죽은 것을 보니 창자가 모두 끊어져 있었다는 고사에서 유래된 말로 슬픔이 더할 수 없는 극치에 이르는 말이다. 누가 잘못했기에 누구 때문에 단장의 아픔이라고 하는가. 단장의 아픔이란 말도 안 된다. 단장의 아픔이라는 말을 쓸 수 있는 그런 아픔은 죽기 전에는 아무도 쓸 수 없는 단어이다. 그런데도 우리 인간들은 조금만 힘들고 어려운 일을 당해도 죽겠다는 말들을 너무 많이 쓰고 있다. 죽기를 다해 살려고 한다면 정말 죽을 수가 있겠는가. 흔히들 죽기가 살기보다 어렵다는 말을 한다. 누구나 죽음을 제일로 두려워하면서도 서슴없이 죽는다 죽겠다는 말을 연발한다.

우리 주변에는 사용해서는 절대 안 되는 말이나 행동을 아무런 가책도 없이 입버릇처럼 사용한다. 책임지지 못할 말이나 행동은 나를 초라하게 하고 남에게도 실없고 교양 없는 하찮은 사람으로 보일 뿐이니, 말이라고 함부로 해서는 안 된다. 지금 나에게는 말 따위 그런 것이 중요한 것이 아닌데 말장난을 하니 아직은 여유가 많은 것 같구나. 다만 남과의 잘못은 법으로 심판을 받으면 되지만 가족 간의 불신과 오해는 누구에게 해명하고 호소할 수 없으니 내 스스로 해결하여야 한다. 체면도 품위도 다 허울 좋은 사치일 뿐이니, 참으면 이익은 배가 된다.

엄이도령 掩耳盜鈴

눈감고 아웅이라고 자기만 들리지 않는다고 남들도 모르겠는가. 귀를 막고 방울을 훔치면 내가 안 들린다고 남도 모르리라 하는 어리석은 행동을 하고 있다. 그러나 알아도 고칠 수 없음이 안타깝다.

내가 하면은 안 되는 일을 아무것도 모르는 남에게 시키면 그는 몰라서 행한다 하나, 알면서도 시킨 나는 더 큰 잘못을 저지르는 것이다. 살다보면 면목 없는 일도 많다.

何面目見之 하면목견지 — 무슨 얼굴로 상대를 볼 것인가라는 뜻이다. 나도 면목 없는 일을 했는가. 면목 없는 일을 한 것이 없다면 가족을 대하고 친구도 만나고 이웃을 대하는 것이 자유로우리라. 하늘이 나를 멸망시키려 한다는 그릇된 생각에서 나 혼자만 편하려고 산촌으로 숨어들은 것만은 아니다. 지금 당장은 가족들과 떨어져 잠시는 편할지는 모르지만 설사 가족들도 나 없어 편치 않음을 나도 알고 있으니, 나 자신은 홀로 마음이 부끄럽고 미안하지만 지금은 모르는 체 할 수밖에 없다.

糊口之策 호구지책 — 입에 풀칠하기라고 먹고 사는 것을 말한다. 과거 가난한 삶으로 먹고 살기 힘들어 아무 일이나 닥치는 대로 하려해도 일감이 없었다. 먹고 살기 위해서는 무슨 일인들 못하겠는가. 3일을 굶으면 담장을 넘는다 하였다. 배고픔 앞에 장사 없다. 목구멍이 포도청이라는 극단의 말로 살기 위해서는 체면도 인품 따위는 허울 좋은 사치품이다. 그래서 살기 위해서 나 역시 동분서주東奔西走하느라 아프다는 아내와 다툼이나 충돌같은 그런 것은 나와 내 가족이라는 테두리 속에서는 그저 생의 자연현상이라고 생각했다. 앞으로 이어져 갈 여생만은 난의포식暖衣飽食은 아니더라도 좋은 옷에 배고프지 않게 살며 덧없든 지난 세월을 거울삼아 병 없고 다툼 없이 손자들 자라는 것 보는 게 소원인데, 날이 갈수록 크고 작은 병마와 갈등과 다툼의 연속이니 사람이 사람의 일도 스스로 조절치 못하는 속물임에 틀임이 없음이다.

錦衣還鄕 금의환향 — 비단 옷을 입고 고향으로 돌아오다. 사람은 적게나 크게나 성공하면 고향을 찾는다. 나도 객지를 떠돌다 고향에 자리를 잡았다. 성공도 실패도 아닌 평범한 삶이다. 그런데 금의환향이 금의야행錦衣夜行으로 변하려는지, 정령 기사회생起死回生의 기회는 없을까 심히 가슴 아프다.

오늘이 음력 2월 초하루다. 예전엔 오늘도 명절로 친다. 요새 사람들은 잘 모른다. 1년은 재기춘再起春이라고 농본주의에서 생활한 우리부모님들은 이날은 1년 농사일을 시작하는 날이라 하여 음식을 만들어 일꾼들에게 배불리 잘 먹이고 1년 농사 준비를 시키는 날이다.

우리 조상들은 슬기로운 지혜를 가지고 있었다. 온고지신이라고 옛것을 알아야 새것을 안다고 했다. 아무리 세대가 변하고 농사는 짓지 않아도 우리의 미풍양속마저 다 버리려 하는 오늘이 나는 못마땅하다.

나는 옛날이 좋다. 가난해도 오늘같이 이런 고통은 없었다. 우리는 망각忘却 속에서 산다고들 한다. 지난 일들을 좋은 일이든 나쁜 일이든 다 잊으려 한다. 특히 자기에게 불리한 것을 말하려 하면 싫어하면서도 남의 약점은 잘도 기억하고 들추어내어 상대를 공격한다. 내 약점을 감추려면 남의 약점도 숨겨줄 줄 알아야 한다.

그래야 피차 신뢰할 수 있고 믿음으로 그를 대할 수 있기 때문이다. 나는 되도록이면 상대의 약점을 들추어 그를 곤욕스럽게 하거나 그에게 상처를 주지 않으려고 노력한다. 나도 남에게 상처 받음은 참기 힘든 모독이기 때문이다. 멀리 산 아래 마을에서 풍물소리가 들린다.

얼마 만에 듣는가, 2월 초하루라 마을잔치를 한다고들 한다. 참으로 보기 좋은 풍속을 처음 대하니 초라했던 마음이 포근하다. 잠시나마 마음이 평온하니 그저 고맙다.

先行基言而後從之
선행기언이후종지 — 먼저 그 말을 실천에 옮기고 그 후 따르게 하라. 논어에 있는 글이다.

행동으로써 모범을 보이고 솔선수범 하라. 읽고 써도 행하기는 어렵다. 많이 듣되 의심나는 것은 버리고 그 나머지만 말하면 허물이 적어진다. 많이 보되 위태로운 것을 빼고 그 나머지만 행하면 후회가 적어진다.

말에 허물이 적고 행동에 후회가 적으며 록祿은 행복이 그 가운데 있다. 알면서도 행行 이루지 못하니 한심하다.

人而無信 인이무신 — 사람으로서 성실함이 없으면 그 사람됨을 도저히 알 수 없다. 나는 지금까지 살면서 성실하고 남에게 모질지 않으려고 항상 노력하며 살았다. 그리고 항상 외롭다고 생각하며 살았다. 그런데 무슨 불신이라는 단어가 생기게 되었는가. 태어나서 철들기 전 일곱 살 때 어머니가 돌아가셨다. 지금도 기억난다.

사람들이 울며 분주하게 오가며 하는 말 "어린 것이 불쌍하다"며 하시는 말들, 그때는 무슨 말인지 몰랐다.

정말 그 말들이 나를 두고 한 말인가, 정말 내가 불쌍한 존재인가, 왜 불쌍한 존재로 전락되어야 했는가.

지금 와서 아무리 어머니 얼굴을 그리려 해도 떠오름이 없다. 참으로 안타깝다. 학질로 고생할 때 나를 업고 산길과 들길을 지나 한의사에게 침을 맞히던 기억, 가을에 알밤을 입으로 벗겨서 주시던 생각 등 무수히 기억은 나나 보고픈 얼굴이 생각나지 않으니 야속할 뿐, 어찌하여 지금은 그리 흔한 사진 한 장 남아있지 않으니 그저 상상뿐이다. 어린 시절에는 큰누나의 보살핌으로 자랐다. 외로움이 무엇인지 즐거움도 모르는 채 자랐다. 다만 엄마가 있는 아이들을 보면 부럽기에 앞서 얄밉고 보기 싫어 외면하고 지냈다. 그것만이 아니다. 큰누나도 출가하고 6・25사변으로 모든 것을 앗아갔다. 매형이 전사함에 하늘같이 의지하던 누님마저 저 세상으로 가시니 의지하고 마음 둘 곳이 없었다. 그러니 늘 쓸쓸한 외톨이로 어린 시절을 보냈다.

虛心坦懷
허심탄회 — 그때나 지금이나 명랑하고 거리낌 없이 마음으로 대화할 상대가 없음은 마찬가지이다. 내가 하는 말이나 하는 일들이 이해가 안 가더라도 보고 듣고 난 연후 악평이든 호평이든 말할 수 있는 친구가 필요하고 아내가 그립다.

사람은 재능이나 역량이 다르므로 많이 배웠다고 옳은 생각을 다 가진 것이 아니니 진심으로 마음을 열고 대화하여 응어리진 가슴을 열고 이야기 할 상대가 없어 아쉽고 외로웠다.

靑雲之志
청운지지 — 남보다 훌륭하게 성공하여야겠다는 꿈같은 꿈 버리지 못하고 살았지만 청운의 꿈은 어디로 가고 거울에 비친 백발, 이것이 진정 내 모습이란 말인가.

처량하고 허전한데 아내마저 나를 힘들게 하는구나 하는 생각이 앞서니 이것이 억지인가 아닌가. 그나마 만만한 아내가 있으니 원망도 하는구나.

徙家忘妻
사가망처 — 이사할 때 자기 처를 잃어버리고 간다는 말로 건망증이 심함을 말한다. 차라리 건망증이라도 있어 아내를 잠시라도 잊고 싶은 심정이다.

아내, 그는 다섯 자매姉妹 중 막내이다. 다들 똑똑하다. 너무 똑똑해서 항상 문제이다. 그래도 막내인 내 아내는 그들보다는 많이 둔한 것 같으니 천만다행이다.

다섯 자매 중 두 분은 벌써 돌아가시고 이제 세 분만 계시니 지금 이런 이야기가 무슨 소용인가.

다들 병마로 시달리고 계시며, 아내 역시 몸과 마음에 병이 깊어 헤어나지 못하며 나만을 원망하고 있지 않나 하는 노파심과 나 또한 그 병을 치유해 주지 못하고, 내 자신마저 깊은 병 속으로 빠져드니 한 치 앞도 볼 수 없는 것이 인간의 마음속이란 말인가.

五里霧中
오리무중 — 5리나 이어지는 짙은 안개 속에서는 동서를 분간하기 어렵다는 뜻이다. 그리고 방향이나 단서를 찾기 어려워 마음을 어떻게 정할지 갈팡질팡함이니 지금의 내 마음이 오리무중이구나.

내 당신의 병을 고칠 힘이 없으니 스스로 고치려고 노력 좀 하시오. 당신의 병은 당신이 잘 알고 있지 않소.

담석증 그 병은 아무것도 아니다. 다만 마음의 병, 그것이 신경성이든, 화병火病이든, 우울증이든, 다 자신만이 고칠 수 있는 병이라는 점을 알아야 한다.

"나도 고통스러운 고질병에 시달리고 있는데, 어찌 남이 자길 위로하여 병이 낫기만을 기다릴 거요. 당신은 45년 전이나 지금이나 똑같은 증상의 병을 앓고 있소. 다만 같은 증상이지만, 지금은 자제력을 상실해 더 심하게 느낄 뿐이니, 마음 편히 하십시오. 이제는 당신을 옆에서 보나, 아무리 멀리 떨어져 있어도 다 알고 있으니, 서운타 생각 말고 자생력을 기르시오. 우리 모두 지금 다시 대면함은 피치 못할 일이 생겨 예측 못할 일이 일어날 수도 있으니, 당신이 퇴원하여 정상이 될 수 있기를 바라고 나도 수양과 자제력이 없어 당분간 고통스럽지만 이 길밖에 없으니 많이 괴롭고 고통스러워 참기가 어렵군요."

過而不改
과이불개 — 잘못을 고치지 않으면 그 자체가 잘못이다. 완전무결한 사람이란 없다. 대부분 사람은 누구나 말과 행실에 있어 차이는 있으나 크고 작은 잘못을 저지르기 마련이다. 문제는 잘못을 저지르느냐 아니냐가 아니라 그 저지른 잘못을 어떻게 대처하느냐에 따라 그 사람의 본성을 알 수 있다.

사람은 신이 아닌 이상 잘못을 저지를 수 있다. 다만 잘못을 알면 바로 잘못을 고치려고 노력하고 숨김이 없어야 한다. 그러나 그 잘못을 남이 알까 숨기려 한다면 같은 잘못을 두 번 저지르는 것이 되며, 숨기면 숨길수록 자신만이 괴로워지며 남들이 먼저 알게 된다.

孤城落日
고성낙일 — 해는 지고 외로운 성 하나만 서 있다. 원군은 오지 않고 해는 지려하는구나.

저 지는 해처럼 내 인생도 낙일되어 여명이 얼마 남지 않은 쓸쓸한 인생인데 몸도 마음도 갈 곳 없이 처량하게 헤맨다. 오늘도 나 홀로 술 마시며 어두운 밤을 지새우며 앞을 볼 수 없는 길을 가려하는구나.

인생, 기를 쓰고 살아도 백을 채우지 못하거늘 이렇게 귀한 시간을 허비하면 어찌하나. 유익하고 좋은 일을 생각해 내야 하는데 술에 취하여 자신을 망각하면 일시는 편할지 모르지만 깨고 나면 후회할 일 아닌가. 술이란 한두 잔으로 피로를 푸는 것으로 끝을 맺고 할 일이 정 없으면 방 청소나 마당 쓸기라도 해보자. 침대 위 이부자리, 양말 짝, 옷가지들 윗목에 내팽개치고 수염은 언제 깎았는지 까칠하고 앙상한데 할 일 없이 술타령 한다는 것은 자신을 기만하고 자기 자신을 속이는 것을 알면서 또 속이려 하나, 속고 속아 살아온 인생인데….

이제 자신이 자신을 속이고 애매한 술병에게 화풀이 하여본들 몸만 버리고 마음마저 병들게 한다는 것 알면 고쳐야 한다.

산사山寺아래 민박집에 임시로 여장을 풀었는데 몸은 천근 마음은 만근이다. 집이 그립다. 손자들도 보고파서 날이 세면 찾아갈까, 지금 당장 달려갈까. 이런저런 생각한들 부질없는 생각이다. 오늘이 2월 말일인가.

3월 2일이면 내 귀여운 막내손자 중학생 되는 날이련만, 졸업식도 망쳤는데 입학식마저 참석치 못하다니 한심한 할아버지 되었구나.

空谷足音
공곡족음 — 인적이 없는 빈 산골짜기에 뜻밖에 사람의 발자국 소리가 들린다더니, 요란한 벨 소리 핸드폰을 귀에 대니 그렇게도 보고 싶은 막내손자 목소리가 "할아버지! 하고 들려오니 이것이 그야말로 이심전심以心傳心이란 말을 바로 이럴 때 쓰라고 생긴 단어인 것 같구나. 고맙고 반갑다.

우리 손자들, 내 너희들이 보고 싶은 마음 미리 알고 이렇게 전화하다니, 부처님이 다비荼毘하신 후 마음으로써 마음에 전했다 하였으니 불교의 진리를 전했다는 〈以心傳心〉이 바로 이런 것이구나.

우공이산愚公移山

어리석은 사람이 산을 옮긴다. 남이 보기에는 어리석으나 한 가지 일을 끝까지 밀고 나가면 언젠가는 목적지에 달성할 수가 있다.

중국에 우공이라는 사람이 집 앞에 태산이 있어 통행에 늘 불편하여 나이 90에 아들들에게 저 산을 낮추어 길을 만들자 하니 아들들은 찬성하였으나 아내는 크게 반대하였다. 그러나 우공은 아들과 같이 일을 착수하니 주위 사람들은 그를 비웃고 아내 역시 공연히 착한 아들을 고생시킨다며 불평하고 탄식했다.

우공은 "자네들같이 천박한 생각밖에 못하는 사람은 과부의 외아들의 생각만도 못하네. 내 나이 90이네. 만약 내가 죽는다 해도 아들들은 남고 다시 손자를 낳고 손자는 다시 또 아들을 낳고 손자가 생겨 자자손손 끊이지 않으니, 산은 더 커지지 않을 테고 언젠가는 틀림없이 저 산도 평지가 되지 않겠는가?" 하니 주위사람들은 할 말이 없었다는 이야기이다.

사람이 세상에 태어나서 가문과 가정을 중시하는 것도 다 나를 위해 하는 것이다. 살면서 열심히 일하고 재산을 모으려고 애씀도 나 자신을 위해 하는 것이다.

사람이 죽을 때까지 절약하고 아낌은 내가 죽더라도 지금 내가 사는 이 집과 가구, 재산을 사랑하는 자손들이 내가 살아있을 때와 같이 그대로 이어가리라. 그러면 나는 죽음도 여행을 떠나는 기분으로 갈 수 있지 않은가. 우리들의 삶이 이렇게 이어져 왔고 이어져 갈 것이라.

죽어서 영혼이 있든 없든 내 분신이 이어지고 이어져 간다. 생각하면 죽음의 길이라도 그렇게 서글프고 억울함만은 아니라 여겨진다.

나는 죽음에 대하여 조금도 생각해 본 바가 없는데 요즘은 이런 공상에도 사로잡히니 마음이 허해서인가 망령인가. 솔직한 내 심사가 일그러지고 모난 것은 틀림이 없다. 이럴 때는 산행을 하자 싶어서 이곳으로 왔다.

山行
산행 — 나는 산을 좋아한다. 그것도 맑은 물이 흐르는 계곡을 더 좋아한다. 바다도 좋지만 오래 머무르지 않아도 산촌 계곡은 싫증이 안 나서 그래서 답답할 때는 늘 산촌을 찾는 게 습관화 되었다. 등산登山이나 산행은 다 산을 오르고 내리는 것이지만 다르다. 등산은 목표를 정하여 정복하여야만 쾌감을 느낄 수 있는 자신의 의지와의 싸움이다.

산행은 그저 산이 좋아 산을 즐기며 계곡의 물소리와 새소리를 벗 삼아 거닐다보면 마음속 온갖 시름은 오간데 없고 마음에 평온함으로 맑은 하늘 아래 공기 맑고 물도 맑으니 어찌 마음인들 맑아지지 아니하리오.

등산은 정복하여 성취함으로 자신감을 키운다. 그러나 건강을 해칠 수도 있으니 조심하여야 한다. 무리한 달성과 정복만을 생각하다보면 자칫 무리하여 건강을 잃을 수도 있다. 나는 무리한 등산은 되도록 피하고 그저 산행한다. 그리하여 내 스스로 산을 즐긴다. 바쁠 것도 그렇다고 목표도 없이 산길 따라 물소리 들으며 이곳저곳 발길 닿는 대로이다.

鬱鬱蒼蒼
울울창창 — 답답하고 우거진 숲이지만 푸름이 감돌고 소슬바람과 졸졸 흐르는 물소리를 들으면 무릉도원이 이곳이 아닌가 착각을 한다.

武陵桃源
무릉도원 — 신선이 살았다는 전설적인 중국의 명승지를 일컫는 말이다. 무릉도원은 속세를 떠나 별천지 곧 이상향理想鄕을 말하는 도원경이다.

중국은 크고 넓고 웅장하다. 우리나라도 좋은 곳이 많다. 아기자기하고 정감이 간다. 중국은 여러 차례 가 보았다. 끝도 없이 펼쳐지는 대지와 10만여 봉우리가 서로들 뽐내듯 계림, 이강, 좌우에 서 있는 봉우리, 기기 절묘한 자태가 서로 얽히고설켰다고나 할까, 형용할 표현이 없는 장가계, 이는 신만이 만들 수 있는 창조물이다. 반면에 웅장하다고 할까. 구천 구백 구십 구 칸의 자금성紫金城, 달에서도 관측된다는 만리장성, 이하원의 인공호수, 그 흙과 돌로 조성된 산들을 보려니 어안이 벙벙할 뿐이다. 이렇게 국력을 낭비하다 보니 열강들의 경제적인 침탈에 속수무책으로 당하여 찬란한 청나라의 마지막 고배를 맛보지 않았나 하는 생각이 든다.

흔히들 중국을 잠자는 사자라 한다. 그 잠자는 사자도 언젠가는 깨어나리라. 그때는 그 영향이 어디까지 어떠한 파장으로 우리에게 미칠까 심히 우려가 된다.

무릉도원 산수구경 하다 왜 갑자기 중국 역사를 운운하여 흥을 깨는가.

桃源境
도원경 — 평화스런 유토피아를 말하는 것이다.

지금 내 몸은 무릉도원에서 머물고 있으나 마음은 무릉도원이 아니다. 도원경도 마음에서 나오는 것이다.

모름지기 사람은 스스로 노력해서 구하지 않으면 귀하고 소중함을 모른다. 노력의 대가란 남편은 직장에서 한 달을 고생하여 얻은 월급봉투가 대가라면, 아내는 가사 일로 깨끗하고 정돈된 가구와 맛있는 저녁상을 차려 놓고 퇴근하는 남편과 자녀들의 행복한 얼굴을 대함이리라.

등산도 오를 때의 고통도 정상에 올라 맑은 공기를 폐 가득히 호흡하며 산하를 바라보기 위함이리라.

진실한 도원경을 보려면 마음의 거울로 보아야 보인다.

同生同死
동생동사 — 살아도 같이 살고 죽어도 같이 죽는다고 맹세한 사람과 함께 진실한 마음의 거울로 이 좋은 낙원을 즐기고 즐기며 공감할 수 있는 날이 오리라 여기며 산행을 하자.

伽倻山
가야산 — 자락 대곡리란 곳에 머문 지도 벌써 십여일. 산은 좋은데 물이 귀한 곳이다. 세상에 다 만족한 것이란 있을 수 없다. 좋은 곳, 가고 싶은 곳, 하고 싶은 일들도 많은데 가진 것도 없고 매사가 귀찮을 뿐이다. 산하에 다섯 평 될까 말까한 방을 하나 구했으니 이만하면 만족타 생각하고 머무는 데까지, 머물다보면 언젠가는 나에게도 좋은날이 오리라 희망을 갖는다.

青天白日
청천백일 — 맑게 갠 하늘에서 밝게 비치는 해처럼 그런 날이 올지도 모르리라.

내 마음에 악이 없고 결백하니 세상사 알게 되면 뉘우치고 날 찾을 사람 찾아올지 누가 알리. 그런 생각하며 살려 한다.

暗中摸索
암중모색 — 어둠 속에서 손으로 더듬어 원함을 찾는다 하니 내가 지금 무엇을 기다리며 무슨 미련이 아직 남았다고 오지 않을 가버린 행운의 여신 기다리나.

할 일을 다 하고 때를 기다려라.

盡人事待天命
진인사대천명 — 이 글귀를 많이 사용들 하나 나는 별로 실감하지 않아 외면한다. 글의 뜻은 진리이나 그대로 이루어지는 세상이 아니고 보니 아무리 좋은 진리도 빛을 보지 못한다. 나는 공부는 많이 못했다. 그러나 어려서부터 서책은 많이 읽었다. 이곳저곳에서 얻은 지식도 바쁜 현실 속에서 다 잊혀지고, 사느라고 서책을 가까이 한 지도 오래되고 지금은 거의 서책을 잊고 산다. 벌써 노안이 된 지 오래라 눈도 침침하고 몇 분만 읽어도 눈이 아파 접어둘 수밖에 없으니 당연지사이다. 어쩌다 알고픈 것이 있어 힘들여 읽은 내용도 볼 때 뿐이며, 책을 덮으면 백지상태이다. 모든 것이 때가 있고 시기가 있음을 실감하게 된다. 이제는 더 알려고도 않고 잊으면 잊는 대로 순리에 적응하며 살자. 그것이 모두에게 편안하리라.

首鼠兩端
수서양단 — 쥐구멍에서 머리만 내놓고 나갈까 말까 하지 말고 세상정세 그만치 속았으니, 이제 다시는 할까 말까 망설이지도 말고 나가고 싶으면 나가고 나가기 싫으면 그렇게 하자. 그렇다고 이기주의가 되어 나만 아는 파렴치破廉恥한 사람이 되자는 게 아니다. 다만 양심에 자유를 가지어 서로의 편함을 찾자는 것 뿐이다.

오랫동안 배고픔도 잊고 지냈다. 식욕도 마음이 편해야 동하는 법이다.

식지동食指動

식욕이 동한다 한다. 식은 밥을 말한다. 또 식언食言, 말을 먹는다는 말도 있다. 말은 입 밖에 나오면 다시 입 속으로 넣을 수 없다. 앞서 한 말을 번복하거나 약속을 지키지 않으면 신용과 신임을 잃는다. 지금 배가 많이 고픈데 신용타령인가. 식지동食指動, 식지는 둘째손가락을 가리키는 단어이다. 이 손가락은 식사할 때 주로 사용한다 하여 식지라 한다. 손가락이 움직이기 시작하니 구미口味가 동動한다. 즉 음식이나 물건을 구하려 할 때 쓰이는 말이나 보기 좋은 떡이 먹기도 좋다든지, 구미가 당기다, 동한다, 아름다운 여인을 보면 호기심이 동한다 등 좋은 물건을 보면 야심野心이 동한다. 사람이란 필요한 것을 보면 동하게 되어 있다. 그러나 터무니없는 과욕을 부리다 보면 패가망신 할 수 있음을 명심해야 한다.

지금 나에게는 한 그릇의 밥이 필요하다. 산행도 식사 후이다. 옛 말에 수염이 석자라도 먹어야 양반이라는 말이 있다. 배고픈 철학자보다 배부른 돼지가 나을 수 있다.

하산 길에 산사를 지나려니 한참 공양을 하려들 한다. 대웅전에 읍하고 식당으로 갔다. 전에는 용기가 없어서가 아니라 마음에 내키지가 않아 꺼리었는데 이제는 사정이 다르다. 한쪽 빈틈에 자리 잡고 물어볼 말도 눈치 볼 여유도 없이 “밥 좀 주세요”하니 생각지도 않은 산채 반찬에다 푸짐한 밥그릇에 그저 감탄할 뿐이다.

‘입으로 먹었는지 코로 먹었는지’하는 말이 있듯이 ‘모처럼 배가 터지도록’이라는 표현대로 실행하고 말았다. 시장이 반찬이 아니라 정말로 절 밥이 별미며 맛있었다.

佛跳牆
불도장 — 중국 최고의 요리가 있다. 요리가 얼마나 맛있고 냄새가 좋으면 수행 중인 스님도 그 냄새를 맡고 참지 못하고 담을 넘었다고 했겠는가. 이렇게 담백하고 청결한 절 밥을 두고 왜 담을 넘었을까 의심이 간다. 사람이란 간사한 존재이기에 좋으면 좋은 것을 모른다. 늘 집에서 아내가 정성스레 해주는 식사도 공연히 “맛이 좀….” 하는 행위는 배부른 행복한 반항이리라. 이제는 모든 일에 적극적이고 책임 있게 참여하고 내가 정의라 생각하며 누구의 눈치 볼 필요도 없이 나가자.

乾坤一擲
건곤일척 — 흥하느냐 망하느냐, 성공이냐 파멸이냐 기로에서 우왕좌왕하다 시기를 잃었다.

단번에 결정하지 말고 차분한 마음으로 생각하고 생각하여 운명은 받아들이며 살아감이 모두를 위함이라 여기고 살았다. 운명도, 실수도, 잘함도, 못함도 지나고 나면 모두가 지나간 과거이다. 잘한 것은 잘못된 일로 다 상쇄 되고 실수나 그르침은 그대로 남아 있는 것이 현실이다.

良藥苦口
양약고구 — 좋은 약은 입에 쓰다. 쓴 맛을 모르고 어찌 인생을 논하리. 최하의 생활에서 최상은 아니지만 그런대로 행복과 만족도 경험하고 살았다. 과욕도 버리고 집안과 가족을 위해 몸과 마음 다 바쳤다. 지금도 미련을 못 버림은 다 집안과 가족 때문이다. 내 한 몸 이제 무슨 미련이 그리 많이 남았기에 아내와 자식들에게 싫은 소리를 왜 하는가. 남도 아닌 내 가족이 잘못된 길로 가려하니 내가 어찌 못 본 듯이 수수방관 할 수 있나. 언젠가는 내 마음 이해하고 고맙다 생각할까 몰라도 할 수 없고, 알게 되면 다행이라 생각하며 살자.

우수雨水 경칩驚蟄도 지났으니 봄기운이 완연하다. 지금은 3월 초순이다. 가야산 중턱에 오르니 오늘은 유난히도 햇살이 따사롭다. 송진향내 짙은 바람이 가슴속 깊은 곳까지 파고들어 여기가 낙원인가. 오늘만은 모두 다 잊고 자연에 취했으면 좋으련만 잠시도 쉴 틈 없이 번뇌가 찾아든다. 지병인 고혈압도 약을 안 먹은 지 오래됐고, 끼니마저 챙겨줄 사람 하나도 없으니, 기회가 닿으면 먹고 없으면 건너뛰든 누군들 알겠는가. 알면 무엇 하나, 그저 한심한 삶이로다.

家給人足
가급인족 — 이 말은 집집마다 풍족하고 사람마다 넉넉하여 살기 좋고 부족함이 없는 평화스런 세상이라는 뜻이다. 나는 무슨 잘못 그리 많아 젊어서 고생하고 늙어서도 이 모양으로 방황하며 집이 있어도 가지 못하고 숙식을 걱정하는가. 어리석게 방황하면서 족하면서도 족한 줄 모르는 그런 사람이 내가 아닌가.

不共戴天
불공대천 — 한 하늘을 이고 살 수 없는 그런 사이를 말한다. 아주 흉측한 말이다. 내가 무슨 모진 잘못을 했기에, 그런 악연은 절대 있을 수 없고 있어서도 안 된다. 너의 병이 나로 인해 생긴 것이 아니며, 나 또한 마음 편치 않은 것이 너로 인해 곤욕을 치른다고 여기지 않거늘, 그런 끔직한 생각을 조금이라도 했다면 안 될 말이다. 지금이라도 그런 생각을 조금이라도 가졌다면 속히 잊어버리고 같은 실수를 되풀이해서는 안 된다.

'이미 때늦은 후회이다'라는 말이 있다. 그러나 늦은 것을 알면 늦은 것이 아니다. 상대가 괴팍하고 고집스럽다 하기 전에 자신 먼저 생각하고 반성하면 해답이 있지만, 많은 사람들은 자신만을 생각하다보니 자신의 신병이나 성격조차도 알지 못하고 방황하고 있는 것이다. 자신이나 상대의 마음의 병은 아무리 좋은 병원이나 훌륭한 의사라도 고칠 수 없고, 스스로 고치려는 의지만이 고칠 수 있으니 상대의 간호도 별 도움이 되지 않는다.

附和雷同
부화뇌동 — 우레가 치면 만물이 다 울리는 것처럼 다른 사람이 말하는 것만 듣고, 깊이 생각하여 그것이 옳고 그른지를 생각않고 경솔하게 판단함을 말함이다.

상대방은 신중을 기해 이야기하는데도 불신하고 남의 이야기만 귀담아 듣는다면 그것으로 인해 문제가 발생한다. 나는 남을 믿지 않는다. 남의 일이라고 쉽게 이야기하는 것은 남들이야 아쉽고 손해 볼 게 없으니 나 잘되는 것보다 남이 안 되는 것을 바라는데 왜 남의 이야기는 귀담아 듣고 꼭 들어야 할 말은 외면하는가. 이런 것들이 바로 불신이며 불행이다. 남편이 아내를 아내가 남편을 의심하고 불신하면 모든 것이 끝이다. 의심이 나도 일단은 관망하여 진의를 파악한 후 추궁해도 후회할 일이 생기거늘 일시적인 편견으로 추궁과 오해가 앞서니 사실과는 전혀 다른 상대는 기가 찰 노릇이다. 오해도 어쩌다 한두 번이다. 매사를 자기 기분으로 처리하려 하면 상대는 해명도 변명도 할 필요도 없음을 알고 그저 상대를 하면 소란스러우니 피할 뿐이다.

九折羊腸
구절양장 — 참으로 어렵고 어려운 게 인생인가. 구불구불한 양의 내장같이 어둡고 기복이 심하다. 흔히들 '티 묻은 개가 겨 묻은 개를 흉본다' 하였다. 겨나 티나 그것이 중요한 것이 아니다. 티끌 쌓인 곳에 사는 개는 당연히 티가 묻어야 하고 겨 쌓아둔 창고에서 사는 개는 의당 겨가 묻어야 당연하지 않는가. 좋은 조건에서 태어나 좋은 환경에서만 생활하면 겉은 좋게 보일 수도 있다. 그러나 좋지 못한 조건에서 태어나 좋지 못한 환경에서 산다고 자기 자신을 망각하고 남도 그러려니 판단하는 것은 상대에 대한 모독이며, 자기의 약점을 숨기려는 얄팍한 속임수로 자기 자신의 약점을 오히려 드러내게 된다.

家出
가출 — 나는 얼마 전까지는 내 집이 고맙다는 것을 모르고 살았다. 지금은 집을 두고도 갈 곳 없이 헤매니 참으로 불편하다. 속 모르는 사람들은 젊어서 고생했으니 이제는 관광이나 다니고 먹고 싶은 것 먹고 인생을 즐기라고 한다. 마음 편한 소리이다. 앞으로 여생이 아직도 많이 남아 있으나 벌이라고는 전무하고 모아놓은 재산도 없이 무엇으로 여생을 즐기겠는가. 집이 있고 아내가 있고 아들들이 있으니 밥이야 굶기지 않겠지만, 내 아직 정신적·신체적 연령은 청춘인데 억지로 노인행세를 하라 강요한다. 너무 서글프다.

아직 얼마든지 일할 수 있는 나이에 생년월일 때문에 어렵게 획득한 많은 면허도 사용할 수 없어 아쉽고 억울하다. 지금도 동분서주하나 가는 곳마다 나이가 많다고 하면 인생 회의를 느끼거늘, 가까이 있는 가족마저 상대의 아픔을 이해하려 하지 않고 아내는 자기 몸 아픈 것만 서럽게 여기고, 아들들도 자기들 살림이 넉넉지 못하니 걱정이 이만저만이 아니다.

그러나 이런 문제는 어느 집이나 다 있는 당연한 걱정 아닌 걱정이다. 우리 집도 이런저런 문제로 걱정거리가 많다. 그중 각자의 생활방식과 생의 목적이 상반되면 하루도 편안할 수 없다. 다들 내가 문제라고 한다. 모두 다 내 잘못으로 시끄럽고 그래서 못산다고 한다. 유별나고 못된 사람으로 치부해 버린 지 오래이다. 맞는 이야기인지도 모른다. 모든 일에 너무 세심하고 항상 정리정돈이 되어 있어야 한다. 하던 일은 끝을 맺어야 한다. 오늘 일을 내일로 미루지 않는다. 확실하여야 한다. 그것이 문제인 것 같다.

有耶無耶
유야무야 — 어름어름 지나가는 것을 용납 못하는 내가 원망스러울 것이다. 그렇다고 폭군도 아니고 고집불통은 더욱 아니다. 다만 일깨워주고 잘하자고 이야기하면 싫어한다. 싫어하는 것으로 끝나면 다행이다. 내가 하는 것은 다 거부반응을 일으킨다. 그렇게 하기 싫으면 하지 않아도 한 번 생각해본다든지 대답이라도 하면 좋으련만 무슨 일이라도 거부를 먼저 하고 본다.

사람은 누구나 자기주관이라는 것이 있기 마련이다. 옳고 그름을 떠나서 자기주관만 내세우는 것이 습관화된 사람은 자기의 잘못을 알면서도 고치기가 어려운 것 같다. 항상 말할 때는 한번 생각하고 신중을 기해도 실수가 따르는 법이라, 그렇게 말해도 소용없다.

상대방의 말이 끝나기 전에 자기 할 말 다 해버린다면 상대방은 심이 난처할 것이며, 상대의 의사와 전혀 다른 말씨로 변하여 대화라는 자체는 방향을 잃고 오해와 불신이라는 난장판이 되어버린다. 모든 타협이나 화해 그리고 상대로부터 신임을 얻으려면 그의 마음을 자극해선 안 된다. 신뢰와 사랑이라는 단어가 부부간에는 필수불가결한 것이다. 특히 집안 살림도 나만을 위해 하는 것이 아니다. 우리라는 테두리를 벗어나면 안 된다.

요리도 나를 위함보다 상대를 위해야 하고 빨래며 청소도 상대에게 기쁨을 주어야 한다. 힘들여 하고도 소득 없는 일은 아니한만 못하다. 하지 말라 하는 것을 하면 억지를 써가며 했다고 치자. 그러면 결과는 뻔하다. 모든 일에는 정성이 깃들어야 한다. 남편인 나는 아내를 위해서 무엇을 하여야 하나. 진정한 아내의 정성어린 밥상을 원한다면 한 번쯤은 아내의 기분을 이해해 보았는가. 누구나 진수성찬보다 진심어린 한 그릇의 밥을 대접받길 원한다. 진실한 마음에 감격할 줄 아는 사람이 진정한 고마움을 아는 사람이다. 진실인지 마지못해 하는 건지 그것을 모르면 바보인가, 아니다. 아무리 바보라 해도 진실은 더 잘 아는 법이다. 내 할 일 다 하고 산다는 그런 책임 하나만 앞세우고 억지로 행함은 상대를 더욱 힘들고 짜증스럽게 하는 것이다. 상대를 배려치 않는 나 혼자만의 잘함은 잘함이 아닌 의무를 져버린 책임뿐인 것이다. 나는 아내가 가정을 위해 의무라는 것을 저버리고 책임과 권리만을 주장하는 독선적 위선자라고 생각하지는 않았는지 반성하자. 그 다음 자신 있게 정성에 담긴 밥상을 생각해보자. 그러면 진수성찬이 무엇인지 알게 되리라.

오늘도 할 일 없어 아침부터 산행을 나섰다. 약간의 비가 온 뒤라 촉촉이 젖은 숲 향기가 유난히 향기롭다. 봄의 향기일까, 썩어 가는 갈잎의 냄새일까. 온 산속에 지천으로 널리어 있는 땔나무가 썩고 있지만 누구 하나도 땔나무를 사용하는 사람은 없다. 어릴 적 아궁이에 불을 지피던 생각이 새롭다. 땔감이 없어 군불마저 마음대로 때지 못하던 때가 엊그제인데 이 많은 땔감이 너무나 아깝다.

산이 메말라 산불 위험으로 입산금지라서 산림 감시원으로부터 화기물질 검사를 받고, 사정해야 입산이 가능하니 쉬운 일이라고는 없다. 매년 수백여 건의 산불이 발생한다. 수십 년이나 자란 숲이 한 사람의 일시적인 부주의로 삽시간에 잿더미로 변하니, 한순간의 실수가 많은 사람에게 입히는 물적 심적 피해가 얼마인가. 나도 지금 나로 인해 주위 사람들에게 물적 심적 피해를 주고 있다. 그러나 알면서도 실천하기는 정말로 어렵다.

誇大妄想
과대망상 — 현재의 분수보다 너무 지나치게 큰 것을 생각하는가, 내 마음대로 생각하며 살았는가. 내가 정말 나만 아는 과대망상의 사람인가, 아무리 생각해도 아닌 것 같은데 상대가 그렇게 인정하니 어찌 한담….

그래 나는 과대망상에서 산다. 그 과대망상이 무엇이 그리도 크게 잘못을 저질렀단 말인가. 답을 바란다. 한 것도 없이 세월을 덧없이 보냈다. 고지식해서 융통성 없이 꼭 달라붙은 좁은 생각인가. 고집불통도 아니고 그렇다고 남의 도움은 받지 않지만 작은 도움은 베풀고 살았다 자부하건만, 이것이 다 착각이란 말인가.

我田引水
아전인수 — 이는 자기 논에 물대기이다. 남의 입장은 조금도 생각지 않고 자기 좋은 대로 행동하는 사람이다. 나는 그런 사람인가, 아니라고 큰소리치지 말고, 남도 아닌 가족들이 그렇다 말을 하면 오해가 있든 없든 그것이 중요한 것이 아니고, 그로 인해 일어날 손실을 감안해서 가부를 논치 말면 오해는 금방 풀어질 수 있고 사실이면 스스로 고쳐지리라 본다.

以實直告
이실직고 — 그러니 거짓 없고 솔직 하자. 사실인가, 사실을 그대로 말하자. 그것이 나를 용서하고 남도 용서할 수 있는 여유이다. 모든 것이 다 석연치가 않다. 그런 것 같기도 아닌 것 같기도 하다. 다만 지금의 나는 바라지 않지만 도와줄 친척도 친구도 없는 나만이 존재한다는 사실이다.

見善從之 견선종지 — 착한 일이나 착한 사람을 보면 그것을 따르라. 악함을 보면 내 잘못을 고치고 착함을 보면 그 착함을 본받아라. 아주 어려서 들은 아버지의 말씀이다. 얼마나 실천했나, 반반일까, 나도 알 수가 없다.

사람은 자기 혼자 있어도 자기 스스로를 속이고 살기 마련이다. 이게 아닌데 하면서도 자기를 속이고 잊으려고 머리를 흔든다. 이러면 안 되는데 하며 얼굴을 붉힌다.

얼굴에 열기를 느끼니 아직은 양심이 남았음을 알리라.

目食耳視 목식이시 — 음식을 보기 좋게만 만들고 맛과 영양은 고려치 않고 남의 눈만 의식하고, 옷은 취향을 고려치 않고 보기만 좋게 입어 칭찬하는 말만을 들어 귀만 만족하려한다. 이렇게 겉치레만을 취하면 생활이 허탈하다는 말이다. 나는 외식을 싫어한다. 남이 해주는 음식은 아무리 깔끔해도 믿음이 안 간다. 집에서 해주는 가정식家庭食이 좋다.

영업용營業用과 자가용, 말 자체에서 풍기는 이미지가 다르다. 나는 직장을 따라 다니느라 생의 절반을 객지에서 생활했다. 늘 가정이 그립고 아내의 손맛이 그리웠다.

그러나 바람이다. 늘 병마에 시달리니 정성을 다한다 해도 기대할 수 없다. 그러니 서로 불편할 수밖에 없다. 내가 싫으면 남도 싫은 것은 당연하다.

可東可西
가동가서 — 동이든 서든 상관없다. 이러나저러나 남들이 싫어하면 시키지도 해주길 기대하지도 말자고 이렇게 마음먹은 내가 독선인가 고집인가. 독선도 고집도 누군가가 관심을 가질 때 효력을 발생하는 것이다.

고집이 통할 리 없고 더욱이 독선은 자신을 망가트릴 뿐인데 말 같지 않은 말장난인가. 아무래도 좋다. 고집도 독선도 다 버린 지 오래이다. 마음 비우고 기다려보자.

一日如三秋
일일여삼추 — 하루가 3년처럼 길다. 몹시 애타게 기다려도 찾아올 사람 없고 갈 곳도 없으니 더욱 지루하고 외롭구나. 찾아올 사람도 없는데 기다려지니 모든 것이 부질없는 꿈인가. 아직도 미련한 꿈을 버리지 못하고 산 아래 오솔길로 자꾸만 시선이 머무니 웬일인가.

一場春夢
일장춘몽 — 봄날의 영화로운 꿈인 것 같다. 꿈은 내 뜻대로 요구대로 꾸고 싶다고 꾸는 것이 아니니 인생사 다 꿈이라 생각하고 살자.

四面春風
사면춘풍 — 사방에서 봄바람이 분다. 따뜻한 봄빛이 화사하게 비치니 무겁던 마음이 상쾌하고 밝아진다.

이제는 마음의 괴로움이 있다 해도 밝은 얼굴로 상대방을 대하자. 그러면 상대도 나에게 호감을 가질 것이다. 그게 나 자신을 위함이다.

산사에서 한 달이나 머물렀다. 이제 마음도 안정되고 건강도 많이 좋아졌다. 차분한 마음으로 사물을 바로 보자.

집도 그립고 가족이 궁금하다. 때는 꽃피는 호시절로 접어드는데 내 마음에도 봄이 오려나. 세상사 마음먹기에 달렸다 하면서도 자신의 마음 하나 못 다스리다니, 내가 부끄럽고 창피하다. 그러면 몸과 마음을 닦자.

修身修心
수신수심 — 몸을 다스림보다 마음을 다스림이 어렵다.

마음을 다스려 나 자신을 구하고 그리고 가정을 구하자. 어려움 속에서도 잘도 참고 울분도 참고 견디어 놓고 지금 포기하면 지난 공든 탑이 아깝지 않나.

알면 행하자. 그것만이 참으로 앎이다.

남을 의식하지 말자. 나 이외는 누구도 나를 위해 살아주지 않는다. 냉철한 현실이 아닌가. 나도 이기주의가 되자.

지금 땅속에서는 새싹들이 뾰족이 움트려 하고 개울가에선 버들강아지가 제법 윤기가 흐른다. 저 나무 한 그루, 풀 한 포기라도 다 살아가는 이유가 있지 않는가. 하물며 사람이 살아가는 데도 중대한 이유가 있다.

天上天下唯我獨尊
천상천하유아독존 — 석가모니가 세상에 태어나면서 처음 외친 말이다. 나도 독존하자.

오랜만에 외출 좀 하자. 이발도 하고 목욕도 하자. 오늘이 주말이라 꽤 많은 인파가 거리를 활보한다. 삼삼오오 가족들의 나들이가 정겨워 보인다. 참으로 보기 좋다. 나도 가족과 나들이도 많이 했는데 그때가 그립다.

向隅之歎
향우지탄 — 이제는 그런 좋은 기회가 없는 것을 한탄하며 자리에 모인 많은 사람들이 다들 즐거워하나 나는 하나도 즐겁지 않다. 다만 엄마 손잡고 거니는 아이들을 보니 손자들이 보고 싶다. 보고 싶으면 언제라도 보면 되는데 무엇이 걱정이냐. 좋은 것만 생각하고 복잡함은 뒤로 미루자. 그러면 머리가 맑아져 자연 복잡함이 사라질 것이다.

생각은 그런데 마음대로 되지 않으니 내가 한심하다.

손자孫子 한 번 보면 즐겁고, 두 번 보면 행복해지고, 서너 번 보면 볼수록 귀여운 존재이다. 손자 그들은 새싹이다. 막 피어나는 새싹이다. 봄의 새싹이다. 희망이다. 녹음방초綠陰芳草, 꽃다운 풀잎에 비할 수 없는 아침이슬보다 깨끗한 존재이다. 나의 모든 것 다 주어도 좋다. 그러니 건강하게 무럭무럭 자라만다오.

四顧無親
사고무친 — 사방을 둘러 봐도 친척이 없다.

주위를 활보하는 행복한 얼굴들, 그러나 아는 얼굴은 하나도 없다. 공연한 나들이로 겨우 조용해진 심사가 수수로워진다. 아무리 좋은 구경거리도 화려한 도심의 사람들도 다 짜증스러울 뿐이다. 다만 이럴 때는 산이 좋고 계곡만이 좋은 친구이다.

산자수명 山紫水明

산은 자줏빛 비추고 물은 하염없이 맑다. 그 속에 내가 잠기어 술 한 잔 하면 그곳이 낙원이다. 오늘도 낙원에서 하루를 허비하고 말았구나. 저녁노을이 곱구나. 오늘 가고 내일이면 꽃들이 피려나. 말동무 없어 산에게 물으니 바람소리로 답을 한다. 산은 내가 와도 좋고 가도 좋다 여긴다. 산 좋고, 물 좋고 그래서 산을 찾고 물을 찾아 여기에 왔다.

다들 나를 싫어해도 산은 나를 반긴다. 산에게 말하면 산이 말함을 바람소리가 설명해 주고, 답답함을 소리치면 산 메아리로 곧바로 대답하니 정직하고 착한 산이여! 그래서 나는 너를 좋아할 수밖에 없구나.

樹欲靜而風不止
수욕정이풍불지 — 나무가 조용히 있고 싶어도 바람이 그치지 않으니 어찌하면 되겠는가.

조용히 살고 싶음은 누구나 원하는 것이다. 내가 원한다고 다 이루어지지 않는다. 가지 많은 나무 바람 잘날 없다고, 많은 가족을 거느리고 살수록 크고 작은 일이 일어난다. 그러나 가족이란 사랑과 양보로 서로 감싸고 이해와 보살핌으로 덮어두니 밖으로 노출되지 않아 모를 뿐이다. 사람 사는 것 대동소이하다. 그런데 애써 숨기고 드러내놓지 않는 것을 속도 모르고 남을 운운하며 자기 집안일에 끌어들이는 것은 위험한 발상이다.

자기 집안에서 일어난 일은 축소할수록 좋다. 외부에 알려지면 질수록 수습하기 어렵다. 점차 확대되어 적은 일도 큰 일로 변하게 된다. 그러므로 항상 집안일은 점차 커짐을 염두에 두고 가급적 당사자끼리 조용히 해결하자.

水深可知 人心難測
수심가지인심난측 — 물의 깊이는 알 수 있으나 사람의 마음은 헤아릴 수 없다.

내 인생의 주인은 나다. 그러나 주인인 나도 내 마음을 알 수가 없거늘 어찌 뭇사람의 마음을 알리.

그러니 나만을 생각해도 안 된다. 가문이나 가족과 친척을 생각해야 한다. 나만 생각하면 무슨 일인들 못하겠나. 나도 나만을 위하여 살았다면, 지금의 나도 좋은 환경을 갖춘 집에서 편히 살 수도 있으리라 억지 생각도 해보지만, 그것도 다 부질없는 공상일 뿐이다. 서로 불편해도 참고 견디므로 그나마도 오늘이라는 현재에서 살고 있음을 다행으로 여기자. 아무리 어렵고 불편해도 가진 것 버리지도 말고 작은 재산이지만 축 내지도 말고 참고 버텨라. 그러면 반드시 꼭 좋은 일이 있으리라. 행과 불행은 수시로 교차하는 것이라 하였다. 수시로 변하려는 마음 가늠키 어려우나 마음을 다스리는 법을 알아야 참된 도를 아는 사람이며, 남으로부터 존경을 받지 못해도 원망을 피할 수 있음은 확실하니 그저 자연과 한 몸 되어 살자.

清談
청담 — 세속을 떠나 산 속에 은거하던 죽림칠인竹林七人을 가리키는 말이다. 철학도 모르고 정치 경제도 모르는 속인이 속세를 등지고 청담을 논하려하니 부끄럽다.

時勢
시세 — 세상 형편에 어둡고 변통성이 없으면 앞서지 말고 한 발짝 뒤로 물러서 관망 후, 자신이 서게 되면 행동하라. 그러면 앞서지는 못해도 후회할 일 없어 오히려 득이 된다는 것을 많은 경험으로 알았다. 이제 다신 실수하면 안 된다.

內憂外患
내우외환 — 가정에 근심이 생기면 밖에서 하는 일도 잘 풀리지 않고 항상 우울하니 괴롭다.

항상 그렇게 살았으니 나 역시 괴롭고 가족 역시 피곤하리라. 안다 알면서도 대책이 없다. 무능해서일까. 사랑과 이해가 없어서일까. 쓸데없는 자존심 때문에 모든 일을 다 우리들이 잘못했으니, 내가 내 잘못부터 고치자는 마음이 앞서지 않고 실행치 않으면 요원한 바람으로 끝나고 만다. 지금 우리들의 처지이다. 아는데 왜 고치지 못하나. 고치기에 너무 멀리 간 것 같아 힘들다. 그러니 피차 힘들어 포기상태인 것 같아 아쉽다.

대화對話는 감미롭고 공감이 가야 한다. 다 아는 이야기를 하고 또 하면 상대는 싫증을 느낀다. 자기로선 새롭고 신기한 이야기라도 상대가 싫어하면 중단하든지 화두를 바꾸어야 한다. 그런데 억지로라도 자기주장을 관철하려 하면서도 상대의 말은 중간에서 자른다.

대화는 말로 자기 의사를 상대에게 전하는 것이다. 상대가 다 알고 있든지 알고 싶지 않은 메시지를 대화라는 채널로 억지로 전하려 하면 잡음과 부작용이 따르게 마련이다.

말로 의사를 전하려 한다. 그러나 첫 대화부터 안 통한다. 한두 마디 주고받다 보면 처음 하려는 말의 본질은 사라지고 엉뚱한 방향으로 흘러간다. 그러니 자연히 큰소리가 나고 급기야는 처음 시작한 대화와 무관한 과거의 일들을 마구 꺼내니 끝내려 해도 끝이 없다. 말은 다툼으로 변하며 다툼이 이어지다가 보면 할 말 못할 말 가림이 없이 나오게 된다.

흥분하여 때리려는 흉내를 내면 피하든지, 흥분을 가라앉히려 노력하여 수그러들면 좋으련만 더 날뛰며 오히려 죽기 살기로 다가오니 앞에 흉기라도 있으면 큰일을 저지르고 말 급박한 상황에 도달하게 되니, 피차 흉한 모습 보기 싫어 서로 피함이 최선의 방법이다. 젊어서나 지금이나 조금도 변함이 없다. 옛날에는 다투어도 직장생활에 바쁘다보니 그런 대로 잊고 살았으며 같이 있을 시간이 적어 그런 대로 지냈다. 그러나 직장을 잃고 늘 같이 생활하려니 고역이 이만저만이 아니다. 우리에겐 늘 먹구름이 끼어 있다. 그러니 자식 손자들은? 그들도 불만과 고역으로 변한 지 오래이다.

效顰
효빈 — 옳고 그름과 착하고 악함을 생각지 않고 함부로 남의 흉내를 낸다는 것이다.

남들의 삶도 겉보기는 평탄하고 근심걱정 없어 보이고 애써 남에게 보이려 하지 않고 숨기니 그저 평온하고 착하게 보일 뿐이다. 실제로 내막을 모르는 친구나 친지들은 가정도 평온하고 아들딸들 다 착하고, 특히 아내가 착하고, 알뜰하고, 성실하며, 나 역시 건실하고 활달하며, 가정밖에 모르는 사람이라 여긴다. 나를 잘 아는 많은 친구들로부터 행복한 사람이라 부러워하며 시샘도 받고 산다.

그런데 아내는 남의 속속들이 내막을 아는지 모르는지 남편자랑 늘어놓는 친구들이나 친척들의 이야기만 듣고 무조건 그들을 본받을 가정이라 칭찬하며 나를 그들에게 비교하여 공박하니 한심한 일이다. 내가 그들과 늘 같은 환경 속에서 살면서 그들의 약점이나 인간성 그리고 그들의 비도덕적인 생활 태도를 알고 있거늘, 나를 그들의 건실치 못하고 줏대도 없고 자기변호에만 치중하여 일시적으로 그 난관만을 피하고 보는 내가 제일 싫어하는 기회주의자들을 본받을 사람이라고 하다니…. 이 심정을,

隔靴搔癢
격화소양 — 발바닥이 가려우나 신발을 벗을 수 없어 신발을 신은 채 가려운 발바닥을 긁으니 속이 답답하다 못해 미칠 지경의 심정이다.

나도 안다. 어떻게 하여야 편한 것인지. 그러나 자신을 속여가면서 사실을 숨기고 억지로 상대의 마음에 들게 말이나 행동을 할 수 없는 나이기에, 잘하고도 하나의 실수로도 비난을 받으며 그 실수로 많은 잘함이 상실됨을 안다. 하지만 하나의 잘못이 있어 그것을 감추지 못해 곤욕을 치른다 해도 변명도 해명도 할 수

없는 나의 옹졸함은 내 천성이며 나만의 옹고집이니, 좋은 사람이든 미운 사람이든 그들이 효빈效顰의 뜻이나 서시빈목西施矉目이라는 고사와 같이 찡그리지도 않고 그것이 보기 좋다고 따라하지 않고 나만의 내 모습으로 살아가려 한다.

盤根錯節
반근착절 — 구부러진 나무뿌리가 뒤엉키어 뒤틀어지고 얽히고설켜 있듯이 서로의 생각이 자기만 옳다고 주장하면 끝이 없고 해결방법 또한 없는 법이다.

지나간 좋지 않은 일들은 기억에서 지워버리려 하나 상대와 만나면 꼭 자기가 서운했던 이야기는 잊지 않고 들추어내어 정당화하려 하니, 하나의 잘못이 둘로 다시 배가 배로 늘어나니 이것을 기하급수幾何級數라고 하는 것인가.

矯角殺牛
교각살우 — 잘못 생긴 소의 뿔을 고치어주려다 공연히 소를 죽일 수 있으니 신중을 기하자.

고칠 수 없는 병이기에 피할 수밖에 없다. 스스로 고칠 수 없는 병을 내가 무슨 수로 고칠 수 있나. 그러니 같이 있으면 점점 악화되어 결국은 그로 인해 둘의 병이 더욱 악화되니 둘 중 하나라도 희생되지 않게 피함이 둘 다 희생을 피할 수 있는 상황이라 나 혼자만이라도 고생을 감수하고 떠나자는 결심으로 피한 것이다.

그러면 이해와 용서 따위는 바라지 않지만 반성하고 마음을 가라앉히려고 노력하면 당연히 서로 편안하여질 것이다. 이것이 인간사의 당연한 이치이다.

이런 어리석은 행위나 사건들이 나에게 국한된 것이 아닌 것을 많은 삶을 경험으로 안다. 대부분의 사람들은 자기 성질을 자제할 줄 모르고 화풀이 할 상대가 없어지면 더욱 허탈함인지 울분을 참지 못하고 사색이 되어 이성을 잃기 십상이다. 주위에서 보는 사람들은 무슨 큰 변고가 생긴 것으로 오판하여 다급해 병원에 입원도 시키며 동정도 하지만, 분풀이를 해소치 못한 뒤틀린 심사라 병이 아닌 병이 나을 리 없고, 한탄과 원망만 하게 된다. 내막을 모르는 주위 사람들은 혹시 몹쓸 중병은 아닌가 하는 오해와 헛소문이 꼬리를 물고 일어날 것이다.

그러니 나는 이런 사항을 알고 있으니 두고두고 후회할 어리석은 행동은 하면 안 된다 여겨 피한 것뿐이다. 지금은 나를 원망하리라 알지만 스스로 비틀어진 심사로 일어난 오해로 생긴 병은 고통과 많은 시간이 소요되는 자기 자신과의 싸움에서 스스로 이기지 못하면, 잘못이 있든 없든 상대의 위로와 일시적인 위안이라는 처방으로는 더욱 악화시킴을 안다. 그러니 내가 무엇을 어떻게 보상하란 말인가. 내가 피함도 나를 위함보다 모두를 위함인데 그것을 모른다면 더 이상 어떠한 희생을 치러야 하나. 나도 이제는 방도가 없다. 수십 년 같은 일로 곤욕을 치르니 지쳐서 이제는 내 자신이 창피하고 고통스러울 뿐이다.

道傍苦李
도방고리 — 사람들에게 시달린다는 말이다. 길가에 서 있는 오얏나무처럼 외롭고 만만한 사람이 나란 말인가. 왜 내가 무슨 잘못이 있어 버림을 받아야 하는가.

나를 아는 사람들이 내가 이치에 맞지도 않는 말을 끌어들여 내 주장만 말한다고 비웃을지 모르지만, 그 비웃음도 방어할 수단도 방법도 다 상실한 사람이 되어야 한다. 체면 그리고 자존심과 자만심은 나에게는 지나친 사치품임을 안다.

盜憎主人
도증주인 — 도둑은 주인이 밉기 마련이다. 즉 자기와 반대되는 사람은 미워할 수밖에 없다. 아내건 남편이건 부모자식 간이건 자기 뜻과 상반되면 미워서가 아니라 불편하고 자기 행보에 방해가 되니 자연 멀리할 수밖에 없다. 그러니 주인이 필요 없다. 이렇게 혹평하는 나를 자기가 그러니 남들도 그러려니 한다고 할지 모르나, 이것이 솔직한 현세에 사는 인간의 정당한 감정이 아닌가 한다.

사실도 자주 말하면 싫어한다. 아무리 사실이라도 자기의 약점을 말하는 사람을 싫어한다. 자기 자신의 잘못이나 실수는 무조건 덮어두고 들추지 않기를 바라면서도 남의 약점이나 잘못을 이야기할 때는 신바람이 난다.

나는 지금 이런 좋지 못한 생각을 나만의 잣대로 정당하고 옳은 것이라 여겨 일기장에 글이라는 형식을 빌려서 쓰는 것이 아니다. 상대가 그러니 내가 힘들고 그 힘든 것을 피하려하니 이길 뿐인가 하고 일시적인 생각과 감정으로 일을 처리하다 보니, 차후 반드시 후회할 일이 생김을 지나온 과거에 경험했기에, 그때그때 일어났던 사건과 감정을 일기라는 형식의 글로 적어가다보면 마음도 조용해지고 참기 어려운 감정도 어느 정도 자제할 능력이 생김을 발견했다. 다음에 다시 내가 읽어보면 그때가 어리석기도 하고 잘 견디어 주어서 자신이 고마움을 느낄 수 있는 기회도 있으리라 확신하며 두서없이 느낀 감정을 여과 없이 자판기를 두들기니, 사심도 악의도 없는 그저 나의 일기니 혹시 누가 읽더라도 자기와는 아무런 관련이 없는 한 옹고집 할아버지의 넋두리가 좀 심했구나 하였으면 한다.

나는 예나 지금이나 도방고리道傍苦李같이 사람들로부터 많은 지탄과 시달림, 그리고 추궁과 손가락질 같은 것은 원치 않고 존경도 대우도 바라지 않을 뿐이다.

爭魚者濡
쟁어자유 — 고기를 잡으려면 물을 가까이 해야 하므로 물에 젖을 수밖에 없다. 이익을 얻으려면 언제나 그만한 노력과 응당한 고생을 하여야 한다.

당연히 자기가 할 일을 하며 사는 것이 주어진 이치이거늘 자기 일을 하면서도 힘들어하고 공연히 가족에게 불평하고 인정받으려 하면 그것은 자기 자신만을 아는 사람이다. 우리라는 관념을 모르는 내 것만을 주장하다가 내 자신마저 잃어버리고 자신을 찾아서 헤매는 인생고아로 잃어버린 나를 어디서 찾을 것인가.

내 평생 고생하여 모은 재산이라고는 집 하나가 전부이며, 그 집에서 죽을 때까지 얼마쯤의 사글세를 받으니 절약하여 살면 의식주는 해결되리라 하였건만, 힘들여 꾸며놓은 내 집마저 내가 마음대로 살 수 없으니. 지금 그 집으로 인해 먹고 잠을 자고 그리고 이렇게 여행을 즐길 수도 있는데, 지금의 상황을 불행타 변명할 자신이 있는가. 다들 내 잘못이며 바람이 든 사람이라 욕을 하리라. 내가 아무리 소인배라 하나 가장이 가족과 집도 다 버릴 만큼 그런 파렴치한 인간이 아니거늘 나를 파렴치한 사람으로 만들려하니 이것이 정상적인 사고 판단을 가진 사람들인지, 내가 정말로 정신이 나간 파렴치한 사람인가. 차라리 정신 나간 사람이었으면 좋았으리라. 지금의 이 치욕스럽고 참기 힘든 고통과 절망을 누구에게 무엇으로 보상받아야 하나. 그렇지만 보상은 원치 않는다.

이대로라도 그냥 살 수 있다면 다행이련만 무엇을 더 어떻게 하여야 하나. 말을 하면 잔소리라 싫어하고 그렇다고 대화도 침묵도 가지도 오지도 못하는 진퇴양난의 기로에 처하니 혈압이 터질 지경이다.

長脈憤興
장맥분흥 — 사람이 쓸데없이 흥분하거나 격분하면 혈맥이 확 치밀어 강하게 움직임을 말한다.

다혈질이라고 한다. 조그만 분노도 그리고 불의를 보면 더욱 더 흥분한다. 다혈질이나 저혈질이나 다 장단점이 있기 마련이다. 다혈질인 사람은 불의를 보고 참지 못하고 기다릴 줄 모르고 서둘다 보니 박력이 있어 좋으나 너무 성급하여 일을 그르칠 수 있다. 저혈 체질인 사람은 실수는 적으나 박력이 없어 답답하다. 그러니 이런 상반된 사람과 만나면 일에 진척도 없고 늘 다툼이 있는 것 같아도 별 탈 없이 지낸다. 문제는 다혈질과의 만남이다. 이들은 일을 조속히 처리하여 성사 확률은 크나 서로 의견 충돌이 생기면 서로 양보할 줄 모르고 시끄럽다.

個性
개성 — 각각의 성격이 다르고 능력과 판단력 그리고 사는 방법이 다른 사람들끼리 공동체를 운영하여 살아가려면 많은 이해와 희생 그리고 협조가 필요하다. 특히 부부간이나 가족 간에는 많은 협조와 희생이 필요로 하는 사이라는 것을 잊어서는 안 된다.

남과의 공동생활은 어긋나면 타협을 하든지 타협이 안 되면 껄끄러운 사이로 지낼 수 있으나 가족 특히 부부 사이는 타협이 안 되고 반목하면 그것은 생지옥과 같다.

개성은 정말로 사람마다 천차만별이다. 오죽하면 개성을 나쁜 말로 풀이하여 개 같은 성격이라고 악평을 했겠는가.

나도 다혈질이다. 참을성이 부족하다. 불의는 용납 못한다. 생각이 앞서니 이루어지지 않으면 답답하다. 그러니 행동으로 옮길 수 없으니 말이 많으니 잔소리라 한다. 항상 조급하고 무엇이든지 할 일이 있어야 한다. 할 일을 두고 질질 끌든지 할까 말까 망설이고 주위의 눈치나 보고 기회를 기다리는 사람과는 늘 불편하다.

오락을 해도 곧바로 승부가 나는 오락을 즐긴다. 기다림, 즉 줄서기는 질색이다. 그래서 낚시 같은 것은 체질에 안 맞는다. 바둑도 어려서는 상당 수준으로 생각했는데 지금은 안 둔다. 다격이 맞는 사람과 즐겨야 하나 그런 상대가 없다. 바둑을 두어보면 상대를 안다고 한다. 바둑뿐 아니라 모든 스포츠나 오락도 성격대로 이루어지니 금방 그의 성격을 파악할 수 있다. 어려서 기초만을 배운 바둑도 아주 오래 전 직장 상사와 두다가 피치 못할 사건 이후 다시는 바둑판을 가까이 하지 않는다.

오락도 도라 한다. 특히 바둑은 오락 중 으뜸으로 오락이 아닌 도라 하고, 최고인 자를 성聖이라는 칭호를 주어 기성棋聖이라 하여 성현으로 여긴다. 그런 도道든 성聖이든 사람에 따라 행함이

다르다. 직장 상사와도 좋은 사이였으나 도道도 모르는 상사와의 무심코 둔 바둑이 한 수의 무름과 안 됨으로 피치 못할 사이로 만들고 말았다.

一手不退
일수불퇴 — 한 번 둔 수는 물릴 수 없어야 한다고 자기는 고집하면서도 자기가 잘못 놓아 실수한 것은 부득불 정당화하고 상대를 알량한 적은 권한으로 깔보며 무시함은 도道도 아니요, 예禮도 아니다.

남은 한 수를 물릴 수 없어도 자기는 한 수만 안 물리고 나머지는 얼마든지 물려도 된다고 일수불퇴를 해석함인지 기도棋道를 외치던 그와 그리고 누구와도 바둑은 안 두다 보니 지금은 다 잊고 말았다. 그런 나는 무엇을 얼마나 할 수 있나. 장기·바둑도 그렇고 스포츠 중에서 내가 할 수 있는 것이 무엇인가.

할 수 있고 하고 싶은 운동도 장소와 같이 즐길 수 있는 상대가 있어야 한다. 꼭 하고 싶은 것이 있다면 골프를 치고 싶으나 그도 힘들다. 좋은 골프채도 장만하고 연습장에서 레슨까지 받았다. 그러나 여유가 없어서가 아니라 같이 즐길 상대가 마땅치가 않다. 부킹하고 필드에 나가도 실력도 엇비슷하고 진정으로 운동으로 즐기기는 요원하고, 많은 경비만 지불하고 자존심 상하는 일만 생기니 무리해 가며 즐기려 할 필요도 없다.

골프는 최고급의 스포츠이다. 그린에서 카펫 같은 잔디를 밟으며 맑은 공기를 호흡함이란 참으로 황홀한 운동이니 다들 갈망하나 시간적 경제적 여유를 요구한다.

운동이라고 하면 나는 구기를 비롯하여 거의 할 줄도 알고 즐기며 운동신경도 무디다 여기지 않고 살았다. 그러나 다 때가 있는 것이다. 얼마 전에는 야구연습장을 지나다 갑자기 방망이를 휘둘러 보고 싶은 충동도 느끼어 두어 시간 힘껏 마음껏 두들겨도 보았고, 공터에서 학생들이 농구 연습하는 곳을 지나다 공도 던져보곤 했다.

아직도 마음만은 청춘이다. 그러나 생각만으로는 안 되는 것이 인생사이다.

興盡悲來
흥진비래 — 즐거운 일이 다 가고 슬픈 일이 오려나, 좋은 일이 가면 나쁜 일도 오고 또 나쁜 일이 가면 좋은 일이 오련만, 좋은 일이라고는 좀처럼 기억나지 않으니 정말 불행한 삶이다.

남들은 먹고살기 바빠 동분서주 아우성들인데, 늘 다투니 할 일도 못하고, 우울한 모습을 주위 사람들에게 보이기도 싫어, 산으로 강으로 헤매기가 몇 날 몇 백 번이며, 평생 살면서 그래도 잘 한 것도 많고 풍부치는 못해도 부족함 없이 살았으면서도 이제는 직장도 없고 돈벌이 없는 나는 더 이상 필요 없고 정신이 이상한 사람으로 취급하려 드는구나 하는 생각을 가지게 되니 나인가 아니면 누가 진정 정신병자인가. 내 할 말 없고 좋고 그름 판단 못하고 여행이 즐거워서 이렇게 무작정 헤매는 게 아니다.

혼자 호의호식 온갖 좋은 구경 다 하고 다닌다 생각할 수 있지만 갈 곳 없고 지친 몸, 라면이 주식이고 산수가 벗일 뿐, 그 누구도 그 마음은 상상할 수도 없으리라.

말이 등산이고 관광이지 집 나간 가출인이 되는 것이다.

퇴출退出, 내 집에서 나왔으니 가출인가? 가출家出, 이게 정말 말이 되나. 자이든 타이든 피할 수 없는 길이라 생각되어, 이 길밖에 다른 길이 없음으로 감수할 수밖에 아무런 방법도 방침도 없다. 그러니 집에 머무르면 서로 불편하니 일시적인 가출이라 생각하자.

擧案齋眉
거안재미 — 아내가 남편에게 밥상을 공손히 바친다는 이야기이다. 남편을 지극히 존경함을 일컫는 말이다.

옛날이야기에 나오는 말이다. 요사이는 아내에게 구박 받는 남편이 많다. 구박 받지 않으려면 아내의 눈치를 살펴 행동해야 용돈이라도 넉넉히 받아 쓸 수 있다고들 한다. 남녀동등이 아니라 여성 상위시대이다. 자녀들도 마찬가지이다. 효가 없어서가 아니라 사회 구조가 핵가족화 되니 자연히 부모자식 간의 사이도 멀어진다. 그러니 노령의 남성의 입지는 점점 좁아지다 보니 가진 것 없고 거동마저 불편하면 날개 잃은 철새 신세로 갈 곳이 없고, 가고 싶어도 다 소용없고 명이 길어 아직 더 살 수 있어도 살 길이 없어 죽어가야 한다.

犬馬之養
견마지양 — 단지 부모를 할 수 없이 부양할 뿐이며, 공경하는 마음이 조금도 없음을 가리키는 말이다.

나는 현실에 뒤지지 않으려고 노력한다. 아내의 봉사도 자녀의 보살핌도 크게 기대하지 않는다. 다만 내 자녀들이나 잘 되어 하나의 걱정이라도 덜어주면 그것으로 고맙다 여긴다. 앞일은 아무도 속단할 수 없지만 아들딸들이 모질지 않아서 조반 수발은 하겠지만 그것도 내가 건제할 때 아내가 건강할 때와 같이 변함없이 보살핀다한들 느낌이 다르고, 서운하고 소외된 기분이라 피차 서운하고 짐스러움이 사실이라 생각 드니 마음이 쑥스럽고 허전한 마음 금할 길이 없구나.

各得其所
각득기소 — 모든 것은 있어야 할 곳에 있어야 한다. 자식의 부모에 대한 효는 부모가 살아 계실 때 그의 뜻을 살피고, 돌아가셨을 때는 그 하신 일을 살피며, 3년 동안은 아버지의 도를 고치지 않으면 효자라 하였다. 나도 참으로 고리타분한 말만 늘어놓으니 아내나 아들들이 좋아하지 않는다. 효도하고 싶다고 다 할 수는 없는 것이다. 여건과 환경의 변화로 마음만 앞서고 하고파도 할 수 없는 사회이기 때문이다. 부모에게 효를 다하려고 자기가 책임질 부모 외에 가족들의 입장과 직장 등 경제적인 문제로 자연 소홀할 수밖에 없기 때문이다.

匹夫之勇
필부지용 — 필부는 소인배이다. 내가 지금 좁은 소견을 가지고 좋은 계책도 방법도 없이 당장의 혈기만 믿고 마구 날뛰은 아닐까. 전후 사정 모르면 다 나를 어리석은 필부라 하리라. 아무래도 좋다. 생각할 여유도 없다. 더 이상 머물 수 없는 긴박한 사태라 여겨서도 아니다. 사람은 이유도 없이 우울해지고 짜증이 날 때가 있다. 상대가 아무리 잘 해도 싫을 때가 있는 것이다.

그것을 모르면 상대는 실망도 하고 오해라는 것도 할 수 있다. 알면서도 자학하는 그런 것을 말한다.

자학自虐, 스스로를 학대하는 어리석음, 그 어리석음으로 나와 나의 가족을 피곤하게 하며 국가와 직장도 그런 윗사람을 두면 짜증스럽고 피곤하기는 마찬가지리라.

天人共怒
천인공노 — 여러 사람이 같이 놀라 분통을 터트려도 상대는 태연하다면 '이 세상에 어찌 이런 일이'하며, 하늘에 무슨 죄를 지었으며 사람에겐 무슨 잘못을 하였기에 천인공노라고 하늘과 사람이 같이 나를 시기하고 질투하는 것인가. 아니면 내가 저지른 죄가 너무 많아 응징하고 벌을 주려 함인가. 그렇지 않고서야 이렇게 곤경의 늪으로 마구 밀어 넣을 리 없다. 한탄도 하며 토탄지고塗炭之苦라는 말을 마구 사용한다. 이런 막말이라도 할 여유가 있으면 아직은 여유가 있는 삶이다. 나는 지금 여유 있는 삶을 사는 배부른 필부이기에 자학이 무엇인지도 모르면서 고달픈 인생이니 배부른 고민을 한다.

호접지몽胡蝶之夢

나비가 되어 꿈속에서 훨훨 날아다니니 내가 나비인지 사람인지 구별할 수 없다 한다.

모든 시름 잊으려고 전후좌우 살필 시간 없이 산으로 바다로 정처 없이 떠돌며 향기로운 꽃과 달콤한 꿀을 찾아서 하루하루를 즐기려고 하고 있는 것인가. 그도 아닌 것이 틀림이 없다. 하루 이틀 지치고 피곤하니, 이것이 사람인가 벌레인가 구분도 없고 꿈인지 생시인지 구분도 없이 그저 아련한 감상에 빠진 나일뿐이다.

物我一體
물아일체 — 의 경지에 빠져서 자연과 벗하니 일시나마 훨훨 나는 기분임이 분명하나 고독하고 서글프고 분하고 억울한 마음 어찌한단 말인가.

내가 옹졸하여 피아彼我 구별도 못하고 인생무상하다 탓하는 사람으로 전락하다니 한심하구나.

孤掌難鳴
고장난명 — 한 손바닥으로는 소리가 나지 않는다. 무엇이든지 상대가 없으면 혼자서는 일이든 다툼이든 일어나지 않는다.

다만 마주쳐야 소리가 난다.

지금 당장은 마주치지 않으니 피차 마음고생 하지 않으니 억지라도 편안하다. 그러나 그 편함이 얼마나 가겠는가. 일시의 안위 그것은 허황된 것이다.

杜門不出
두문불출 — 문을 닫고 언제까지 이대로 살 수 있겠는가. 사람의 삶이란 혼자일 수는 없다. 우리들은 같은 원함을 가지고 살아가기 때문에 같은 마음으로 같은 병을 앓고 있으니 서로 불쌍히 여기고, 같은 근심걱정으로 서로 구원하자. 너무 오래 반목하면, 영영 길 잃고 미궁에 빠진 후 후회해도 소용없음을 알아야 한다.

城下之盟
성하지맹 — 적군이 성 밑까지 쳐들어와 항복하고 굴욕적인 맹약盟約을 맺는다는 말이다.

시기를 놓치면 그때는 후회해도 소용이 없다. 후회는 성공을 앞서지 못한다. 후회하기 전에 모든 일을 바로잡아야 한다. 나를 구원하러 올 구원병은 어디에도 없다.

다만 자신은 자신이 지켜야 한다. 사람들은 유비무환이라는 말은 잘해도 실천하지는 않는다. 시기를 놓치고 손실을 보아야 그때서야 한탄하고 후회한다.

束手無策
속수무책 — 손이 묶이어 어찌할 방책이 없어 꼼짝을 못한다는 말이다 . 그렇다고 잘못되어 가고 있는 사항을 방관할 수만은 없지 않나. 방법이 없는 것이 아니고 방법을 찾아서 해결하려고 노력은 해봤는가. 아무리 어려운 일이라도 방법은 있기 마련이다. 최상이 아니면 최하의 방법이라도 강구하여야 하는데 속수무책으로 방법이 없다고 포기하면 어찌하나.

방법方法을 논論하기보다 결과를 먼저 얻으려는 결과론을 앞세우는 사람이 늘고 있다. 방법이 아무리 좋아도 결과가 신통치 않으면 그 방법론은 무용지물이라 여기려 하고 결과만 만족하길 원한다. 그러나 방법을 먼저 강구하지 않으면 결과 역시 신통하지 못한 법이다.

守株待兎
수주대토 — 어떤 착각에 사로잡혀 되지 않는 일을 고집하는 융통성 없는 처사를 가리키는 말이다.

한비자에 나오는 이야기이다. 송나라에 사는 농부가 밭을 갈고 있는데 토끼 한 마리가 급히 달아나다 밭 가운데 있는 나무 그루터기에 머리가 부딪혀서 죽었다.

어쩌다 토끼가 나무 그루터기에 걸려 죽었다고 그 나무 그루터기를 지키고 있으면 토끼가 또 부딪혀서 손쉽게 토끼를 잡을 수 있으리라 믿은 어리석은 농부는 농사일을 포기하고 나무 그루터기만 지키고 있다가 밭에 잡초만이 무성하게 자란다는 이야기이다.

힘들여 얻으려 해도 이루기 어려운 것이 인생사이거늘 어리석은 인간들은 힘들이지 않고 쉬 얻으려 한다는 교훈이다. 이런 유명한 말을 이렇게 표현하려 하니 깊이 알지 못하는 얄팍한 내 지식이 의심스럽고 지난날 많이 배우지 못함이 부끄럽다.

窮年累世
궁년누세 - 궁년窮年은 자기의 한평생을 말하며 누세累世는 자손대대를 가리키는 말이다.

세상에 태어나 필요에 의해서이건 인연이건 운명이건 타의든 자의든, 일단 가정을 이루었으면 지키고 이어갈 막중한 책임과 의무가 있기에 나 혼자만의 삶이 아니다. 나로 인해 구성된 앞으로 누대에 거쳐 이어갈 손자들에게 불행한 과거가 아닌 고마운 조상들이다 하는 그런 세상을 물려주어야 하기에 나는 아무리 어려워도 정도의 길을 가야 한다. 지금 나의 희망은 편함을 구하려고 복잡한 현실을 도피함도 아니요, 그렇다고 편함을 구하고자 함도 더더욱 아닌 천세千歲를 지키기 위함이다.

欲觀千歲 則審今日
욕관천세 즉심금일 — 천년 앞을 보고자 한다면 오늘을 살펴보라는 이 글을 표구하여 벽에 걸어놓았는가. 나보다 가족 그리고 손자들의 안위와 번창을 바라는 나의 노력과 바람이었으나 아내가 바라는 바도 같으리라. 그것이 공감이라는 것이다.

식도락食道樂과 포식捕食 포만飽滿

사람이나 생명을 가진 생명체는 먹어야 한다. 나도 생명체이며 그것도 지식과 판단력을 가진 사람이다. 그러니 하고 싶은 말이나 할 일이 너무 많다. 아는 것이 많으니 먹고 싶은 것도 너무 많다. 그러나 지금은 식욕이라는 단어를 잃어버린 지 오래이다. 기회가 있으면 먹고 그렇지 않으면 건너뛰기를 반복하다보니 식사시간이 정해진 것도 아니고 정할 수도 없다. 다만 먹어야 하기에 먹을 뿐이다.

챙겨줄 사람도 없고 스스로 챙긴다는 것도 번거롭기도 하고 귀찮은 일이다. 그러다 보니 가장 즐거워야 할 식사시간이 짜증스럽고 고통이다. 사람이 살면서 포식포만捕食飽滿의 기쁨을 제일의 낙으로 친다. 배가 고프면 아무리 좋은 경치도, 옷도, 집도, 아내도, 자식들마저도 귀찮은 존재이다. 살기 위해서 먹느냐, 먹기 위해서 사느냐. 배부른 사람들의 말장난을 자주 들었다. 답은 간단하다. 배고파 보면 쉽게 답을 얻으리라.

나는 지금 살기 위해서 먹는가 아니면 먹기 위해서 사는가? 둘 다 아니다. 지금 당장 먹지 않으면 뒤틀리고 쓰리고 하늘이 빙빙 도는 것인지 내가 도는 것인지 고통과 현기증이 심하다 못해 체면도 염치도 그런 것은 이 세상에 존재할 수도 없다. 그런 지경에 처하면 우선 아무것이라도 먹어야 하니 살려는 의지가 생긴다. 이러다 죽지 하는 우려의 생각도 나지 않는 그런 상황을 겪은 후에야 먹는 것이 무엇이며 왜 먹어야 하나를 실감했다.

답을 한다면, 생명체는 먹지 않으면 안 되는 구조를 가지고 태어났기에 먹을 수밖에 없는 존재이기에, 그저 먹는 것에 혈안이 된 식탐의 벌레가 되어 버린 것이지 별다른 의미가 있는 것은 아닌 것 같다. 입에 맞는 화려한 음식들, 그것도 분위기 좋은 레스토랑 같은 데서 사랑하는 가족과 같이 즐기는 한 끼의 식사가 아무리 비싸도 아까울 리가 없다. 그러나 혼자서는 돈이 있다한들 분위기가 아무리 좋은 곳이고 좋은 음식도 다 소용이 없다. 먹고 싶다고 혼자서 먹는다는 것은 먹는 게 아니라 고역이다.

나는 혼자 여행을 하면서 제일 고통스럽고 난처한 문제가 식사시간이다. 혼자는 먹을 만한 음식이 별로이다. 자장면 아니면 해장국이다. 그 외는 거의가 2인분 이상이어야 하니 혼자 2인분을 시킬 수도 없고, 돈도 그리고 남의 이목도 있어 피하다 보니 다 그림에 떡이요, 지나치다 보면 결국은 때 지나서 분식집이 고작이다.

中和料理
중화요리 — 여러 번의 중국여행으로 많이 접하였다. 참으로 다양하다. 그러나 된장찌개 김치찌개에 길들여진 나의 입에는 한 끼로 족하다.

중국여행 할 때 현지 가이드에게 들은 이야기나 하여 식욕이나 돋우자. 세계에서 가장 음식문화가 발달한 나라가 중국이라고 한다. 종류로나 맛으로나 으뜸이라고 자랑한다.

세상에 존재하는 물건 중 음식의 재료로 쓸 수 없는 것은 세 가지라 한다. 하늘에 비행기며, 땅위에 자동차, 물위에 배를 빼놓고는 다 음식의 재료가 될 수 있다니 대단한 허풍이다. 언젠가 불도장佛跳牆이라는 요리이야기를 한 적이 있지만 다양하고 그 종류를 알 수 없음을 안다.

中華寶鼎 중화보정 — 중국 궁중 요리로 196가지의 정식 요리와 124가지의 간식과 차를 말한다고 하며, 만한전석滿漢全席도 중국 청나라 시절 황실 큰 행사 때 만주족과 한족의 갖은 명품요리를 말한다고 한다. 그뿐인가. 채접희목단彩蝶戲牧丹이라는 요리는 오색찬란한 나비가 모란꽃을 희롱한다는 모양으로 꾸민 화려한 요리라 하니 과연 중국의 음식문화가 짐작이 간다.

山海珍味 산해진미 — 온갖 진귀한 물건으로 차린 맛이 좋은 음식들이 눈앞에서 어른거린다. 그러나 아무리 좋은 음식을 그리면 무엇하는가. 지금 내게는 된장찌개에 한 그릇의 밥이면 족하련만 그마저 없으니 라면이라도 끓여먹자. 라면도 여러 사람이 모여 냄비뚜껑 같은 곳에다 서로 더 먹으려고 하는 맛이 진짜 라면의 맛이련만, 혼자 먹는 라면은 무슨 맛으로 먹는 것이 아니라, 그저 먹어야 하니 나도 모르게 먹는 것뿐이니, 허탈하다 못해 비틀어지고 뒤틀린 심사를 어떻게 바로 잡아야 하나.

부족하고 어려움을 술로 풀자 해서가 아니라 니글거리다 못해 다시 넘어오려 하는 뱃속을 진정시키려면 뭐니 뭐니 해도 소주, 너만은 울렁거리는 내 속을 달래 줄 수 있지 않나. 진眞자 로露자씨, 너만이 진정 나의 친구이며 동반자로구나.

지금은 불도장도 만한전석도 화려한 일식도 불란서 요리에 명품의 와인도 고급레스토랑의 비프스테이크에 칼질하면서 조금씩 마시는 위스키도 다 흥미를 잃었다.

한조각의 김치에 밥이면 족한 내가 무엇을 더 기대할까. 기다림이 있다. 갈 곳도 있다. 그리고 꼭 가야 하나 발길이 떨어지지 않는다. 몇 잔의 술이 전신으로 퍼져서 말초신경을 자극하여서 인가. 전신이 나른하고 눈은 침침하다. 잠을 자려 하나 몸은 움직일 수가 없어도 정신만은 점점 맑은 것 같다. 즐겁고 행복하고 그리고 슬프고 힘들던 많은 일들이 생각났다. 지나가고 또 생각난다.

走馬燈
주마등 —

이런 생각남을 주마등처럼이라 하던가. 내 평생 처음 써보는 말이다. 나는 좋은 말이라도 확실하게 알지 못하는 단어는 되도록 사용하지 않는다. 공연히 잘못 알고 사용했다가는 시비의 대상이 되므로 말뿐만 아니라 모든 일에도 확실하지 않으면 꺼린다. 그러다보니 발전도 없지만 큰 실패도 없이 살았다고 본다. 다만 주위 환경과 여건이라는 테두리 속에서 살다보니 실지의 내가 아닌 나로 산 것 같다. 처음의 나라는 포부는 다 어디로 가고 변형된 나라는 존재가 지금의 나를 지배하고 있으니 지금이라도 나를 찾아야 하나 잊어야 하나.

마음이 허하니 별 근심과 걱정들이 꼬리에 꼬리를 문다.

쓸데없는 걱정과 근심은 자신을 더욱 우울하게 하니 덮고 잠이나 자자. 그러면 꿈속에서라도 답을 찾으리라. 크게 생각하고 너그러움을 가지고 살자.

首邱初心
수구초심 — 구릉에서 굴을 파고 사는 여우가 외롭고 지쳐서 죽을 때는 머리를 자기가 살던 고향 쪽으로 둔다. 곧 근본을 잊지 않기 때문이다. 고향을 그리는 향수를 가리키는 말이다. 나도 고향이 그립고 집과 가족이 그립다. 그러면 가면 된다. 간단한 문제로 고민함은 어리석음이다. 갈 수가 없어서 못 가는 것이 아니다. 가기가 싫어서는 더욱 아니다. 가면 되고 가면은 반가운 가정이 있다. 부끄러울 것도 피할 일도 싫어할 사람도 없는 나는 자아도취의 사람일 뿐이다.

여우도 태어난 구릉을 못 잊어 하면서 그곳을 그리워하며 바라다보면서 죽음을 맞는다고 하는데, 사람이 아무리 화나고 죽을죄를 지었다고 해도 "다시는, 죽어도, 안 한다, 못 한다"라는 따위의 말을 함부로 하면 반드시 후회할 일이 생긴다. 누구라도 그런 막말은 삼가야 하며, 오늘 이후로는 나도 그런 책임질 수 없는 말은 쓰지도 듣지도 않을 것이다.

自覺
자각 — 스스로 깨달음이다. 무지에서 앎으로 가는 것이다. 깨달음이 아니고 스스로 느낀다는 것은 개개인의 인성과 주위 환경에 따라 그에게 걸맞은 단순한 깨달음이지 불가에서 말하는 깨달음이 아니다. 가족이 그립고 아들손자가 보고 싶은 것은 외로움을 떠나 그들을 아끼고 사랑하는 마음이 있기에 가능한 것이라 확신한다.

자각이란 외로워서 필요에 의해서 생기는 것이라 생각할 수 있으리라. 그러나 보고픔은 사랑이 없으면 보고픈 마음이 생기지 않는다. 기뻐도 슬퍼도 좋은 것을 보고도 같이 보지 못해 아쉬움이 생김은 다 사랑하는 마음이 있기에 일어나는 현상이다.

지금 내가 깨달음이란 즉심시불卽心是佛이 될 수 없다. 간사한 인간이란 잘못을 저질렀다가 뉘우친다고 맹세하면서 진정으로 뉘우친 것같이 이야기하지만, 오래가지 못하고 다시 똑같은 실수를 저지른다. 진정한 깨달음은 부처님의 마음이다.

중생을 구하려는 부처님의 깨달음을 무지와 허욕으로 가득한 욕심 많은 인간이 단순한 자각으로 큰 도를 얻은 양 자기가 행하는 행위나 나만 옳다고 생각하는 것은 자신을 속이는 비겁함이다. 진실한 마음이 부처님의 마음, 곧 참마음이라 한다. 참마음은 불변하여야 한다. 진리는 변할 수도 변해서도 안 된다. 우리들도 자각으로 일시적인 깨달음보다 불변의 자각을 원한다. 알고 뉘우쳤으면 지키려고 노력하자.

불심佛心, 나는 부처님을 모른다. 다만 불심이란 천진난만한 어린이의 눈망울을 보면 악의 없고 천진한 맑은 눈을 가진 저 어린 아이의 마음이 아닌가 한다.

사람은 누구나 처음에는 천진난만하고 한 점의 악의 없이 태어났다고 본다. 그러나 살아가면서 자의든 타의든 환경에 지배되다 보니 변질된 것이라 하며 자기의 잘못을 애써 변명하려 한다. 그런 사람을 표리부동表裏不同 하다고 또는 속 다르고 겉이 다른 이중인격자라 한다. 사람은 환경에 순응하며 살아가지만, 순리와 질서를 어기고 양심을 저버리고 이익과 허욕의 길로 빠져버리는 많은 중생들이 늘어나고 있다. 누구나 다 겪는 생로병사의 순리도 받아들이길 꺼리어 인생이 허무하니 허탈이니 하며 자기를 계속 속박하는 것이 아닌가 한다. 그래서 석가 붓다는 황실의 왕자로 태어났어도 진리眞理를 얻어 중생을 구하려고 부귀영화도 다 버리고 천하를 고행했는가.

苦行 고행 — 에서 얻으려는 깨달음, 나는 지금 깨달음을 얻고자함이 아니라 복잡한 현실을 피해 도피하고 있는 것이다. 피하여 고생한들, 아무도 나를 안쓰럽게 생각할 사람이 없다. 다만 오해에서 벗어나기 위함이다.

지금 내가 걷고 있는 괴로운 길은 고행이 아닌 사서 하는 고생길이다. 그러니 아무도 알아줄 리 없고 소득도 없는 고생으로 나 혼자만 지치고 주위 사람의 눈살을 찌푸리게 할 뿐이니 불신과 배신으로 원망이 커간다.

오해誤解, 그것이 지나치면 불신不信과 배신背信, 다음은 어김없이 패가망신으로 변함을 많이 보았다.

敗家亡身 패가망신 — 얼마나 흉측한 말이냐. 나는 지금 기로에 서 있다. 이 난관을 내 스스로 해결하지 않으면 안 된다. 최소한 나 하나만의 망신으로 이 난관을 극복하여 패가敗家는 막아야 한다.

고행은 있어도 진정 깨달음이 없음만을 탓하니 내가 정말 용기도 없고 겁이 많은 비겁한 필부란 말인가. 이제 그만 생각하고 용기와 단안을 가질 때가 아닌가.

釜中之魚

부중지어 — 삶아지는 것도 모르고 가마솥 안에서 헤엄치고 있다니 한심하다. 뜨거워지기 전에 조치를 취하지 못할 만큼 모자란 내가 아님을 난 나를 안다.

알면 즉시 행동으로 옮기자. 무얼 망설이고 있는가. 시간은 한 번 지나가면 다시 그 시간은 오지 않는다. 소 잃고 외양간 고친다는 말을 기억하자. 모든 것을 잃기 전에 미리 단속하여야 한다. 후회할 일은 하지 않는 것이 좋다. 잘못을 안다면 즉시 바로 잡자.

克己復禮

극기복례 — 나 자신을 이기고 본래로 돌아가자. 나 자신을 돌아보자. 잘못이 있든 없든, 그것이 중요한 것이 아니다. 누구의 잘잘못이라 생각도 말자. 지난 일들은 과거이다. 좋지 못한 과거에 연연함은 현실에 앞서지 못한다. 오늘 이대로가 정의가 아니라도 다 같이 편할 수 있다면 그렇게 행하면 된다. 최상의 길은 아니지만 지금으로써는 더 이상 다른 방법이 없으면 앞도 뒤도 좌우도 살피지도 말고 그냥 그 자리에 머물렀으면 한다.

"소낙비는 피하고 본다"는 속담이 있다. 우선 맞서지 말고 피함이 더 이상 악화됨은 막을 수 있으니, 최악의 불행은 피할 수 있지 않을까 한다.

雖不中不遠

수부중불원 — 살아오면서 얻은 추측이 크게 어긋남이 없었으니, 아픔을 참는 만큼 그 보답도 있으리라. 좋게 생각하면 앞이 환히 보이리라.

복 받을 일을 했으면 복을 받고 벌 받을 짓을 했으면 벌인들 못 받을 게 무엇인가. 세상사 다 인과응보이다.

塗炭之苦
도탄지고 — 진흙 속과 숯불 속을 말함이니 심한 고통을 말한다. 살면서 고통과 역경도 모르고 살아온 사람이 있겠는가. 지금이 괴로움은 우리 스스로 만든 것이면서도, 도탄지고니 하며 서로 원망함은 누어서 침 뱉기로 부끄러워할 일이 아닌가. 다 같이 자숙하고 반성하자. 깨달았으면 지체하지 말고 실천하라.

잘못인줄 알면서도 알량한 자존심 때문에 지체하다가는 정말 도탄지고의 수렁으로 빨려 들어가 헤어나지 못하게 되면 그때는 후회도 소용없으리라.

不可抗力
불가항력 — 우리의 주변에서 발생하는 피치 못할 고민과 고통이 얼마나 많은데 하찮은 의견 차로 서로 반목하여 괴로워함은 어리석기 짝이 없다.

서럽고 배고픔, 억울하고 분함, 고달프고 고통스런 지난날들을 벌써 다 잊었는가.

배고픔, 억울하고 분함을 얼마나 더 겪어야 가족의 소중함을 알 수 있단 말이냐. 아직 철부지의 탈을 벗지 못했을까, 아니면 악몽의 꿈속에서 헤매고 있는가.

夢寐之間
몽매지간 — 꿈속에서 이제 다시 헤매지 말고 정신 좀 차립시다. 한번 맺은 인연으로 이루어진 가족은 소중하고 귀한 것이다.

내 자신이 중요한 것 같이 가족도 중요하다. 가족의 행복 없이는 진정으로 행복한 삶이라고 할 수 없다. 그러기에 지금까지 가족을 위해 나를 헌신짝 버리듯 헌신하지 않았는가. 자는 동안 꿈속에서의 좋은 꿈도 깨고 나면 남는 것이라고는 아무것도 없이 잊혀지고 마는 것이다.

青天霹靂
청천벽력 — 맑게 갠 하늘에서 갑자기 벼락이 친다는 말이다. 아무리 벼락이 친다 해도 나는 걱정하지 않으리라. 먹구름 속에서 세차게 치는 벼락 속에서도 버틴 사람이 아니던가. 내가 벼락 맞을 죄를 지었으면 맞을 것이니, 다 하늘의 뜻이라 생각한다. 운명은 피한다고 피할 수 있는 것이 아님을 나는 많은 경험으로 안다. 다만 조심하여 행동하면 같은 어려움이라도 조금의 도움을 받을 수 있다는 것은 확실하다.

진실한 마음가짐으로 살다 보면 안정과 평화도 오리라.

청천백일青天白日이 올지도 모르리라. 안정과 평화도 다 마음으로 느껴야 한다. 아무리 행복해도 그것을 행복한 줄 모르면 불행한 인간이 될 수밖에 없다.

마음에 행복이라는 말이 있다. 심기心氣가 편해야 한다. 마음을 다스릴 줄 알아야 천하를 얻는다 하였다.

천하를 얻는다는 것이 무엇을 의미하는가. 예나 지금이나 천하를 다 얻은 자가 없고 큰 나라를 얻었어도 결국은 평탄치 못한 삶을 보낸 권력자들의 역사로 알리라.

심기를 편하게 가지자. 그것이 청천백일 마음의 평화이다.

삶의 가장 소중한 것, 그것은 가족이다. 부모나 자식은 선택하여 가질 수 없다. 한 번 정해지면 바꾸고 싶어도 바꿀 수 없는 것이다. 그러기에 천륜天倫이라 한다.

이런 천륜을 서로 상처를 주어서는 안 된다. 그리고 천륜이라는 인연의 다리를 놓은 부부도 영원히 하나가 되어야 하며 부부사이에 틈이 생기면 그로 인해 생긴 천륜에 피치 못할 상처가 발생하니 한 가족을 소중히 여겨라. 천륜은 하늘의 명이다. 하늘의 명을 아는 사람은 하늘을 원망치 않으며, 자신을 아는 사람은 남을 원망치 않는다. 그러니 나 자신을 알고 남을 보자.

自業自得
자업자득 — 하늘은 스스로 돕는 자를 돕는다. 남을 돕는다는 것은 나 스스로를 돕는다는 것이다.

有眼不識泰山
유안불식태산 — 눈이 있어도 태산을 못 알아본다. 집착하고 있는 마음의 짐을 이제 그만 내려놓고 편안한 마음으로 세상을 보자.

옛글을 더듬어 생각하면 많은 깨우침을 얻을 수 있다.

등산登山. 선善을 좇는 것은 산山을 오르는 것과 같고 악惡을 따름은 무너져 내림과 같다.

擇交
택교 — 벗이란 나의 어짊을 돕고 나의 덕을 도와주는 존재이다.

自警
자경 — 조급함은 고요함으로 다스리고 사나움은 온화함으로 다잡고 거친 것은 섬세함으로 고쳐야 한다.

輕薄
경박 — 언행이 신중하지 못하여 가볍고 조급한 사람은 스스로 총명하고 민첩하다고 여겨 자부하고, 느리고 둔한 사람은 중후하다고 여겨 든든해한다.

止止
지지 — 멈춰야 할 곳이 아닌데도 멈추게 되면 그 멈춤은 멈춘 것이 아니다.

語嘿
어묵 — 마땅히 말해야 할 때 침묵하는 것은 잘못이다. 의당 침묵해야 할 자리에서 말하는 것은 잘못이다.

法古
법고 — 옛것을 본받은 사람은 자취에 얽매이는 것이 문제이다. 새것을 만드는 사람은 이치에 합당치 않은 것이 걱정이다. 아는 것은 안다고 하고 모르는 것은 모른다고 함이 곧 아는 것이다. 『논어』에 있는 말이다.

알면서 실천 못함은 모르는 것만 못하다.

일언부중一言不中 천어무용千語無用을 실천하자.

한마디의 말이 맞지 않으면 천 마디의 말도 쓸데없다. 마음을 열고 깨달음을 얻었으니 맑은 마음으로 등산이나 하자. 길고 긴 삶을 살려면 분별력이 있어야 한다.

과거의 집착을 버려라

사람은 너무 과거에만 집착하다 보면 앞이 보이지 않는 법이다. 바로 앞을 보지 못하고 먼 곳에서 얻으려 한다.

자신이 가지고 있는 지혜와 재주는 남들도 다 가지고 있으니, 자신의 작은 지혜를 자랑하지 않으며 여러 사람과 어울려 참된 삶을 살아감이 현명한 처사라 생각한다.

노여움을 거두고 얽힘을 풀고 부드럽게 상대를 대하며 상대의 입장에서 생각하고 행동하며 그의 어려움과 같이 한다면 이것이 평화이며 다들 하나가 될 수 있는 길이리라.

象王山 開心寺
상왕산 개심사 — 나는 서너 달을 해미읍 대곡리라는 산사 아래 한적한 마을에서 거의 두문불출하다시피 지내며 산과 더불어 살았다.

예나 지금이나 누구를 원망하지도 않고 후회도 없이 살았다. 타고난 내 천성은 다들 순하고 온화하다고 한다. 그러나 살아오다보면 주위 여건과 환경으로 인해 모질고 혹은 악하게 변했다고들 한다. 그렇다고 다들 변하는 것이 아닌데….

자기를 정당화하기 위한 자신을 속이는 것이다. 나도 나 자신을 속이고 나를 정당화하기 위해 건강을 운운하며 허울 좋은 휴양 차 도피하고 살지 않았나.

개심사 계곡, 맑으면서도 가슴을 두드리며 들려오는 목탁소리, 염불소리 그리고 산새소리들, 이 소리들은 자연과 인간이 만들어 낸 오케스트라라고나 할까? 나도 마음을 열고 진실로 돌아가서 잃어버린 나를 찾자.

상왕산과 가야산, 이들 두 산은 충남 예산과 서산을 경계로 하여 이웃사촌 격으로 맞닿은 산이다.

처음 이곳을 지나다 가야산이라는 간판이 있어 혼돈을 일으킨 적이 있다. 경남 해인사로 유명한 산이 가야산이기에 지금 내가 축지법이라도 써서 벌써 이곳으로 왔단 말인가. 세상에는 동명이인 뿐 아니라 동명이명으로 된 명제가 많아 피해도 이익도 볼 때가 많다.

同名異人 同名異名
동명이인 동명이명 — 깊이 생각하지 않으면 오판하기 쉬운 일이다. 사람의 앎이 얼마나 중요하고 배움이 얼마나 소중한 것인가. 동명, 이명인 것도 모르고 일시나마 착각에 빠졌음은 착각이 아닌 무지의 소치이다.

무지와 무식에서 벗어나려면 때와 장소 구별 없이 알려는 노력과 실천뿐이다. 배움은 끝이 없다. 내가 살아오면서 느낀 것이다.

옛 어른들에게 자주 들은 말씀들인데 잊고 살았던 내가 부끄럽다. 다만 어른들의 말씀은 그저 잔소리가 아닌 진실한 참이라는 사실이 틀림이 없음을 비로소 알게 되니, 배움이나 앎이 너무 적은 내가 보잘것없어 부끄럽다.

"내 것부터 알고 남의 것을 알자. 나도 모르면서 남의 것을 알려고 한다. 맞는 말이다. 과거 나는 나 위주로 생각하고, 나 다음 남을 생각했다. 나 먼저 생각함은 누구나 당연한 이치이나, 나라는 관념에만 치우친다면 남으로부터 소외되고 점점 현실로부터 뒤떨어지는 삶을 살 수밖에 없다.

知彼知己 百戰百勝
지피지기 백전백승 — 손자병법에 너무 잘 아는 글이라 해석할 필요도 없다. 다만 이 글귀는 전술적 가치보다 사업적 경영철학으로 기업체의 교육 자료로 많이들 사용하는 용어로 변한 지 오래이다.

나도 즐겨 사용하는 고사성어다.

病救死葬
병구사장 — 늙어 병을 얻으면 지극 정성으로 보살펴 줄 사람이 필요하고, 죽게 되면 장사 지내줄 자식이 필요한 법이다. 이제는 집이 그립고 가족이 보고 싶다. 숨바꼭질도 지쳤다.

이제 집으로 가려 한다. 가는 길에 잠시 충의사忠毅祠에 들렀다. 가는 날이 장날이라고 오늘이 윤봉길 의사 기일인가? 축제가 한창이다.

丈夫出家生不還
장부출가 생불환 — 윤봉길尹奉吉 의사義士 필치筆致이다. 고향을 떠나 독립 운동을 하시다 순국하신 애국열사이시다. 잠시 고개 숙여 예를 올렸다.

참담慘憺한 심사로 머리가 무겁다. 장부는 뜻을 세움에 있어 정의를 위해서는 목숨을 초개와 같이 하나, 사소한 일로 경솔하게 행동함은 장부가 아닌 소인배임을 깨달았다. 적은 깨달음으로 여생을 값있게 살려 한다. 상왕산 개심사 계곡 정상을 등반登攀하고 마음을 열고 충의사 윤봉길 의사의 업적과 그 글귀는 영원히 가슴에 남으리.

"다시 쓴 인생일기人生日記, 나는 어릴 적에 일기를 쓰다가 포기하고 다시 시작했다가 또 포기했다. 그러니 일기장이 아예 없다. 다만 머리에 남아 있는 아련한 지난날의 추억들뿐이다. 기록에 남아 있는 것은 매년 회사에서 지급해주는 다이어리에 기록한 업무 내용 정도가 전부이다.

그러니 과거와 오늘 그리고 미래를 나름대로 적어 보려고 한 자체가 무리인 것 같다.

내가 무슨 말을 무슨 생각으로 어떻게 표현했는지 나도 모른다. 좋은 말과 좋은 생각, 그리고 후회되는 일, 알고도 행하지 못하고 지나친 일 등, 지금 와서 후회해도 한 번 지나간 날들은 옛일이 되고 추억과 후회로 남으니, 80세 노인도 3살 아이에게 배울 점이 있다 하였음이 실감날 뿐이다. 다시 돌아보자. 그리고 같은 실수는 하지 말자.

실속實速 없는 일에는 참견하지 말라. 고민하지 말고 푹 쉬고 보자. 고독孤獨을 즐길 줄 알아야 기쁨도 안다. 겸손謙遜하면 반드시 응분의 보답을 받는다. 자손子孫들을 위해서라도 좋은 생각 좋은 일에만 신경을 쓰자. 확신確信한 것도 다시 확인하자. 충돌衝突은 괜한 다툼에서 생기니 피하고 보자. 내색內色 걱정거리가 있어도 혼자 조용히 처리하자. 처신處身을 바르게 하자. 물불 가리지 않고 마구 밀고 나가면 불리하다.

결실結實 고운 꽃이라고 다 좋은 열매를 맺지 못하니 실속을 챙길 줄 알아야 한다. 과음過飮하지 말자. 아무리 어려운 일이라도 한잔 술로 풀자. 생각生覺을 깊이 하자. 남의 말에만 귀를 기울이지 말고 자신의 생각을 중요시 하자. 변화變化보다 현실에 충실하자. 급격한 변화가 생기더라도 잘 판단하여 꼼꼼히 생각하고 검토 후 행하자.

물질적物質的인 면보다 정신적精神的인 면으로 발전하자. 실수失手는 한 번으로 족하다. 되풀이 하지 말자. 함구緘口하고 입을 함부로 열지 말자. 하고 싶은 말을 어찌 다 하고 살겠는가. 하고픈 말도 가려서 할 줄 아는 강한 의지가 필요하다. 노력努力하지 않고는 되는 일이 없다. 하루하루가 알차야 다음 내일이 알찬 법이다. 그러니 즐거움은 스스로 만들어 가야 한다. 서로 양보讓步하면 득이 된다. 출발出發하려고 시작했으면 힘을 다해 전진하라. 그래야 빠르고 정확하게 목적지에 도착할 수 있다.

존경尊敬이나 귀인이 되려면 남의 도움을 바라기 전에 먼저 베풀어라. 좋은 일을 하면 자연히 좋은 사람이 모여들고 좋은 일이 생긴다. 그러면 오라는 곳과 갈 곳이 많이 생겨 즐겁고 보람 있는 일이 생기게 되리라. 배신背信당했다 생각하기 전에 나 먼저 돌아보자. 약속이 어긋난 것이겠지 하며 서운해도 깊이 생각하지 말자. 남을 원망하고 오해하면 남도 배신당했다 여겨 나에게로 되돌아오니 인과응보이다. 절망絶望하지 말자. 당장 어려움에 처했다고 세상사가 끝이 아니다. 시작이 좋아야 끝도 좋지만 다 그런 것만도 아니다. 인생만사는 길흉화복이 교차하는 법이다.

노인老人의 말을 들으면 자다가도 떡이 생긴다고 했다. 나도 젊어서 어르신 즉, 노인들의 말씀은 고리타분한 시대에 뒤떨어진 잔소리로 여겨 싫어한 적이 많다. 그러니 현실적現實的인 실정에 맞추려고만 하지 말고 감정의 변화를 잘 다스려야 한다. 잡념雜念은 버리고 냉정하게 옛것과 현실을 믹서해서 풀어가는 것이 현실성이라 할 수 있으니 하는 일에 최선을 다하자. 요즘에는 퓨전이라는 말을 많이 쓴다. 퓨전 음식이라 하여 양식도 우리 입에 맞게 김치를 섞어서 만든 김치피자 등 여러 재료를 접목시켜 변형하여 간다.

최선最善을 다했다면 결과에 집착하지 말고 기다려 보자. 낙천적樂天的이면 정이 없고, 실리만 좇으면 비난을 받는다. 일확천금을 노리고 투자하면 손해를 보니 주의하여야 한다. 비관적悲觀的인 생각은 버려라. 자신과 주위 사람들에게까지 영향을 준다. 잊고 지내면 약이 된다. 마음의 번뇌煩惱는 씻도록 하자. 슬픈 일이 있어도 눈물을 흘리지 말자. 마음의 불화不和, 특히 가정불화는 없도록 하자. 자신 없는 일은 시작도 하지 말자.

대책對策 없이 생각만 앞세우다 보면 피곤해진다. 너무 급하게 생각하지 말자. 조급한 생각에 급히 처리한 일은 옳은 판단일 수 없어 실패할 수 있다. 세상사世上事 모든 것이 나 혼자만 존재하는 것이 아니다. 독불장군獨不將軍처럼 나만이 옳다고 고집함을 가리키는 말이다. 감정을 다스리고 안정을 취하자. 무슨 일이라도 지나치게 하지 말고 정당하게 처리하자. 마음을 비우면 비운만큼 반드시 채워지는 법이다.

일심동체一心同體, 부부는 한 몸이라고 한다. 굳게 결합되어야 한다. 부부간의 갈등은 참는 사람이 결국 이긴다. 양보하면 매사가 순조롭다. 어려움을 잘 넘겨야 성공할 수 있다. 밝고 명랑하게 살면 만사형통 성공成功한 인생이다.

해법解法은 반드시 있기 마련이다. 할 일을 다 했으면 활짝 펴고 즐겁게 보내라. 불평해 보았자 나만 손해이다. 답은 뿌린 대로 거두리라. 어느 쪽으로든지 결정이 나리라. 이제 나도 석양夕陽이다. 인생의 답안지는 벌써 작성되어 제출했으니 해법을 기다린다. 정답도 오답도 백도 영도 아니라는 것을 알게 되리라. 그때는 해법도 알리라.

傘(산)

산은 산이요
물은 물이라고
산이고 물이고
누군들 모르리오
보는 이 맘 서로 달라
느낌도 다른 것을
산 모르고 물 모를까

산은 드높고
물도 더욱 깊어
높고 깊음 모름인가
어제 본 산 검푸르고
오늘 보니 백설이라
어제 산 어데 갔나
산도 설고 물도 설다.

기다림

더 마음 아파하지도 말고
예전처럼 사랑도 하고
욕심 없고 걱정 없이
너 위한다 생각하고
맹세하고 또 다짐해도
가버리고 나 홀로이니
고달픈 공허함이로다.
소망도 허욕도 다 버렸는데
너 만난 내 잘못인가
너 말고 사랑 주고받음 없이
사랑하면 좋고 받으면 더 좋아하는데
다들 가버리니 나 어찌 하나

응어리 쌓인 벽 헐고
마음의 집 새 단장하여
따스하게 불 지피고
아담하게 꾸며놓고
마음의 창 환히 불 밝혀
아담하게 꾸며놓고
마음의 창문 활짝 열어
미움도 욕심도 다 버렸으니
정 힘들고 지치거든
언제나 걱정 말고 다시 들러 편이 쉬어 가고
갈 곳이 정 없으면 가지 말고 영원히 머물러요.

공 허

내 가슴 작은집엔
남은 공간 하나 없네
빈자리라 탐치 말고
다른 곳을 알아 보소
오고파도 할 수 없고
서운해도 할 수 없네
지금은 비었어도
다시 찾을 님 자리이니
야박해도 할 수 없소
오는 님 길 잃을까
환하게 불 밝혀 놓고
따뜻하게 불 지폈으니
미안타 당황타 말고
언제라도 다시 들러
편히 쉬고 가시오
갈 곳 정 없음 가지 말고
영영 편히 쉬면 되오.

추억

아무 것도
보지 않으려고
눈을 감아도
그 얼굴 보인다
얄미운 그 얼굴
또 다가온다
해죽이 웃음 띠고
그대여 가거라
나 편히 쉬려 한다

아무 것도
듣지 않으려고
귀를 막아도
얄미운 그 목소리
그 목소리
감미로운 그 목소리
또 들려온다
그대여 가거라
나 편히 쉬려 한다

생각마저
하지 않으려고
머리 저어도

얄미운 그 모습
그 얼굴
또 떠오른다
다정한 속삭임
그대여 가거라
나 편히 쉬려 한다.

송 년

가는 해 너 있어
즐겁고 행복했다
너 또한 나로 인해
불행치는 않았는지
사람을 사랑하면
생이 행복하고
미움과 무관심은
삶이 고달프다
믿음은 희망이며
불신은 절망이니
우린 아직 얼지 않고
그래도 따뜻하니
너와 나 한 하늘 아래
즐겁고 행복하다
바쁜 사람 행복하고
불행할 틈도 없다
새해엔 부자 되고
복 받고 행복하자
잘 지냈다 2005년
더 잘 살자 2006년
좋아하고 사랑하며
다같이 행복하자.

결 말

사랑이 아픔 되고
아픔은 사랑으로
두 번 다시 생각 말자
결심 맹서하였건만
잊은들 잊을 건가
버린들 버려지나
가라 해도 가지 않고
뒤따라 찾아오니
낸들 어찌 어찌 하리

밉다고 버리려고
뒤돌아보지 않고
또 다시는 생각 말자
총총걸음 걸었건만
버린들 잊을 건가
밉다고 버려지나
싫다 해도 다가오고
앞질러 찾아오니
낸들 어찌 어찌 하리

가거라 아주 가라
저 멀리 하늘 넘어
이제 정말 오지 마라

큰소리로 외쳤건만

환하게 웃으면서
갈 곳이 없음인지
미워해도 가지 않고
살며시 다가오니
낸들 어찌 어찌 하리.

벼랑 끝

너 나로 인해
불행하면 아니 된다
나 너로 인해
불행치 아니 하다
그렇게 생각하며 살자

너로 인해 나 불행하다
너 정말 모질구나
그렇게 생각하면
불행한 생이 된다

나 지금 벼랑 끝에 섰다
너는 잡고 있는 내 손
놓을까 망설인다
나 놓치지 않으려
안간힘을 다 한다

선택은 너의 자유다
그러나 내가 택한 일
책임도 질 줄 알아야
잡은 손놓고 싶어도
놓지 않겠다 약속하오.

숨바꼭질

숨바꼭질 그만 하자
아무리 꼭꼭 숨어도
머리카락 보이니
너 찾지 못할 내 아니다

술래잡기 그만 하자
아무리 깊이 숨어도
주위에서 맴만 도니
나 찾지 못할 너 아니다

우리 이제 지쳤으니
숨어봤자 소용없다
무궁화 꽃 피었으니
이제 집으로 가려 한다

다음 다시 만나거든
숨바꼭질 하지 말고
꽃구경과 단풍놀이
마음 탁 놓고 즐겨보자.

◇ 파란 신호등 1권

신호등 따라가다 보면, 아향청산거我向青山去 녹수이하래綠水爾河來,

시구 같은 풍경이 아니라 이 시구는 김삿갓의 '향 금강산 시'이다.

〈나는 청산을 향하여 가는데, 녹수야 너는 어디서 오느냐〉

유랑시인流浪詩人, 김삿갓 김입金笠의 묘소와 기념관이 있는 곳이다.

죽장竹杖에 삿갓 쓰고 방랑放浪 삼천리三千里로 그 유명한 시인 김병연(金炳淵)은 삿갓을 눌러쓰고 지팡이를 벗 삼고 하늘을 지붕 삼아 한쪽의 구름이 되어 떠돌아다니며 해학諧謔의 시를 읊은 불운의 그의 시비 앞에 서 있다.

간경看鏡은 거울을 본다는 뜻이다.

〈白髮汝非 金進士 我亦青春 汝玉人 酒量漸大 黃金盡 世事知 白髮新.〉

〈백발여비 김진사 아역청춘 여옥인 주량점대 황금진 세사지 백발신.〉

머리가 흰 너는 김 진사가 아니냐. 나 역시 청춘엔 옥 같이 고운 사람이었다. 주량은 점점 늘었으나 돈은 다 없어지고, 세상일 알 만하니 백발이 되었구나. 지금의 내 심정과 처지가 이와 같은가.

나를 천재 시인에게 비유함은 어불성설이라 할 수 있지만 지금 거울에 비친 내 모습을 보니 옥 같았던 나는 어디 가고 몇 가닥 남지 않은 머리마저 반백이 되어 가고, 윤기 없이 검어져 가는 얼굴을 보니 술로 보낸 내 젊음이 무상했음을 알겠구나.

민화박물관民畵博物館으로 갔다. 계곡의 가파른 오름 길에 오르니 아담하고 조용한 경내가 사찰과 같이 소박하게 자리 잡고 있다.

고서화든 민화든 골동품에 대해서 별로 아는 게 없다. 다만 시각적으로 보기가 좋으니, 그저 … 할 뿐이다.

김 홍 선